ENTRETIEN AVEC COVID-19

Journal

Jean-Louis NICOLET

ENTRETIEN AVEC COVID-19

Journal

L'Harmattan

Ouvrages du même auteur

La fiabilité humaine dans l'entreprise.
Jean-Louis NICOLET et Jean CELLIER
Éditions Masson, 1984.

Catastrophe ? Non merci !
Jean-Louis NICOLET – Annick CARNINO – Jean-Claude WANNER
Éditions Masson, 1990.

Et si les risques m'étaient comptés !
Guy PLANCHETTE – Jean-Louis NICOLET – Jacques VALANCOGNE
Éditions Octares, 2002

Risques et complexité.
Sous la direction de Jean-Louis NICOLET
Institut Fredrick Bull
Éditions L'Harmattan, 2010.

Le risque technologique majeur à l'épreuve du droit.
Tome I et tome II
Jean-Louis NICOLET
Éditions L'Harmattan, 2012.

Mon enfance marocaine – souvenirs.
Jean-Louis NICOLET.
Éditions L'Harmattan, 2015.

Systèmes Sociotechniques et terrorisme : le face à face !
Jean-Louis NICOLET.
Éditions L'Harmattan, 2017.

5-7, rue de l'École-Polytechnique, 75005 Paris

www.harmattan.fr

ISBN : 978-2-343-21765-9
EAN : 9782343217659

A ma femme, mes enfants et petits-enfants qui comme moi et des millions d'hommes et de femmes, ont vécu cette épidémie née du Covid-19.

Merci à André Dalmasso qui m'a encouragé à poursuivre ce journal et fait de nombreuses suggestions.

Merci à Sylvie Hamel qui a relu et corrigé ce document avec sa sensibilité, sa minutie et son souci de la ponctuation.

Merci à Jean-Pierre Littardi pour la relecture de ce texte et ses remarques judicieuses.

Merci à tous ceux qui tout au long de cette pandémie : journalistes, chroniqueurs, speakeurs, ont rapporté à travers les médias et la télévision ce qui se passait en France, dans le monde et m'ont permis de tenir cette chronique.

Que cette pandémie soit pour nous tous un sujet de réflexion qui nous permette de tracer une nouvelle voie plus humaine et plus respectueuse de notre planète terre.

« La première révélation foudroyante de cette crise inédite est que tout ce qui semblait séparé est inséparable ».

Edgar Morin – *Changeons de voie – les leçons du coronavirus*. Denoël. 2020.

Lundi 16 mars 2020

Il est midi.

6.633 cas de coronavirus et 148 décès sont comptabilisés en France. Parmi ces cas, 400 ont dû être placés en réanimation.

Aussi j'ai décidé d'ouvrir ce journal car la période que nous allons vivre risque d'être fort différente de toutes celles vécues jusqu'alors.

Voilà plus d'un mois que je m'intéresse à cette épidémie de coronavirus qui a pris naissance en Chine à Wuhan.

L'alerte est lancée par la doctoresse Ai Fen, chef du service urgences de l'hôpital de Wuhan : le 30 décembre 2019, lorsqu'elle découvre le rapport du laboratoire qui a analysé les échantillons en provenance d'une malade hospitalisée le 16 décembre, et dont l'état ne cesse de s'aggraver. Selon ce rapport, il s'agit d'un coronavirus de type « SRAS ». Mais le soir du 1er janvier, elle est convoquée par un responsable de la discipline de l'établissement, qui profère des graves accusations contre elle. Conséquence Elle est sommée de se taire.
Fin décembre 2019, le docteur Li Wenliang ophtalmologue, partage sur un « *chat* » d'anciens étudiants en médecine la copie du rapport envoyée par la doctoresse Ai Fen. Deux jours plus tard, en pleine nuit, il est interpellé avec sept autres médecins et questionné pendant plusieurs heures, il est contraint de se rétracter. Le 10 janvier, Li Wenliang s'occupe d'une patiente atteinte d'un glaucome, sans savoir qu'elle est infectée par le coronavirus. Il est testé Covid-19 positif et placé dans une unité de soins intensifs sous assistance respiratoire. Chen Qiushi, un ancien avocat devenu journaliste indépendant, qui enquêtait sur la crise du Covid-19 qui commençait à se développer, a disparu après s'être permis de critiquer la gestion des autorités. Le soir de sa disparition, le 6 février sa mère, inquiète, lance un appel aux habitants de Wuhan pour l'aider à retrouver son fils. Quelques jours après la police chinoise l'informe qu'il a été placé en quarantaine sans plus de détails.

Pour la première fois je prends conscience que ce risque est systémique et que toutes les notions que j'ai enseignées et mises en place comme la défense en profondeur, la chasse aux modes communs trouvent ici leurs limites.

Depuis plus d'un mois l'Italie subit de plein fouet l'épidémie. Les hôpitaux sont submergés, les frontières fermées.

La France hésite. La stratégie officielle : lisser la courbe des hospitalisations pour éviter de saturer les lits de réanimation qui sont au nombre de 1.500 maximum.

Le mercredi 11 mars l'OMS déclare que le monde était face à une pandémie due au Coronavirus.

A partir de là, les annonces se sont accélérées.

Le jeudi 12 mars, le Président de la République, Emanuel MACRON annonce aux infos de 20 heures la nécessité de prendre des mesures fortes pour endiguer l'épidémie : fermeture des écoles, des lieux de rassemblement, des musées …

Deux jours plus tard, le samedi 14 mars, le Premier ministre annonçait d'une voie grave et déterminée la fermeture des restaurants, des bars, des salles de spectacle… Mais le vote des municipales le dimanche est maintenu.

Hier Michèle et moi sommes allés voter. Il était 11 h 30. Les personnes âgées étaient accueillies par une des gardiennes municipales. Devant chaque bureau il n'y avait qu'une personne. Des gants de caoutchouc étaient mis à la disposition des votants. Tout est allé très vite. Pour la première fois Michèle n'a pas pu papoter avec les uns et les autres.

Ce matin vers neuf heures, la sonnerie de l'ascenseur sonne. Ce sont les ouvriers qui refont les canalisations de l'immeuble. Cela fait deux mois qu'ils travaillent dans l'appartement. J'hésite à leur ouvrir. Mais comme ils insistent j'ouvre. Quel n'est pas mon étonnement de constater qu'ils sont munis de masques et de gants. L'un d'eux nous dit que nous ne sommes pas obligés de les laisser entrer. Mais voyant les précautions qu'ils ont pris d'eux-mêmes, nous décidons de les laisser entrer, mais auparavant Michèle déménage son bureau et va s'installer dans la cuisine, après quoi nous les laissons entrer et rejoindre la pièce où ils doivent travailler.

Toute la matinée nous resterons loin d'eux dans l'autre partie de l'appartement.

Vers 11 heures j'appelle le marché U pour savoir s'il peut livrer à domicile et quelles en sont les conditions. La réponse est stupéfiante. Nous sommes désolés mais rien n'est prévu pour cela. Nous n'avons aucun moyen de livrer à domicile.

En fin de matinée un appel de Clémence notre kiné. Elle ferme. Elle annule tous ses rendez-vous, pour cause d'épidémie et ce sine die. Elle va nous envoyer une facture concernant les séances déjà faites que nous paierons par chèque ou virement. Nous évoquons l'avenir. Comment va-t-elle subvenir à ses besoins ? Elle n'en sait rien, d'autant qu'elle doit prendre contact très vite avec sa banque afin de voir comment repousser les échéances des emprunts qu'elle a contractés en janvier pour acquérir le cabinet, suite au départ de son ancien propriétaire.

Cette situation qui fleurit partout montre très bien le caractère systémique de cette épidémie : l'arrêt de soins non vitaux, la perte de revenus d'une auxiliaire médicale et l'impact financier sur cette petite entreprise.

Nous avons déjeuné dans la cuisine pour ne pas avoir de contacts directs avec les ouvriers et préparé la liste des courses urgentes et indispensables à faire avant les décisions de confinement total qui risquent d'être prises ce soir par le Président dont l'allocution est prévue à vingt heures.

14 heures : les ouvriers sont revenus de déjeuner et ont repris le travail.

16 heures : ils rangent leurs outils dans l'ascenseur et nous annoncent que probablement ils ne viendront pas demain car leur entreprise a commencé dès aujourd'hui à fermer plusieurs chantiers.

Nous partons faire quelques provisions. En chemin peu de personnes. Sur la place on démonte le manège des enfants. Arrivé devant le marché U une longue queue. Les gens attendent dehors et sont espacés les uns des autres. A la porte les responsables sécurité font entrer une personne dès qu'une autre sort. Chacun porte un masque sur la bouche. Quel changement par rapport à dimanche ! Et ce en un jour.

Car hier, dimanche au marché sur la place de l'église, les gens allaient et venaient sans se presser entre les étals des maraîchers, des poissonniers, des charcutiers...Certes ils faisaient attention à ne pas être trop près les uns des autres. Les messes du dimanche ayant été supprimées, la foule était plus clairsemée. Une première toutefois : tous les commerçants portaient des masques et des gants de caoutchouc.

Ces quelques signes montraient bien que les habitants de Ville-d'Avray avaient un peu changé leurs comportements suite à l'épidémie, mais sans plus.

Lorsque notre tour arrive, nous entrons dans le magasin. Tous les employés portent un masque, alors qu'il est impossible d'en trouver dans toutes les pharmacies des alentours. De très nombreux rayons sont vides : pâtes, farines, conserves de toutes natures.

Nous comptions passer à la pharmacie, mais devant la queue qui attendait sur le trottoir devant la boutique pleine nous sommes rentrés directement.

En rentrant Michèle demande via son ordinateur au CESU la conduite à tenir vis-à-vis de notre femme de ménage qui ne pourra plus venir chez ses clients du fait des nouvelles dispositions de confinement.

20 heures : le Président de la République s'adresse au pays. Discours long de vingt minutes. Les hôpitaux des départements de l'Est sont saturés. L'armée est appelée en renfort et doit construire un hôpital de campagne de trente

places pour pallier l'insuffisance des moyens actuels. Le président répétera par trois fois que la France est en guerre, demandera que l'on limite les déplacements au maximum, que l'on reste chez soi mais ne prononcera pas le mot de confinement.

De nombreuses mesures seront prises par l'Etat pour qu'aucune PME ne dépose son bilan, pour compenser les impacts du chômage partiel ou total, mettre à la disposition du corps médical les masques de protection dans les plus brefs délais.

Un appel à la responsabilité individuelle et collective est lancé pour vaincre le virus qui circule dans tout le pays.

Toutes les réformes en cours sont suspendues même la réforme des retraites qui a tant divisée le pays.

Mardi 17 mars 2020.

1er jour de confinement.

Le confinement est mis en place aujourd'hui. Les écoles ont été fermées le 13 et l'épidémie a commencé en France vers le 2 de ce mois.

Ce matin à R T L, Yves Calvi annonce entre autres qu'à partir de midi tous les déplacements devront être justifiés. Chacun devra se munir d'une « Attestation de déplacement dérogatoire » en application de l'article 1e du décret du 16 mars 2020 portant réglementation des déplacements dans le cadre de la lutte contre la propagation du virus Covid-19. Le modèle est disponible sur internet. Comment vont faire ceux qui n'ont pas d'ordinateur, ni d'imprimante ?

Dans la matinée n'ayant pas encore eu de réponse du CESU nous avons appelé note femme de ménage pour lui dire de rester chez elle et que nous assurerons son salaire.

Nous apprendrons plus tard que Muriel Pénicaud ministre du Travail a décidé que la procédure du chômage partiel serait étendue aux travailleurs à domicile comme les femmes de ménage. Des décrets vont être pris très rapidement pour en définir les modalités.

N'ayant pu nous rendre à la pharmacie hier, j'appelle au téléphone pour vérifier si les médicaments dont nous avons besoin sont disponibles. Ils manquent. La pharmacienne va les commander. Ils seront disponibles demain. « Ne vous déplacez pas aujourd'hui la pharmacie est prise d'assaut la queue va jusqu'à la boulangerie. Venez demain. ».

11 heures : je descends et rencontre Christiane qui revient du marché. Contrairement à dimanche la plupart des commerçants ne portent pas de masques et les acheteurs sont peu nombreux.

11 h 44 : l'épidémie de coronavirus touche aujourd'hui plus de 155 pays dans le monde (sur 193 au total). Le nombre de malades se rapproche des 200. 000 et plus de 7.000 décès sont enregistrés au 16 mars.

En France, 7.730 cas sont confirmés par test diagnostic PCR. Plus de 400 cas graves sont hospitalisés et 175 personnes sont décédées du coronavirus. Le nombre de cas double désormais tous les trois jours. Ce qui donne un pourcentage de 2 % de décès par rapport au nombre de cas de coronavirus confirmés par tests, mais 37 % par rapport aux personnes hospitalisées ce qui est considérable.

"Les formes graves sont signalées chez des personnes âgées ou fragiles mais également chez des adultes sans pathologies antérieures" précise le ministère de la Santé dans son communiqué du 15 mars. En conséquence, les déplacements sont interdits à la population française à compter de mardi 17 mars à midi et pour une durée de 15 jours, sauf pour aller travailler (si on ne peut pas télétravailler), se rendre chez un professionnel de santé, faire ses courses dans les commerces de proximité, faire de l'activité physique seul autour du domicile, se déplacer pour la garde de ses enfants ou pour aider des personnes fragiles et à condition d'avoir chacun et pour chaque déplacement, une attestation de déplacement téléchargeable en ligne sur le site du gouvernement. Toute infraction sera sanctionnée. Les amendes pourront aller de 38 à 135 euros. Il faut toujours poursuivre l'application stricte *des "gestes barrières"*.

J'ai appelé notre podologue pour annuler le rendez-vous de l'après-midi. Elle propose de se déplacer à domicile, ce que j'ai accepté. Vers 15 heures elle est arrivée masquée avec tout son attirail. Mais elle pense que très vite même ces interventions à domicile vont s'arrêter.

Ce soir les chiffres annoncés sont 7.730 cas identifiés, 2.779 hospitalisations, 699 cas en réanimation et 175 décès officiels.

Ce soir à la télévision pour la première fois l'avenue des Champs Elysée est vide.

Mercredi 18 mars 2020.

2ème jour de confinement.

Ce matin en ouvrant les volets, pas une âme en vue sur le stade, ce qui est exceptionnel.

J'envoie un e-mail à notre petit- fils descendu ce week-end à Nice faire de la plongée pour avoir de ses nouvelles et savoir s'il a pu remonter à Paris. Réponse : « je suis à Toulouse avec ma compagne dans sa famille ».

Une première évacuation sanitaire de malades du coronavirus va être effectuée aujourd'hui par avion militaire depuis l'hôpital de Mulhouse jusqu'à un établissement militaire de Toulon (Var). Les patients sont transportés à bord d'un quadrimoteur du service de santé des armées "déjà équipé de six cellules de réanimation". Précédemment d'autres avaient été transportés par hélicoptères vers des établissements privés.

Je viens d'appeler notre petite fille Emmanuelle qui est interne. Pour le moment elle n'est pas réquisitionnée dans le cadre « coronavirus », mais son compagnon Antoine, réanimateur, vient d'être mis sur la liste des renforts en cas de saturation du personnel affecté aux soins intensifs consacrés au coronavirus.

Très vite je prends conscience en parlant avec ma petite-fille qu'enfermé dans mon appartement malgré la télévision, internet, les journaux, je n'ai de la situation qu'une vue médiatisée. Elle par contre a un contact réel, vrai, avec ce qui se passe dehors. Nous convenons d'échanger ce que nous voyons.

Ci-joint un premier e-mail.

« *Après vous avoir eu au téléphone pour prendre de vos nouvelles, j'ai reçu un coup de téléphone de mon collègue interne gérant le planning des urgences pédiatriques. Devant les réquisitions prévues des internes militaires et urgentistes, actuellement en formation, nous avons dû refondre entièrement le planning des urgences pédiatriques pour en créer un commun entre les deux hôpitaux, afin de libérer le plus possible les urgentistes pour la médecine adulte et assurer le service minimum en pédiatrie.*

Effectivement, avec les mesures gouvernementales, l'activité hospitalière de la pédiatrie a été réduite à son strict minimum d'urgence (pas de bloc opératoire, ni de consultation non urgente), vidant de manière drastique les services. Il n'y aura plus de bloc opératoire, ni de consultations non urgentes en urgence pédiatrique.

Le confinement quant à lui, paraît retentir directement sur l'activité des urgences pédiatriques avec une forte diminution des traumatismes (fractures/entorses) et également une forte chute de consultation de faible gravité (rhumes, etc....)

Devant cette réduction drastique du nombre de consultations aux urgences, et afin de minimiser les contacts, nous réduisons la présence soignante sur place le plus possible en passant de 4 internes de jour et 2 de nuit à 3 de jour et 1 de nuit.
Les vacances programmées de chacun sont annulées avec une mise en disposition. Bref, ça nous a pris toute la journée avec mon collègue pour monter ce nouveau planning exceptionnel sur une base de 2 semaines avec extension possible... ».

En fin de journée les chiffres de l'épidémie tombent. Dans le monde 157 pays sur 198 sont touchés. On dénombre 212.000 personnes touchées par le Covid-19 selon les tests faits ce qui signifie que la population réellement affectée est supérieure et 8.700 morts.

En France on dénombre 9.134 cas dont 3.620 ont été hospitalisés pour raisons graves et 931 sont en réanimation. Sur les 264 personnes décédées 7% avaient plus de 65 ans. Les régions les plus touchées sont l'Ile de France avec 2.177 cas et le Grand Est avec 1820 cas. Pour l'instant le département des Bouches du Rhône semble relativement épargné avec 237 cas.

Jeudi 19 mars 2020.

3ème jour de confinement.

Un e-mail de ma petite fille.

« Ce matin, réveil de bonne heure pour aller à l'hôpital. Ou plutôt au « front » comme on dit dans notre patois. Enfin mon front à moi il n'est pas bien virulent, la pédiatrie est étrangement épargnée pour l'instant.
En partant à l'hôpital, avec Antoine plus question de prendre les transports en commun. On minimise les risques comme on peut. Même en tant que soignant, le confinement c'est le confinement.
Bien en poche l'attestation dérogatoire, celle de l'employeur et la carte professionnelle. Il paraît qu'à Bordeaux le personnel soignant se fait taxer s'il ne présente pas les trois documents. Je m'énerve comme tous les matins

sur les passants qui marchent dans la rue, à plusieurs, trop proches, toujours trop nombreux.
Encore pire, il y en a qui ont des masques. Et pas n'importe lesquels, les FFP2, notre GRAAL, unique barrière à l'hôpital. Mais nous... et bien on n'en a pas. Ce sont des IIR qu'on sort des réserves. Les FFP2 sont fantomatiques depuis le début.
Mais ce qui m'énerve le plus dans ce tableau, c'est la manière dont ils les portent sur la bouche, le nez au vent. Ou comment dire autrement : PIPI DE CHAT. INUTILITÉ. Et encore pire... DANGER et se croire protégé.
Et oui, c'est compliqué de respirer avec un masque protecteur sur le nez. Et pourtant... si vous saviez ce que nous, personnel soignant, supporterions pour juste pouvoir l'arborer....
Voilà ce que je vois dans la rue tous les matins. La bêtise humaine, l'incivisme... je suis en colère. En colère contre des futurs patients qui n'auront pas mérité que mes collègues et moi se mettent en danger pour les soigner, juste parce qu'ils ont décidé d'ignorer la menace invisible.

En arrivant dans le service, je retrouve 3 de mes co-internes. Erreur de communication. Nous devions être 2 et non pas 3. Erreur qui va être courante encore quelques jours, le temps qu'ils s'approprient les nouvelles modalités du service déployées hier. Pas grave, je décide de rentrer.
J'entends une externe (de 5ème année) demander s'il reste des masques. Elle n'a trouvé que les spéciaux avec visière pour les soins envahissants. Réponse des paramédicaux qui gèrent l'approvisionnement : il ne reste que 2 boîtes... mais que de ce type-là... douche froide, 2 boîtes de 20 jusqu'au prochain réapprovisionnement. Même en effectif réduit nous sommes 10 en journée. Un masque fait 3h, voilà. Jusqu'ici nous étions protégés. Maintenant nous sommes comme les autres régions sous l'eau et l'épidémie ne nous a pas encore atteint !
Autre occupation du jour : de nouveaux plannings et des informations à chercher dans tous les sens. Beaucoup de réunions des hautes instances, peu de retours vers le personnel. Enormément de rumeurs qui attendent d'être confirmées, mais ces derniers temps elles sont souvent vraies ! ».

Autre son de cloche à la télévision. L'épidémie en Chine, selon les autorités, semble jugulée. La télévision chinoise montre des images des villes où le trafic reprend petit à petit. Dans les rues des passants circulent à pied. Tous portent des masques. Les magasins et les restaurants ouvrent petit à petit.
En Europe l'épidémie ne fait que prendre de l'ampleur.

Comment et pourquoi en sommes-nous arrivés là ?

D'où et quand est partie cette épidémie qui atteint aujourd'hui 173 pays parmi les 193 existant dans le monde. Le virus, selon toutes les sources d'informations, a fait son apparition en décembre 2019 dans le marché des fruits de mer de WUHAN, ville de 11 millions d'habitants, capitale de la province du HUBEI située au cœur de la chine et qui compte 59 millions de personnes. Malgré son nom ce marché accueille de nombreux animaux et notamment des mammifères sauvages qui sont vendus pour être mangés. C'est une très vieille tradition gastronomique de cette population qui remonte à la nuit des temps.

Plusieurs espèces animales, comme la chauve-souris, certains serpents, le pangolin ont été mis en cause par les scientifiques comme réservoirs hôtes intermédiaires du coronavirus, dénommé aujourd'hui Covid-19 qui se répand à une vitesse extrême à la surface du globe. En effet tout virus a besoin pour vivre de pénétrer au sein d'un animal dans lequel il se sent bien, en osmose. Tous deux vivent en harmonie, ce qui constitue la barrière d'espèce. C'est ainsi que les recherches ont montré que la chauve-souris a été le réservoir animal pour les virus MERS[1],SRAS[2] et Ebola[3].

---

1 - Le syndrome respiratoire du Moyen-Orient (MERS) est une maladie respiratoire virale due à un nouveau coronavirus (Coronavirus du syndrome respiratoire du Moyen-Orient - MERS-CoV) détecté pour la première fois en 2012 en Arabie saoudite. Les coronavirus constituent une vaste famille de virus pouvant provoquer des maladies diverses, allant du rhume banal au syndrome respiratoire aigu sévère (SRAS). Environ 35% des cas notifiés d'infection par le MERS-CoV ont abouti au décès du patient. Bien que la majorité des cas de MERS chez l'homme soient attribuables à une transmission interhumaine dans les établissements de soins, les données scientifiques actuelles semblent indiquer que le dromadaire est un hôte réservoir majeur du MERS-CoV et une source animale de l'infection chez l'homme. Toutefois, le rôle précis que jouent ces animaux dans la transmission du virus et le mode exact de transmission ne sont pas connus. Le virus ne semble pas se propager aisément d'une personne à l'autre, à moins d'un contact étroit avec une personne infectée, par exemple lorsque des soins sont prodigués sans protection à un patient. Des flambées liées aux soins de santé se sont produites dans plusieurs pays, les plus importantes ayant été observées en Arabie saoudite, aux Émirats arabes unis et en République de Corée. Organisation Mondiale de la santé.

2 - Le SRAS (syndrome respiratoire aigu sévère) est la première maladie grave et transmissible à émerger en ce XXIe siècle. L'épidémie, partie de Chine fin 2002, a éclaté au niveau mondial en 2003 faisant plus de 8000 cas et près de 800 morts. Grâce à une mobilisation internationale sans précédent, motivée par l'alerte mondiale déclenchée le 12 mars 2003 par l'OMS, l'épidémie a pu être endiguée par des mesures d'isolement et de quarantaine. De même, l'agent causal du SRAS, un coronavirus inconnu jusqu'alors, a pu être rapidement identifié. Le réservoir animal du coronavirus du SRAS a été identifié comme étant une chauve-souris insectivore. L'hôte intermédiaire qui a permis le passage du virus à l'homme est la civette palmiste masquée, animal sauvage vendu sur les marchés et consommé au sud de la Chine. Institut Pasteur.

3 - Les chauves-souris frugivores sont probablement les hôtes naturels du virus Ebola. Le virus ne les rend pas malades mais il devient pathogène lors de l'infection d'autres animaux sauvages de la forêt tropicale (singes…). L'homme se contamine en manipulant ces animaux (viande de

Mais il arrive que certaines espèces animales, comme la civette palmiste, jouent le rôle d'hôte intermédiaire ce qui fut le cas du SRAS. Rarement, mais cela arrive, le virus mute et peut franchir la barrière d'espèce et passer chez l'homme, comme ce fut le cas pour Ebola, le SRAS et maintenant avec la Covid-19. Une fois dans le corps de l'homme il s'adapte, se développe, se multiplie en son sein. Une fois contaminé l'homme devient lui-même un vecteur de contamination. Au cours de ses multiples contacts avec ses congénères il va leur transmettre le virus. C'est la phase de dissémination.

Le 20 janvier, le président chinois, Xi Jinping, déclarait que la situation était *« grave »,* et l'épidémiologiste de renom Zhong Nansha expliqua à la télévision nationale que le virus était bien contagieux entre humains. Trois jours plus tard, la veille des vacances du Nouvel An chinois, la ville de Wuhan, la capitale du Hubei, était coupée du monde. Les jours suivants, c'était toute la province qui était mise sous cloche, tandis que la Chine se barricadait progressivement.

Le premier des deux hôpitaux de campagne construits en dix jours, et terminé le 3 février, pouvait accueillir 1 000 patients. Le jour même, la ville annonçait la découverte de presque 3 000 nouveaux cas.

Faute de kits de test et de lits dans les hôpitaux, les patients présentant des symptômes moins graves sont renvoyés chez eux, où ils contaminent leurs proches

Le système de santé est dépassé. Il conduit à un taux de létalité de 4,6 % à Wuhan, contre 0,89 % pour le reste de la Chine.

Le 7 février 2020, des scientifiques de l'Université d'agriculture du sud de la Chine ont identifié le pangolin comme un "possible hôte intermédiaire" soupçonné entre la chauve-souris et l'homme. C'est un petit mammifère couvert d'écailles menacé d'extinction, dont la chair délicate est très prisée dans la gastronomie chinoise et vietnamienne. Selon les scientifiques un

---

brousse, dépeçage…). Le virus se propage ensuite dans les populations par transmission interhumaine. Il se transmet entre les humains par contact direct avec le sang et avec des liquides biologiques de personnes infectées, ou par contacts indirects d'environnements contaminés par ces liquides. Le risque de transmission est nul pendant la période d'incubation, modéré dans les premières heures qui suivent l'apparition des symptômes et intense lorsque la maladie est installée. En revanche, les patients ayant réussi à guérir de la maladie ne sont plus infectieux. Il convient simplement de prendre des précautions car le sperme peut continuer de transmettre le virus jusqu'à plusieurs mois après la guérison clinique. Les rites funéraires au cours desquels les proches du défunt sont en contact direct avec la dépouille augmentent aussi fortement le risque de transmission du virus Ebola.

animal peut être porteur d'un virus sans pour autant être malade et le transmettre à d'autres espèces comme l'homme. Après analyse de 1 000 échantillons, les scientifiques chinois ont pu montrer que les génomes de séquences de virus prélevés sur les pangolins étaient à 99 % identiques aux virus retrouvés sur des personnes atteintes du coronavirus.

A partir du 9 février les autorités décidèrent de durcir les conditions de la quarantaine dans le Hubei. Les habitants de la province n'eurent plus le droit de quitter leur domicile qu'une fois toutes les semaines, puis plus du tout. Les comités de résidents organisèrent des distributions de vivres.

Suite à la communication téléphonique du Président de la République, Emmanuel MACRON, avec le président Xi Jinping, la France a décidé de manifester sa solidarité à l'égard du peuple chinois confronté à l'épidémie de Coronavirus.

Le 19 févier 2020 un Airbus A 380 affrété par la France a décollé de l'aéroport de Paris-Charles-de-Gaulle à destination de Wuhan. Cet appareil transportait des équipements médicaux dédiés à la lutte contre le coronavirus destinés aux personnels soignants mobilisés, qui luttaient contre l'épidémie de Coronavirus.

Ce fret de solidarité de 17 tonnes comprenait notamment des combinaisons médicales de protection, des masques, des gants et des produits désinfectants[4].

Nous essaierons plus tard de comprendre pourquoi la France a agi ainsi.

Les chiffres viennent de tomber. La France enregistre 10.995 cas dont 1.122 ont été placés en réanimation. Le nombre de décès s'élève à 372.

Vendredi 20 mars 2020.

4ème jour de confinement.

Les chiffres viennent de tomber. L'Europe vient de passer en tête dans la pandémie avec 100.470 cas recensés et 4.752 morts devant l'Asie avec 94.253 cas dont 3.417 morts.

L'Italie est toujours en tête avec 41.000 cas et 3.405 morts dont 427 dans les dernières 24 heures. La France compte 12.612 cas confirmés dont 4.761 sont

4 - Information du Ministère des Affaires Etrangères Françaises

hospitalisés et 1.297 en réanimation. Le nombre de décès s'élève à 450 dont 78 dans les dernières vingt-quatre heures.

A la télévision, à la radio les informations tombent les unes après les autres.

La pénurie de masques, de blouses, de lunettes se fait sentir partout. Dans les hôpitaux civils et privés, les pharmacies, les magasins d'alimentation, la police ... Pire, les quelques emballages qui arrivent sont en partie vidés. Ceci est d'autant plus grave que de nombreux hôpitaux et cliniques privées qui ont des lits maintenant disponibles ne peuvent pas recevoir de patients contaminés faute de pouvoir protéger leurs personnels médecins, infirmières.

Le P D G d'ORANGE vient d'annoncer qu'il peut pour l'instant faire face à l'augmentation de la demande qui selon lui a doublé depuis la décision de confiner la population.

Chez nous, aujourd'hui encore, les ouvriers ont travaillé dans les gaines des deux côtés de l'appartement pour remplacer les tuyauteries d'eau chaude et froide et ne sont plus directement en contact avec les propriétaires ou les locataires.

Nouvel e-mail d'Emmanuelle.

« J3 pré-apocalypse.

Aujourd'hui fut de nouveau une journée très administrative. Réunion de crise (probablement une de celles les plus intéressantes pour le coup) entre seniors et juniors pour les dernières décisions concernant les différents statuts de chacun pour la semaine prochaine où nous déploierons nos nouveaux modèles.
Au bout d'une heure de discussion, des décisions majeures sont prises, notamment avec la création d'une unité COVID au sein des urgences enfants à l'hôpital et la création d'un circuit totalement différent pour les enfants sans symptômes respiratoires. Nous montons les équipes correspondantes. Une autre des mesures majeures est l'écartement des étudiants en médecine encore en faculté pour les protéger. En pédiatrie nous allons pouvoir sans doute fonctionner sans eux, car nous avons décidé de mettre à l'abri la jeune génération, quitte à devoir les rappeler si l'effectif est en forte baisse.
Nouvelle peut rassurante, nous avons hospitalisé nos 2 premiers patients COVID +, dont un vraiment tout petit, gardé en surveillance pour son âge. Espérons que les enfants sont vraiment moins touchés comme on l'a observé dans les autres pays.

Un des chefs nous informe qu'il existe un cluster[5] *dans une communauté avec beaucoup d'enfants, et qu'il faut s'attendre dès aujourd'hui à les recevoir.*

Je suis, après cette réunion, allé faire mes premières courses au supermarché, en voiture, avec le masque de l'hôpital sur le nez (il est valable 3h, nous n'allons pas le gâcher !). Attestations toujours en poche, mais pas de contrôle pour ma part. Au super marché de mon quartier, comme annoncé, un agent de sécurité régule l'entrée. En voiture, j'ai eu un laissez-passer (ah, ah, ah). Chose étrange. Dans le magasin, rien ne manque sauf les œufs. La semaine dernière c'était le PQ. Que manquera-t-il la semaine prochaine ? Sans doute rien, les usines ont bien carburé. Les employés portent tous leur masque et gardent leur distance avec les clients, agréable surprise. En caisse, du scotch est posé au sol pour nous signifier les distances à respecter entre chaque client. Pas de paiement en espèces, tout en chèque et carte bleues pour minimiser les contacts. Pour ma part j'ai pris assez de victuailles pour tenir 2 semaines selon notre consommation habituelle.

Mon compagnon, Antoine réanimateur a été en contact avec son premier patient COVID + hier. Autant dire que quand il est rentré, décontamination oblige. C'est direct la douche et les vêtements 24h sur le balcon pour assainir le plus possible ! Nous avons ressorti le thermomètre que j'avais acheté lors de mon stage en pédiatrie de 2017. C'est parti pour la surveillance de tous les symptômes et la température. On verra bien.
J'ai également appris ce jour par une collègue dont le conjoint est testé positif, que les internes étaient éligibles à une prise en charge particulière en cas de positivité au coronavirus.

La journée en cours s'achève. Demain c'est ma première garde du début de la fin du monde, j'aurai sûrement affaire à des patients avec problèmes respiratoires, on va bien se reposer cette nuit ! ».

Aux informations nous apprenons que les mesures de confinement, décidées par le gouvernement et prises le mardi 17 mars pour tenter d'enrayer la pandémie causée par le coronavirus SARS-CoV-2, ont bel et bien conduit à un exode important des Franciliens vers la province.

---

5 - On parle de "cluster" lorsqu'au moins deux cas sont avérés en même temps, dans une même zone, indique le ministère de la Santé. Très souvent, un lien épidémiologique relie ces cas. Il s'agit d'un "foyer de circulation de virus" selon la terminologie du ministère de l'Éducation nationale, le terme foyer désignant une zone où le nombre de cas est supérieur à deux.

Une analyse statistique des données téléphoniques réalisée par l'opérateur Orange estime que près de 1,2 million des Franciliens soit 17 % des habitants de la métropole du Grand Paris sont partis entre le 13 et le 20 mars.

Si, selon Orange, le déplacement des Franciliens vers la province a été assez homogène, certaines zones font l'objet d'un accroissement notable de leur population sur la période. L'île de Ré (Charente-Maritime) aurait ainsi vu sa population bondir de 30 %, les départements de l'Orne et de l'Yonne ont vu la leur augmenter de 10 %, et l'Ille-et-Vilaine de 6 %. La région parisienne a par ailleurs perdu environ 100 000 touristes, toujours entre le 13 et le 20 mars.

Il faut attendre une bonne semaine pour voir quelles seront les conséquences de ces départs sur les grandes régions concernées.

Samedi 21 mars 2020.

5ème jour de confinement.

Ce matin tout est calme. Sur le stade une jeune femme en survêtements noir et chaussures orange fait son jogging. Elle est seule. Cela prouve que l'accès au stade n'est pas fermé.
Les statistiques viennent de tomber. 14.459 cas recensés dont 5.226 hospitalisés et 1.525 en réanimation. Le nombre de décès s'élève à 562. Constat : l'épidémie a une croissance linéaire.

Un témoignage rassurant ce matin, celui du Docteur Carlix du Samu de Paris. « Nous commençons à recevoir de certaines sociétés qui arrêtent leur activité, les masques qu'elles avaient en stock et qui ne leur servent plus du fait de la mise en confinement de leurs salariés ».

Le ministère des Armées indique que le Tonnerre, un porte-hélicoptères amphibie, va appareiller de Toulon vers la Corse. Il évacuera des patients en réanimation vers le continent, Toulon ou Marseille, selon toute vraisemblance. Il abrite un hôpital de près de 1.000 m2, avec deux blocs opératoires et 69 lits médicalisés.

La police de Paris après celle de Nice teste des drones pour surveiller le respect des consignes de confinement.

Essayons de comprendre l'histoire du développement de cette épidémie qui est devenue une pandémie selon l'OMS. Pourquoi la France a -t -elle décidé de fournir en février, soit un mois et demi après le début de l'épidémie aux autorités de Wuhan, un si important stock de matériel sanitaire indispensable pour combattre l'épidémie.

Pour cela faisons un rapide retour en arrière. Le 31 décembre 2019, l'Organisation Mondiale de la Santé signale l'apparition de plusieurs cas de pneumonies dans la ville de Wuhan et indique que ce virus ne ressemble à aucun autre virus connu.

Le 7 janvier 2020, soit trois jours après, les autorités chinoises confirment qu'il s'agit bien d'un nouveau virus de la famille des coronavirus. Dans un premier temps baptisé "2019-nCoV" puis définitivement Covoid-19 ou SARS-CoV-2. Grand fut mon étonnement que les chinois puissent en l'espace de sept jours confirmer les dires de l'OMS et fournir très vite au monde entier des données aussi précises.
Aussi ai-je recherché quels étaient les moyens de recherche scientifique et médicale dont disposait la Chine et quel ne fut pas mon étonnement de découvrir que la Chine disposait de l'un des dix-huit laboratoires P4 existant au monde, installé à Wuhan et ce avec l'aide de la France.

Le consulat de France à Wuhan rapporte que : Monsieur Bernard CAZENEUVE, alors Premier ministre, dans le cadre de son voyage officiel en Chine du 20 au 23 février 2017 s'était rendu à Wuhan. Lors de son discours, il avait souligné l'importance que revêtait ce laboratoire, de conception française, dans le cadre de la coopération et de la lutte contre les maladies infectieuses émergentes. Il avait également annoncé que l'Etat français mettrait à disposition de ce laboratoire un budget d'un million d'euros par an sur 5 ans pour soutenir la coopération scientifique dans ce domaine, ce laboratoire devant être intégré à terme au système d'alerte et de réponses aux épidémies de l'Organisation Mondiale de la Santé.
M. Bernard CAZENEUVE était accompagné d'une délégation dont faisaient partie Mme Marisol TOURAINE (ministre des Affaires Sociales et de la Santé), M. Mathias FECKL (Secrétaire d'Etat au commerce extérieur), M. Yves LEVY (PDG de l'Inserm), président de l'alliance nationale pour les sciences de la vie et de la santé et co-président français du comité chargé du suivi de la mise en œuvre de l'accord intergouvernemental de coopération en matière de prévention et de lutte contre les maladies infectieuses de 2004) ainsi que M Hervé RAOUL (directeur du laboratoire P4 Jean Mérieux-Inserm de Lyon).
L'après-midi s'était tenue une réunion consacrée à la coopération scientifique à laquelle participaient M. Yves LEVY, M. Hervé RAOUL ainsi que Pierre LEMONDE (Conseiller pour la Science et la Technologie de l'Ambassade de France en Chine), M. Philippe MAURIN (Attaché pour la Science et la Technologie au Consulat général de France à Wuhan) et les représentants de l'Institut de virologie de Wuhan (WIV-CAS), de l'Académie des sciences de

Chine (CAS), du Centre chinois pour le contrôle et la prévention des maladies (CDC) et de l'organisme chinois d'accréditation (CNAS).
Dès lors on comprend mieux comment les autorités chinoises ont été en mesure de donner très vite des informations concernant les caractéristiques du nouveau virus émergeant à Wuhan et pourquoi les autorités françaises se sentirent obligées d'envoyer en urgence les 17 tonnes de matériel dont avait un si grand besoin les médecins chinois, matériel qui nous fait aujourd'hui un si grand défaut et que la Chine essaie de compenser en partie par l'envoi d'un million de masques qui ne sont pas encore arrivés à destination.

Revenons à notre quotidien. Les radios, les télévisions parlent de solidarité. Ici, alors que, Michèle mon épouse a consacré depuis des années une grande partie de son temps à la gestion de l'immeuble et de la résidence, pas une voix ne s'est manifestée pour lui proposer la moindre aide. La seule voix qui s'est fait entendre c'était pour lui demander si quelqu'un avait attrapé le coronavirus dans la résidence.

Dimanche 22 mars 2020.

6ème jour de confinement.

7 heures : je me lève, m'habille sans me laver, établis ma feuille de circulation, saisis mon caddie et pars faire les courses et le marché, car depuis le confinement il faut pour sortir établir une fiche de circulation explicitant les raisons pour lesquelles on est dehors. En passant devant la boite aux lettres je poste mes lettres puis me dirige vers le marché U qui depuis le confinement ouvre à 7 h 30 pour les personnes de plus de 70 ans et le personnel hospitalier et médical. J'arrive le premier. Il est 7 h 25. Dans les minutes qui suivent plusieurs personnes âgées arrivent et restent à distance les unes des autres. Les minutes passent. Par la porte vitrée fermée on aperçoit le personnel de la poissonnerie et de la boucherie qui va se mettre en place et disparaît de notre vue. Aux caisses, personne. Les minutes passent. Ne voyant toujours personne à 7 h 50 je décide de partir pour faire le marché. Décidément les nouvelles procédures ne sont pas encore en place.

Sur la place de l'église les commerçants finissent de remplir leurs étals. La plupart portent des masques et des gants de caoutchouc. Je m'arrête chez le marchand de fruits et légumes. Je suis le seul client. Très vite mon cadi est plein. Je passe chez le poissonnier. Il finit de préparer son étal mais ne commencera la vente que dans trois quarts d'heure. Je croise Agnès notre gardienne municipale, haute en couleur qui me demande comment va Michèle et me recommande de faire très attention. Ne voulant pas attendre je passe chez le fromager et lui prends des yaourts et des œufs. Nous étions au mieux quatre clients sur le marché ! Du jamais vu à Ville-d'Avray même à cette heure matinale. Mon cadi plein, je prends le chemin du retour. En chemin je croise deux jeunes femmes qui promènent leurs chiens. En rentrant Michèle me donne des cintres pour poser ma veste, mon écharpe et ma casquette afin de les aérer sur le balcon. Puis c'est le savonnage des mains. Il est 8 h.

Les chiffres de la journée d'hier sont sortis. Depuis trois jours la Chine n'annonce pas de cas nouveaux. Par contre en Europe la pandémie progresse. Un milliard de personnes sont confinées mais sûrement pas de façon drastique. L'Italie est la plus touchée avec 53.578 cas recensés et 4.825 décès dont 793 dans la seule journée d'hier. En France on dénombre 14.459 cas dont 6.172 ont été hospitalisés et 1.525 sont en réanimation. Cinquante pour cent des personnes en réanimation ont moins de 60 ans. Le nombre de décès s'élève à : 562.

Visiblement la pandémie s'installe et se développe malgré les dispositions prises, probablement top tard.

J'ai rechargé ma tablette électronique que je n'utilisais plus depuis des mois. De ce fait mon identifiant a été bloqué. Nous passons une partie de l'après-midi avec mes petites filles à la faire fonctionner à nouveau car il est prévu de faire un « Face time » à l'heure de l'apéritif pour réunir la famille dispersée entre Thomery, Viroflay, Ville-d'Avray, Nice, Toulouse et Marseille. Miracle vers 19 heures sur l'écran de ma tablette tous les visages apparaissent et une longue discussion s'engage avec pour toile de fond le coronavirus. Seule Emmanuelle et Antoine sont absents car ils sont sur le front de l'épidémie qui commence à sévir dans leurs hôpitaux.

Aux informations on apprend que le maire de Nice et d'autres ont décidé d'instaurer le couvre-feu dans leurs cités de 22 heures à 5 heures du matin. Le virus installe de plus en plus le silence dans les rues.

Le porte hélicoptères « Tonnerre » vient de quitter Ajaccio avec 12 malades qui vont être transférés dans les hôpitaux de Marseille.

Dans la journée, les cantons du nord-ouest de la Suisse ont annoncé l'admission de six patients alsaciens gravement malades du Covid-19 dans leurs établissements hospitaliers. En parallèle, les autorités de Bade-Wurtemberg ont procédé, samedi et dimanche, au transfert de premiers patients de Mulhouse, Colmar et Strasbourg vers les hôpitaux de Fribourg et de Karlsruhe où quinze lits ont été ouverts en services de réanimation pour les patients français nécessitant une assistance respiratoire.

Lundi 23 mars 2020.

7ème jour de confinement.

Les chiffres de la journée d'hier sont tombés.

16.689 cas et 674 décès soit plus de 112 morts par rapport à la journée précédente. Trente-cinq pour cent d'entre eux avaient moins de 65 ans. 7.240 ont été hospitalisés et 1.746 sont dans un état grave. Je pointe ces chiffres sur les graphes que j'ai établis. La courbe a bien une allure exponentielle. Les mesures de confinement prises, voilà une semaine, n'ont pas encore eu d'effet. Sont-elles suffisantes ? Sont-t-elles appliquées correctement ?

On vient d'apprendre que la Chancelière allemande Angela MERKEL est mise en confinement pour avoir côtoyé une personne révélée positive au coronavirus.

Michèle vient de recevoir un e-mail d'un des propriétaires de l'immeuble qui l'informe que les travaux faits dans les gaines peuvent être source de contamination. Si des ouvriers sont contaminés ils peuvent en toussant émettre des virus qui se répandant dans l'air peuvent arriver dans les salles de bain au travers des grilles d'aération. Conséquence : la responsabilité de la société qui effectue les travaux peut alors être mise en cause.

Michèle décide d'appeler le responsable de la copropriété en charge des travaux.

Quelques minutes après, la sentence tombe. Arrêt des travaux et report sine die. Depuis les gaines sont silencieuses !

Ce soir aux informations un hommage est rendu aux cinq médecins qui sont morts, au cours de la journée, victimes de leur dévouement. Tous étaient sur la brèche à soigner les cas de coronavirus hospitalisés. L'un d'eux était à la retraite. A 62 ans il a voulu rejoindre ses collègues en surcharge, mais les virus n'ont pas d'âme.

Le Premier ministre interrogé, depuis son bureau de Matignon, annonce trois nouvelles directives qui vont faire l'objet d'un décret qu'il va signer dans la soirée. La première vise à restreindre les sorties liées aux activités sportives, la seconde concerne la fermeture des marchés ouverts et couverts, la troisième les déplacements pour motifs de santé.

Mardi 24 mars 2020.

8ème jour de confinement.

7 heures : je me lève, établis ma feuille de circulation, saisis mon caddie et pars faire mes courses au Marché U. Arrivé sur la place de l'église, personne. Pas de marché. A la place, des voitures en stationnement. Je n'avais jamais vu ça à Ville-d'Avray. Les consignes du Premier ministre ont été appliquées à la lettre. Seul un ouvrier enveloppé dans sa tenue orange balaie la place du côté de la Maison pour Tous qui est fermée depuis maintenant plus d'une semaine. Je traverse la place. Personne. Arrivé devant le Marché U une fille d'attente canalisée par des barrières et une banderole rouge et blanche. Déjà une dizaine de personnes âgées, séparées les unes des autres par plus d'un mètre attendent l'ouverture des portes. Certaines portent un masque. La plupart comme moi n'en ont pas. Où les ont-elles trouvés, car il n'y en a pas ? 8 heures. Les portes s'ouvrent. Nous entrons les uns après les autres. Chacun va au plus pressé. Je me surprends moi-même à enfiler les rayons les uns après les autres prenant ce qui attire mon attention : pâtes, graines de couscous, lentilles, haricots blancs … alors, qu'habituellement ma liste à la main je passe tranquillement d'un rayon à l'autre.

Je passe à la boucherie. Une très large feuille de plastique sépare les bouchers de la clientèle. Juste une petite fente permet de faire passer les commandes. Mon caddie plein je passe en caisse et demande si je peux être livré. La réponse étant oui, sauf les surgelés, je laisse le tout et ne garde que les produits frais et surgelés. Quelques questions concernant le lieu de livraison, paiement par carte et je sors. Brahim, un Français d'origine marocaine, un berbère, avec qui j'aime bien discuter lorsque je le rencontre dans le magasin est à la porte. Il fait la police et ne laisse entrer une personne que lorsqu'une autre vient de sortir. Une femme l'interpelle en lui disant que le magasin est ouvert pour les personnes de plus de 70 ans. Elle brandit sa carte d'identité. Gentiment il lui dit : « le magasin est plein, je ne laisse entrer une personne que lorsqu'une autre sort. C'est la consigne de sécurité ». Rageuse elle rentre sa carte. Je sors. Elle rentre.

Je prends le chemin du retour. En chemin je croise Christiane qui part faire ses courses. Une fois rentré je place mes habits sur des cintres et les dépose sur le balcon pour qu'ils s'aèrent. Puis c'est le long lavage des mains.

11 Heures : coup de sonnette. C'est la livraison. Ouverture de la porte de l'ascenseur. Dépose des colis sur le palier. Le livreur porte des gants mais pas de masque. Comment appliquer les consignes de sécurité si ceux-ci font défaut même pour ceux qui nous alimentent ?

Je consulte les derniers chiffres de l'épidémie. A ce jour on comptabilise 338.307 cas de coronavirus dans le monde dont 81.649 en Chine. L'Europe suit avec 160.233 cas. L'Italie est la plus touchée avec 59.138 cas et la France 19.856 suit juste derrière. L'épidémie a engendré à ce jour 14.602 décès dans le monde dont 3.276 en Chine, 5.476 en Italie et 860 en France.

Mettant mes graphiques à jour je constate que l'épidémie en France poursuit sa croissance exponentielle, ce qui signifie que pour l'instant les mesures de confinement n'ont pas encore l'effet attendu.

Philippe mon petit-fils m'a envoyé hier une étude théorique qui montre des simulations faites en fonction de différentes stratégies de lutte adoptées contre le Coronavirus. Les résultats peuvent être très significativement différents.

Etant confiné et ayant du temps à la maison j'ai décidé de voir comment les différents états ont réagi face à cette pandémie.

Internet est en ces moments un outil, un ami précieux. Je constate qu'au 23 mars 2020 les statistiques montre comme évoqué ci-dessus que la Chine arrive en tête avec 81.649 cas et 3.276 décès, l'Italie occupe la seconde position avec 59.138 cas et la France 19.856 suit juste derrière. Par contre deux pays pourtant situés à proximité de la Chine et dont les épidémies ont commencé en janvier 2020 semble avoir été épargnés. Il s'agit de la Corée du Sud avec 8.961 cas et Taïwan avec 195 cas.

Comment la Corée du Sud a-t-elle opéré ?

Il apparaît en lisant les différents papiers publiés que, concernant la Corée du Sud, les autorités ont très vite fait le choix de procéder à un dépistage massif des cas dès leur apparition. Pas question de réitérer les erreurs commises lors de l'épidémie de SRAS en 2003 et plus encore de MERS-CoV en 2015. Dès le 27 février, alors que quatre cas seulement sont recensés dans le pays, les représentants d'une vingtaine de laboratoires privés du pays sont convoqués, afin de développer un test au plus vite. Une semaine plus tard, les dépistages peuvent débuter.

Les efforts se sont concentrés sur l'identification du premier cluster apparaissant dans le pays, et qui s'est trouvé situé dans la ville de Daegu, où est implantée l'Église Shincheonji[6]. A l'analyse il s'est avéré que des membres de cette secte revenaient de la ville du Wuhan où ils voulaient créer une antenne.
La population de cette zone a été massivement testée, seuls les cas positifs ont été confinés. Tous les moyens de vidéosurveillance, bornage téléphonique, achats par carte bancaire ... ont été mobilisés pour retracer tous les déplacements que les malades avaient effectués précédemment, afin d'identifier tous leurs contacts qui ont alors été testés.
Résultat : 8 000 malades identifiés, confinés par cercles concentriques et la réalisation de plus de 60 000 tests par jour. A ce jour près de 300 000 tests ont été effectués, un record mondial et une épidémie très bien contrôlée.

Il est clair qu'une telle stratégie n'a pu être mise en place que suite à une préparation très poussée des moyens de localisation des individus à tout instant.

Passons maintenant à Taïwan.

L'ile de Taïwan est située à 140 kilomètres des côtes chinoises, de nombreux vols quotidiens la relient à son voisin et des centaines de milliers de Taïwanais travaillent en Chine. Pour ne rien arranger, l'épidémie de coronavirus s'est déclenchée lors du Nouvel An lunaire, période où des millions de Chinois se rendent à Taïwan et les Taïwanais en Chine. Alors que Taïwan compte 23 millions d'habitants, l'île n'enregistre pour l'instant que 195 contaminations et deux décès, loin derrière la Chine, les autres pays asiatiques, l'Europe et les Etats - Unis. Quel mode d'organisation ce pays a-t-il adopté pour obtenir un si brillant résultat.

Comme la Corée du sud après l'épidémie de SRAS de 2002-2003, le gouvernement Taïwanais a créé un commandement centralisé, le National Health Command Center (NHCC) dont dépend le Central Epidemic Command Center (CECC) qui a été activé début janvier. Très vite il a fixé le

---

6 - Un cluster est un regroupement d'objet, ici de personnes infectées par le virus. Nous avons vu ci-dessus que la propagation de la maladie se faisait à partir d'un homme infecté qui la transmettait à deux ou trois autres personnes saines qui à leurs tours en contaminaient deux ou trois autres et ainsi de suite entraînant une contamination exponentielle.

prix des masques de protection, puis mobilisé des fonds gouvernementaux et militaires pour accroître la production. Dès le 20 janvier, Taïwan disposait de 44 millions de masques chirurgicaux, 1,9 million de masques N95 et 1.100 chambres d'isolation.
Comme la Corée du sud, Taïwan a pu surveiller le développement des divers clusters grâce à l'ensemble des systèmes numériques en place, une surveillance numérique de l'épidémie en croisant la base de données de son assurance-maladie avec celle des douanes et de l'immigration, permettant de déclencher des alertes en temps réel lorsqu'une personne se présentait dans un service de santé avec des symptômes grippaux, si elle avait séjourné dans un endroit touché par le coronavirus. Les autorités taïwanaises ont aussi demandé aux personnes arrivant sur son sol de remplir des formulaires en ligne, pour indiquer les pays où ils avaient séjourné et leur état de santé. C'est ainsi que *« les personnes qui ne s'étaient pas rendues dans des zones à haut risque ont reçu un laissez-passer par SMS pour accélérer les formalités d'immigration ; ceux qui s'étaient rendus dans des zones à haut risque ont été mis en quarantaine chez eux et surveillés via leur téléphone portable pour s'assurer qu'ils restaient à la maison pendant la période d'incubation »*[7].
Dès le 31 décembre, les passagers en provenance de Wuhan étaient examinés à bord des avions pour détecter d'éventuels symptômes. Dès le 5 janvier, les personnes s'étant rendues à Wuhan dans les quatorze derniers jours et présentant des symptômes grippaux étaient dépistées pour vingt-six virus différents, et placées en quarantaine puis soignées si besoin.
Récemment Taïwan a développé une application sur smart phone qui permet de repérer et identifier toute personne qui devrait rester confinée car positive au coronavirus. Le but : signaler sa présence aux forces de l'ordre afin qu'elle regagne son confinement au plus vite. Mais en même temps le système signale aux personnes proches la présence de cette source de contamination. C'est probablement un modèle dont il faudrait suivre l'exemple.

Comme nous en sommes loin ! Pas de tests des personnes débarquant sur notre sol, pas de contrôles aux frontières, pas d'identifications sérieuses des premiers clusters, pas de masques, pas de système de traçage des déplacements, un confinement progressif …
Attendons la suite.

Aux informations ce soir : L'hôpital militaire implanté à Colmar vient de recevoir ses premiers malades atteints du coronavirus. Mais le système hospitalier du Grand Est étant au bord de la saturation, la SNCF a décidé à la demande des autorités médicales d'affréter un TGV spécialement équipé pour transporter des malades de Strasbourg vers les Pays de Loire. Il permettra de

7 - Explique Stanford Health Policy.

transporter 20 malades répartis 4 par voiture. Dans chacune d'elle, une équipe médicale et tout le matériel nécessaire permettront d'assister les personnes infectées tout le long du voyage.
Mais l'information la plus stupéfiante et inattendue est l'annonce du confinement de la population de l'Inde faite par le Premier ministre Narendra Modi qui demande qu'à partir de minuit ce soir *« chaque quartier, chaque ruelle, chaque village »* soit cloîtré. *« Vous devez oublier ce que sortir veut dire. La seule manière de nous protéger c'est de ne pas sortir de chez nous quoi qu'il arrive »,* a-t-il répété plusieurs fois, avant d'avertir *« un seul pas en dehors de chez vous peut ramener la grave maladie du coronavirus dans* votre *foyer ».*
Comme en Europe le gouvernement Indien a agi de manière graduelle, face à une épidémie qui, pendant plusieurs semaines a progressé relativement lentement. Il a fermé les frontières extérieures en interdisant les vols commerciaux internationaux en provenance des pays infectés et en traquant les passagers. Mais contrairement à ce qu'a fait Taïwan et la Corée du sud aucune campagne de tests n'a été faite pour localiser les personnes contaminées et les mettre en isolement et remonter aux initiateurs, probablement n'étant pas organisé pour le faire.

Comment imaginer l'Inde avec 1,3 milliards d'individus appartenant à des classes sociales si différentes confinées pendant 21 jours !! Comment confiner des centaines d'hommes, de femmes, d'enfants qui vivent et dorment dans les rues ?

Nous sommes face à l'absurde !!!!

Mercredi 25 mars 2020.

9ème jour de confinement.

Les chiffres relatifs à la journée d'hier viennent de tomber. Le nombre de cas s'élève à 22.300 et 10.176 personnes sont hospitalisées dont 2.516 en réanimation. 35 % ont moins de 60 ans.
On parle beaucoup des deux épidémies précédentes du SRAS et du MERS. Ayant du temps, étant confiné dans mon appartement j'ai décidé d'en savoir un peu plus. Comment ces deux épidémies se sont-elles développées ? Quels pays ont été touchés ? Quelles précautions ont été prises à l'époque ?

Après quelques recherches sur internet il ressort que SRAS Syndrome Respiratoire Aigu Sévère serait apparu à Hong Kong, en novembre 2002 au 9e étage de l'hôtel Métropole qui comme tout hôtel est un lieu majeur d'échanges, notamment de virus même s'ils ne sont pas invités ni paient leurs chambres et leurs repas ! Quel est le patient initial ? Nous ne le savons pas ! Venait-il de Chine, nous ne le savons pas ! Toujours est-il qu'à partir de ce cluster, l'épidémie s'est répandue dans les villes et pays voisins : Singapour, Hanoï, la Chine, la Corée du sud, puis dans le monde.

Le 12 mars 2003 l'Organisation Mondiale de la Santé a lancé une alerte mondiale. Quatre mois après, en juillet l'épidémie était maîtrisée.

Le bilan mondial est officiellement de 8.036 cas et de 774 décès ce qui est peu, comparé à ce que nous commençons à vivre avec le COV-19. Arrive en tête la Chine avec 5.327 cas et 43 morts, Hong Kong avec 1.755 cas et 299 morts, Taïwan avec 346 cas et 37 morts.

La France n'a pas vécu cette épidémie, témoin le bilan officiel qui est de 7 cas et 1 décès. Cela explique peut-être notre découverte de ce que peut être une épidémie, de ses conséquences et malheureusement de notre grande impréparation.

La Corée du sud de son côté va compter 3 cas et zéro décès. A quoi sont dues les performances de la Corée du sud et de Taïwan ? A leurs mobilisations, aux filtrages effectués précocement dans les aéroports concernant les passagers en provenance de pays contaminés et à la recherche de l'origine de chaque cluster.

Passons à l'épidémie engendrée par le virus MERS qui est aussi un coronavirus. L'épidémie sud-coréenne s'est déclarée le 20 mai 2015 lorsqu'un homme rentrant d'un voyage en Arabie Saoudite et dans d'autres pays du Golfe a été diagnostiqué positif. Très vite des mesures ont été prises et notamment la détection des personnes qu'il avait contaminées, ce qui a très certainement limité considérablement l'épidémie. On trouve très peu d'informations sur les dispositifs mis en place par ce pays. En Arabie Saoudite, l'épidémie qui avait débuté en 2012 contamina officiellement et fit 412 morts.

Il est clair à la vue des chiffres officiels que ces deux épidémies n'ont rien eu à voir avec celle que nous sommes en train de vivre.

Une chose est sûre la détection des clusters et la recherche de la chaîne de contamination primaire est une priorité fondamentale. L'épidémie maîtrisée, il faudra s'en souvenir et mettre en place les dispositifs et moyens permettant d'isoler le plus vite possible les quelques vecteurs de contamination identifiés.

Hier au cours de l'émission d'Yves CALVI « L'info du vrai » le directeur de l'A P H P a annoncé que les 33 hôpitaux d'Ile de France étaient au bord de la saturation et qu'on arrivait à la situation du Grand Est. Le point crucial est aujourd'hui la réanimation. On a encore les lits mais pas le personnel médical suffisant. 500.000 médecins et infirmiers sont en place, mais cela ne suffit pas.

Ce propos est renforcé par un des médecins militaires en service à l'hôpital de Colmar qui demande, au travers de cette émission, à tous les militaires du service de santé des armées, médecins, infirmiers disponibles et ayant l'accord de leurs supérieurs de ne plus passer par la voie officielle qui est totalement saturée mais de s'adresser directement aux hôpitaux de leurs régions.

Cela m'a rappelé une situation que j'ai rencontrée lors de mon service militaire en Algérie dans les années 1960. A mon arrivée de Télergma, petite localité située à proximité de Constantine, le colonel commandant le dépôt de munition à la vue de mon CV m'avait confié la direction du service « Force, Maintenance et Bâtiments » (F.M.B.). En un mot j'avais la charge de l'entretien du dépôt : station d'énergie, système de défense, hangars de stockage de munitions, routes d'acheminement, logement de la troupe ... Très vite j'avais compris que l'important était l'efficacité, la rapidité à répondre à une vraie demande, un vrai besoin. Un jour au déjeuner, le colonel s'adressant au lieutenant en charge des achats lui demande où en est sa commande. Ce dernier lui répond « Je suis en rupture de stock, c'est un peu de la faute de NICOLET qui entre et sort dans le magasin, prend ce dont il a besoin et ne remplit les papiers qu'après ». Je prends une algarade. Le propos est faux car je n'ai pas eu besoin de ces pièces depuis que je suis arrivé. En colère j'en parle à un adjudant-chef, un vieux blédard qui a fait l'Indochine. *« Je veux absolument que mon service F M B respecte dorénavant les procédures* » lui dis-je. Il part d'un grand éclat de rire. Mais mon lieutenant, ici en Algérie nous sommes en maintien de l'ordre, c'est-à-dire en temps de paix, alors que les procédures qui sont en place ici sont celles du temps de guerre. En un mot des procédures simplifiées permettant une plus grande efficacité au détriment de contrôles plus poussés et sévères. C'est ainsi me dit-il : « Pour sortir une pièce du magasin vous établissez un CM en deux exemplaires alors qu'en temps de paix il vous faudrait établir un document équivalent mais en 5 exemplaires qui seraient envoyés à 5 différentes personnes, pour effectuer des taches qui n'ont plus leurs utilités en temps de guerre ». Malicieux, il me dit : « J'ai encore une caisse contenant les documents du temps de paix ». J'accepte son offre, les prends et rentre dans mon bureau. Tout l'après-midi je forme mon équipe et le lendemain pour toute demande de pièces adressées au service achats, nous lui adressons les imprimés du temps de paix. Deux jours se passent. Mon service est à l'arrêt ne recevant pas l'exemplaire n° 3 nous avertissant que les quantités que nous avons demandées sont disponibles en stock et qu'elles nous ont été affectées. La première des commandes passées concernait bien entendu les travaux de réparation urgents demandés par le colonel. Le troisième jour à table le colonel me dit « Nicolet cela ne vous ressemble pas, mes travaux n'ont même pas commencé ». Je lui explique que suite aux remarques justifiées du lieutenant, j'applique dorénavant les procédures à la lettre et comme je n'ai pas encore reçu l'exemplaire n°3 de mon bon de sortie magasin, je ne peux pas commencer les travaux bien que j'aie les effectifs nécessaires. Il se retourne alors vers le lieutenant et lui demande pourquoi il n'a pas renvoyé cet exemplaire. Ce dernier répond que j'utilise de nouveaux documents avec beaucoup plus d'exemplaires et que cela désorganise son service. Ce tournant vers moi il me demande pourquoi je les utilise et je lui réponds que c'est pour me mettre en conformité avec le règlement car nous sommes en temps de paix et non de guerre. Excédé le Colonel nous convoque dans l'après-midi dans son bureau. Après nous avoir écouté et bien ri il nous demande de considérer que bien qu'en temps de paix nous devions adopter la procédure du temps de guerre voire, comme c'était le cas précédemment, de faire les papiers après, quand on en avait le temps. L'important était de gagner la guerre et non le respect des procédures.

Nous y sommes. Il est difficile de gagner une guerre en suivant les procédures du temps de paix ce que nous faisons actuellement, me semble-t-il.

20 heures, les chiffres de la journée viennent .de tomber. En France on comptabilise 25.233 cas dont 2.827 ont été mis en réanimation. Le nombre de décès s'élevant à 1.331.

Jeudi 26 mars 2020.

10ème jour de confinement.

10 heures : le temps est splendide. Le soleil inonde l'appartement. Dans le Bow Windows les orchidées en fleurs sont magnifiques, leurs tons violets se mêlent au vert clair des autres plantes grasses. Par les fenêtres ouvertes, on plonge dans le parc où les arbres se couvrent de feuilles. Le printemps pointe le bout de son nez. C'est la fin de l'hiver.

Et pourtant un autre temps a commencé à se lever, mais d'une toute autre nature. Un hiver épidémique.

Les chiffres de la journée d'hier sont tombés.

Dans le monde, le nombre de personnes contaminées atteint 436 159 cas. On compte ce jour, 19 648 morts. Alors que l'épidémie de Coronavirus s'étend et que le nombre de personnes contaminées ne cesse d'augmenter, l'OMS demande aux pays attaqués de tester tous les cas suspects. Comment allons-nous faire avec notre capacité de 8.000 analyses quotidiennes

Comment allons faire ne disposant pas du nombre de tests suffisants ?

L'Espagne a dépassé hier le nombre de morts de la Chine avec 3 034 décès depuis le début de la pandémie. Le pays prolonge son confinement le passant de 15 à 30 jours.

En Italie, après une baisse durant deux jours qui redonnait de l'espoir aux Italiens, les chiffres sont repartis à la hausse mardi dernier avec 743 décès en 24 heures, et hier mercredi avec 683 décès, ce qui porte le nombre de morts à 7 503 décès depuis le début de l'épidémie pour 74 386 personnes cas recensés.

Les cas en Iran explosent avec 27.017 cas recensés. Le gouvernement annonce 143 nouveaux décès en 24 heures, avec un bilan officiel, ce mercredi 25 mars, de 2 077 morts.

En Espagne, le virus a causé la mort de 738 personnes de plus en 24 heures ce mercredi 25 mars, atteignant ainsi 3 434 morts dans le pays. Le nombre de cas de contamination a aussi beaucoup évolué de son côté, passant à plus de 47 610 cas. L'Espagne est ainsi le quatrième pays le plus touché dans le monde par cette pandémie. Le gouvernement a décidé dans la nuit de mercredi à jeudi, la prolongation du confinement. Initialement prévu de 15 jours, il est prolongé jusqu'au 14 avril.

En France, le confinement devrait se poursuivre pour 6 semaines au moins selon de Conseil scientifique créé pour lutter contre l'épidémie.

Selon le dernier bilan communiqué par les autorités sanitaires, 29.155 personnes sont contaminées et 1.696 sont mortes. Dans les dernières vingt-quatre heures 365 décès supplémentaires ont été enregistrés. 86% avaient plus de 70 ans. 3.375 cas graves sont enregistrés en réanimation. Un tiers des patients ont moins de 60 ans et 59% entre 60 et 80 ans. 3 900 personnes sont sorties guéries de l'hôpital.

En Allemagne, le bilan s'alourdit ce jeudi. Le gouvernement déclare près de 5 000 nouveaux cas et une hausse d'un tiers de son nombre de morts, passé à 198. Le nombre de cas confirmés de contamination au coronavirus en Allemagne atteint désormais 36.508.

Je pointe ces données sur mes graphiques. Un constat l'épidémie continue à se développer de façon exponentielle. Sur ces bases, demain le nombre de cas officiels répertoriés par les hôpitaux devrait se situer entre 27.500 et 28.000. Attendons demain pour voir.

Aujourd'hui la France retire ses troupes d'Irak où elles effectuaient des missions de formations qui sont arrêtées pour cause d'épidémie.

Comme chaque jour vers 18 h 30 j'allume la télévision pour avoir des nouvelles du monde, bien entendu au filtre des intervenants. Mais contrairement à ce qui se passait il y a moins d'un mois, les propos tenus sont de plus en plus cohérents, convergents sauf concernant la chloroquine. Objet de la polémique le professeur marseillais Didier Raoult microbiologiste renommé, qui sur la base d'une étude faite sur trente patients et un essai clinique chinois, portant aussi sur une faible cohorte, a décidé de tester tous les patients de son centre au Covid-19, puis en traitant ceux atteints du coronavirus avec de la chloroquine, un antipaludique. Les instances médicales soulignent la faiblesse de l'étude qui ne correspond pas aux normes internationales. Selon le Professeur la chloroquine réduit l'infectiosité du malade si elle est administrée au début de la maladie. Une étude internationale vient d'être lancée selon les normes dans laquelle la chloroquine a été introduite. Les premiers résultats significatifs sont attendus dans une dizaine de jour. Mais devant la gravité croissante de la situation un décret vient d'être publié permettant aux hôpitaux, avec le consensus du corps médical, d'utiliser ce médicament pour les malades les plus sérieusement touchés.

Les témoignages des responsables d'hôpitaux de la région Grand Est et Ile de France sont unanimes. *« Les hôpitaux sont submergés. Nous manquons de matériels : masques, blouses, respirateurs, réactifs, sans parler des tests qui font cruellement défaut et nous empêchent d'identifier le plutôt possible les porteurs de virus ... A tel point que le back office a demandé aux abattoirs d'envoyer leurs blouses disponibles dans les hôpitaux proches d'eux.*

Le personnel hospitalier est saturé. Il nous faut des milliers de personnes supplémentaires auprès des malades. Nous sommes en train de faire appel aux retraités, aux étudiants, car pour tourner une personne en réanimation il faut au moins cinq personnes. Vous rendez vous compte on vient de solliciter des vétérinaires pour qu'ils nous envoient les respirateurs dont ils disposent ».

Le manque de masques est tel que l'autorité sanitaire a demandé aux commissariats de police de renvoyer tous les masques dont ils disposaient dans les hôpitaux voisins. Conséquence immédiate, les policiers en charge de faire respecter l'ordre public et les règles de confinement ne sont plus protégés face aux personnes qu'ils interpellent dont certaines leur crachent au visage.

La représentante syndicale de la police qu'on interrogeait soulignait qu'après un peu plus d'une semaine de confinement les policiers notaient une remontée de la violence conjugale.

La ministre de la Justice vient d'annoncer que suite à la contamination d'un certain nombre de détenus et compte-tenu des révoltes et mutineries qui apparaissent dans les prisons, elle a décidé la sortie anticipée des détenus à qui ils ne restaient plus que deux mois à faire.

Dernière information de la journée : 1,7 millions de Parisiens ont quitté Paris pour la province pour se mettre à l'abri dans leurs maisons de campagne ou du bord de mer. Combien parmi eux sont contaminés ? Certainement des milliers. Vont-ils être des vecteurs de la maladie ? Probablement. Aussi je décide de suivre dorénavant l'évolution des contaminations au niveau de chacune des grandes régions.

20 h 30 : vidéo conférence avec les membres de notre club Rotary. Au cours des échanges nous apprenons qu'un ancien membre en poste à la Cour d'appel de Versailles a été contaminé par le virus ainsi que sa femme. Qui a contaminé l'autre on ne le saura probablement jamais. Pour l'instant ils sont confinés et suivis chez eux.

Dans la résidence la fille d'une amie de Michèle vient aussi d'être détectée positive.

L'épidémie se rapproche. Elle n'est plus une somme d'images.

Vendredi 27 mars 2020.

11ème jour de confinement.

Une très belle matinée ensoleillée. J'ai commencé à recenser toutes les données disponibles sur les sites officiels concernant l'évolution de l'épidémie en France et dans les grandes régions.

Le facteur est passé. Cela faisait trois jours que les boites aux lettres étaient vides.

13 h 00 : aux informations.

Le patron de l'hôpital Georges Pompidou de Paris, la figure grave, les traits tirés par la fatigue, nous dit d'une voix cassée : *« La situation est très grave en Ile de France. Nous arrivons à saturation. Il nous faut absolument libérer des lits. Il faut organiser des ponts aériens et même ferroviaires pour être en mesure d'évacuer les malades qui vont arriver dans quelques heures au plus tard dans un jour ou deux ».*

Je n'avais jamais entendu jusqu'à ce jour un tel appel de détresse.

15 h 00 : je pars à la pharmacie chercher les médicaments dont nous avons besoin.

Je traverse la place de l'église. Elle est vide. Arrivée devant la pharmacie une file d'une dizaine de personnes attendent devant la porte, canalisées par une barrière. Je les rejoins. La distance d'un mètre est respectée. Les uns portent des masques d'autres non ce qui est mon cas, car je n'ai pas pu encore m'en procurer. Pas une parole. Aucun échange. Chacun reste confiné en lui-même. Lorsqu'une personne sort de la pharmacie une autre entre. J'attends une bonne demi-heure. Plus qu'une personne devant moi. Un jeune homme bonnet sur la tête casque audio sur les oreilles. C'est son tour mais avant d'entrer il se retourne me voit et très gentiment me propose sa place. Je refuse mais il insiste. Je le remercie. Il s'efface en souriant. J'entre. Etonnant : dans la pharmacie deux personnes. Je ne l'ai jamais vue comme cela. Tout le long, en son milieu, des cloisons permettent de séparer les clients, puis trois tables disposées à un mètre des trois pharmaciens. Après avoir pris des nouvelles de chacun, je tends mes ordonnances à la pharmacienne que je reconnais à peine. Elle porte une casquette aux couleurs de l'Amérique, un cadeau de sa fille qui se trouve aux Etats-Unis, sur les yeux un masque de plongée et sur la bouche un masque. Nous échangeons quelques plaisanteries sur la situation. Pour elle, me dit-elle c'est le repos. Elle ferme à 20 heures et le nombre de clients a diminué. A tout hasard je demande si elle a des masques. Miracle, elle en a mais qui ne protègent qu'une heure. J'en obtiens un paquet de dix. Je règle et sors. On entend le glas. Devant l'église une voiture des pompes funèbres dans laquelle quatre hommes en noir viennent de déposer un cercueil. Je me découvre. Sur le perron de l'église une dizaine de personnes, la famille directe. Pas de curé, juste un laïc qui a dû procéder à l'office. Même l'accompagnement de nos proches est profondément modifié.

D'un pas lent je regagne l'appartement.

Les données chiffrées pour la journée d'hier sont sorties.

32.964 cas, 157.732 hospitalisés dont 3.737 en réanimation et 1.995 décès. Ces chiffres sont supérieurs à la fourchette que j'avais prévue hier qui était de 27.500 et 28.000.

Samedi 28 mars 2020.

12ème jour de confinement.

Ce matin, lever à 7 heures. Après avoir rempli mon autorisation de sortie et complété ma liste de courses, mon masque dans la poche, je sors. Dehors personne. La place de l'église est vide. Arrivée en vue du marché U je mets mon masque. C'est la première fois de ma vie que cela m'arrive. J'entre dans la boutique. Je salue au passage Brahim qui assure le contrôle. Je remplis mon caddie de fruits, de légumes, de laitages. Personne ne parle. Chacun suit son parcours en évitant de frôler les autres. Comme lundi je passe à la caisse réservée aux livraisons paie et sors.

En rentrant le cérémonial habituel : disposer veste, casquette et chaussures dehors, puis lavage des mains en remontant jusqu'aux poignets.

Petit déjeuner. A la radio l'information du jour : Une jeune caissière d'un marché U de Saint Denis, Aïcha, vient de décéder du coronavirus. Ses frères et sœurs n'imaginaient pas que cela pouvait arriver.

Vers 10 heures, coup de sonnette. Deux jeunes gens portant masque et gants déposent les courses sur le palier et s'esquivent si vite qu'ils ne prennent pas les pièces préparées pour eux.

Dans la matinée sur la base des numéros de téléphone donnés par la mairie concernant les habituels fournisseurs du marché je les appelle les uns après les autres en essayant d'identifier ceux chez qui j'ai l'habitude de me servir. Après quelques questions nous nous identifions en riant de la situation. Voilà un problème résolu. Dorénavant je pourrais passer commande et ils me livreront à domicile aux jours retenus : poissons, viande, charcuterie, légumes, fromages et fruits.

En fin de matinée un appel du gardien-chef. Il vient d'apercevoir dans les branches d'un arbre de la résidence un nid de chenilles processionnaires qui sont jaunes et noires. Aussitôt Michèle se chausse et va voir ce qu'il en est. Coup de téléphone à Olivéra le pépiniériste. Pour lui il n'y a pas d'urgence. Cela peut attendre quelques semaines.

Le gouvernement, via le ministre de la Santé, Olivier Véran, vient d'annoncer l'instauration d'un pont aérien avec la Chine pour acheminer en toute sécurité *« plus d'un milliard »* de masques dont les soignants manquent cruellement pour se protéger face à l'épidémie de Covid-19, leurs besoins étant de l'ordre de 40 millions de masques par semaine.

Devant la déferlante des commentaires émis concernant les mesures de confinement prises, des avis divergents, il me paraît important d'essayer de tirer de cette épidémie un certain nombre d'enseignements, voire d'essayer de la modéliser afin d'en tirer des enseignements pour l'avenir.

Premier constat partagé par tous : elle a un point de départ qui se situe dans la ville de Wuhan. La date retenue est le 17 novembre 2019. La version officielle est la contamination d'un et ou plusieurs hommes ou femmes ou enfants par un même animal non identifié pour l'instant avec certitude. Deuxième possibilité, mais on imagine la polémique et les conséquences si elle s'avérait exacte, un chercheur de laboratoire P4 qui au cours d'une manipulation est infecté par le virus sur lequel il travaille malgré les dispositifs de sécurité et procédures en vigueur. Une fois sorti du laboratoire, en circulant dans la ville, au marché il va contaminer de jours en jours un certain nombre de personnes qu'il rencontre. Celles-ci à leur tour vont en contaminer d'autres.

Ce que toutes les informations recueillies à ce jour nous montrent c'est que ces premiers clusters une fois formés, si on ne les identifie pas au plus vite pour les mettre en quarantaine, vont engendrer une contamination qui très vite va prendre une allure exponentielle qu'il sera ensuite très difficile à maîtriser. En effet chaque membre de ces clusters en se déplaçant va lors de ses rencontres avec d'autres personnes les contaminer. Celles-ci à leur tour vont se déplacer et en contaminer d'autres qui elles à leur tour …

Pour l'instant il est encore difficile de retracer avec certitude comment l'épidémie qui s'est déclarée à Wuhan est venue jusqu'en Europe, mais il est probable que les deux touristes chinois détectés positifs à Rome le 31 janvier 2020 ont apporté les souches qui se sont répandues dans la petite localité de Codogno située à une soixantaine de kilomètres de Milan où déjà le 21 février on dénombrait plus de 16 cas.

A la même date un match de football rassemblait à Milan 40.000 Bergamasques et 2.500 Espagnols. Le 13 mars les cas de coronavirus explosent en Espagne.

Concernant la France le 24 janvier, trois Chinois venant de Wuhan sont hospitalisés et meurent du coronavirus, deux à Paris et un à Bordeaux. Dans le Grand Est aujourd'hui la région de France la plus touchée, à Mulhouse s'est déroulé un rassemblement évangélique de l'Eglise Portes Ouvertes Chrétienne réunissant 2.000 à 2.500 personnes du 17 au 24 février qui ensuite sont reparties dans leurs villes respectives.

Dans le Morbihan, trois communes sont particulièrement touchées : Crac 'h, Auray et Carnac. Mais 13 au total seront concernées par des mesures de restriction le 6 mars. Après quoi on note un regroupement de 12 cas le 26 février dans l'Oise.

Enfin le premier cas de contamination au coronavirus en Haute Savoie a été détecté et confirmé, par l'Agence Régionale de Santé jeudi 12 mars, au sein de l'Université de Savoie Mont-Blanc. Il concernait une étudiante italienne, inscrite en 3e année de licence sur le campus de Jacob-Bellecombette en Savoie. Parmi les premiers cas repérés, un homme revenant d'un déplacement en Lombardie, un des foyers de l'épidémie en Italie.

Ces cas, qui restent à approfondir afin de retrouver les processus de développement, d'enchaînement, montrent combien il est important d'identifier au plutôt la naissance et les modalités de développement de ces clusters.

Pour ce faire, il s'agit d'identifier chacune des personnes se trouvant dans le cluster puis de retracer pour chacune d'elles, les trajets qu'elles ont effectués, les lieux où elles sont passées ou séjournées, les moyens de transports qu'elles ont utilisés (avions, trains, bateaux, voitures personnelles, cars de tourismes ...) afin de déterminer le plus grand nombre de points de rencontre où le virus a pu être échangé. Bien entendu, dès qu'une ou plusieurs personnes sont identifiées il s'agit de les tester et de les mettre en confinement sanitaire pour stopper la propagation du virus. Mais avant tout, une fois identifiée, chaque personne devra être testée et mise en confinement.

Si celles-ci proviennent d'un autre pays, il s'agira de surveiller tous les points d'entrée sur le territoire et ce pour tous les moyens de circulation.

Il est clair qu'un tel processus de détection des clusters et de surveillance qui en découle implique la mise en place d'un système informatique à l'échelon de la nation capable de traiter en temps réel des milliers voir des millions de données, comme l'a fait la Corée du sud et Taïwan.

Voyons comment la Corée a procédé.

En ces jours où des milliards d'êtres humains sont confinés, à Séoul et dans l'ensemble du pays les Coréens vaquent à leurs activités quotidiennes, mais sont pour la plupart masqués. Les magasins sont ouverts. Mais ici se faire tester pour le Covid-19 c'est facile. Dès le constat d'un signe de fièvre, une toux, une perte de goût on peut se rendre dans un des 600 centres de dépistage ou dans la plupart des drive in du pays. Six heures après vous recevez le résultat par texto et vous êtes mis en confinement. Tout cela se fait en transparence et en plein consentement.

Suite aux deux épidémies du SRAS et du MERS, épidémies que nous n'avons pas vécues, la Corée a mis en place un système de gestion des épidémies du type militaire, le Centre Coréen de Contrôle des Maladies CCCM comprend les fonctions d'analyse de la situation, de renseignement, de commandement, de contrôle avec des centres de santé et de confinement locaux.

En permanence le système en place est à la recherche de l'apparition du plus petit cluster afin d'en rechercher ses composants et remonter à son origine. C'est ainsi qu'en enquêtant le 19 février 2020 sur la patiente numéro 31 d'un cluster qui venait d'apparaître le système en place a découvert qu'elle était membre de l'église Shincheonji ayant plus de 200 antennes en Corée et dans le monde dont certains membres étaient revenus d'une mission à Wuhan en janvier. Très vite l'enquête montre que sur les 210.000 personnes de l'église 10.000 présentent des symptômes suspects fièvre, perte de goût … Celles-ci sont aussitôt testées et parmi elles 4.000 s'avèrent positives au Covid-19 et mises en confinement immédiat. En procédant ainsi les autorités sanitaires ont bloqué la propagation de l'épidémie. Ajoutons que les personnes en confinement sont surveillées par une application installée sur leur portable qui les géolocalise et permet aux forces de l'ordre de les ramener dans leur zone de confinement. En déclenchant l'alerte maximum comme ce fut le cas ici le CCCM a le droit de collecter des données de géolocalisation, de paiement par carte, les données de transport et celles de l'immigration, de la sécurité sociale … ce qui lui permet de retracer plus facilement les arborescences de la contamination.[8]

A Taïwan, petite île de 23 millions d'habitants qui à ce jour est la moins touchée de tous les pays du monde avec : 330 cas et 5 morts, l'intervention de l'Etat va encore plus loin, car elle ajoute aux dispositifs d'identification des clusters que nous avons vus ci-dessus la reconnaissance faciale à l'entrée et à la sortie de tous les bâtiments et le suivi des téléphones mobiles. C'est ainsi que si deux personnes, certes munies de leurs portables, sont à moins de trois mètres de distance l'une de l'autre pendant trente minutes, elles vont voir leur rencontre enregistrée. Si l'une d'elles est diagnostiquée porteuse du virus, l'autre est aussitôt avertie pour aller se faire tester. Ce qui est particulièrement intéressant pour les voyageurs d'un bus d'un métro ou d'un train.

Bien entendu cela remet en cause la liberté individuelle telle que nous la concevons actuellement.

---

8 - Tiré de l'article de Jérémy ANDRE.

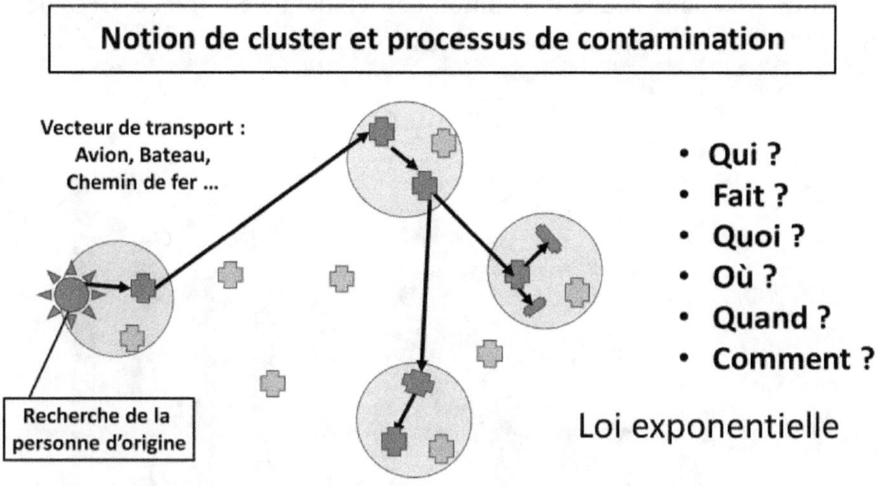

Cette situation m'en rappelle d'autres que j'ai rencontrées dans le nucléaire où nous cherchions par tous les moyens possibles de limiter les risques de radioactivité. Plusieurs concepts avaient été dégagés et mis en œuvre et notamment celui de « chasse aux modes communs », c'est-à-dire toutes les défaillances, les comportements qui pouvaient entraîner une séquence accidentelle et donc la rupture du réacteur et le déferlement des matières radio actives, comme le non-respect d'une procédure de conduite ou de maintenance, un défaut de contrôle des pièces mises en œuvre ….

Dans cette épidémie, le défaut de détection des clusters dès leur apparition, leur non-isolement constituent selon moi un défaut de mode commun majeur qui va la transformer en pandémie et rendre comme nous le verrons plus tard plus ou moins inefficaces les barrières mises en place par la suite.

En fin de journée les chiffres sont tombés. On dénombre 37.575 cas, 17.620 personnes sont hospitalisées et 4.273 en réanimation. Le nombre de morts s'élève à 2.314 personnes.

La figure ci-dessous donne l'évolution de l'épidémie en France. Comme on peut le voir le pic n'est pas encore atteint.

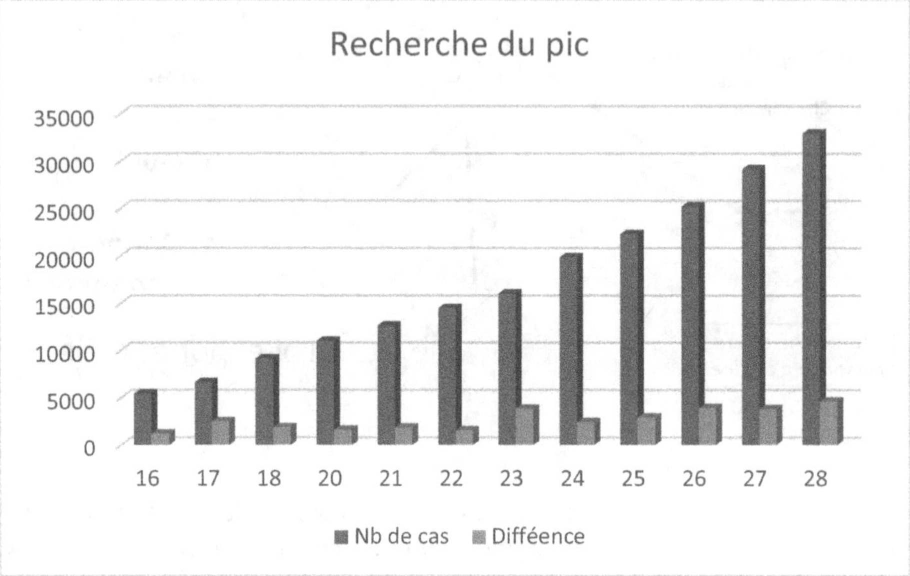

Dimanche 29 mars 2020.-

13ème jour de confinement.

Second dimanche de confinement. Michèle assiste à la messe à la télévision où le Pape prononce son homélie seul sur l'estrade dressée sur la place Saint-Pierre vide. Du jamais vu !

Ici journée calme à lire.

En fin d'après-midi les enfants ont organisé un Face Time collectif. Après quelques mises au point apparaît les six points de localisation Thomery avec Pierre et Geneviève, Viroflay où se trouvent confinées Christiane, Christine et Marie, Toulouse où l'on aperçoit Philippe et Claude, Nice avec Christiane et Grans avec Emmanuelle.

Au cours de la discussion Christine nous apprend que son copain Paul qui est confiné chez ses parents vient d'attraper le coronavirus. Il a perdu le goût et l'odorat et reste confiné dans sa chambre pour éviter de contaminer ses parents.

Une discussion s'engage entre Philippe l'ingénieur et Emmanuelle l'interne en médecine à propos de la polémique entre le Professeur Didier Raoult et l'establishment concernant la chloroquine.

Plus tard dans la soirée l'agence Régionale de Santé de Nouvelle Aquitaine signale que des cas de toxicité cardiaque ont été signalés dans la région suite à des prises en automédication de Plaquemil (hydroxy chloroquine) face à des symptômes évocateurs du Covid-19 ayant nécessité une hospitalisation en réanimation. La polémique se poursuit. Nous sommes face à un pari. Faire ce que dit le Professeur Raoult : ou il a raison et on commence à sauver des vies, ou il a tort et on tue des personnes qui auraient pu rester en vie. L'approche scientifique permet, une fois connus les résultats, de soigner les malades avec une bonne certitude de réussite. Seul l'avenir nous dira combien de personnes auraient pu être sauvées si le Professeur Raoult avait raison et combien sont mortes si sa théorie était fausse.

A huit heures, on coupe le Face Time et nous allons tous sur nos balcons respectifs applaudir les soignants.

Les chiffes tombent. Le pic est loin d'être atteint. On dénombre 40.174 cas, 19.354 personnes sont hospitalisées et 4.632 en réanimation. Le nombre de morts s'élève à 2.606 personnes.

Au vingt heures, témoignage poignant du médecin chef de l'hôpital Mignot du Chesnay qui vient d'atteindre la saturation de ses lits. Ils sont obligés de refuser des patients et de les rediriger sur d'autres hôpitaux plus lointains. C'est un des hôpitaux les plus proches de chez nous. Cela fait frémir.

Au théâtre ce soir une très bonne pièce de Labiche.

Lundi 30 mars 2020.

14ème jour de confinement.

J'attends toujours les piles pour les appareils auditifs de Michèle. Toujours rien. J'envoie un e-mail rageur à Audika qui me répond dans les heures qui suivent.

« Bonjour M. Nicolet
Je comprends très bien votre inquiétude et cette situation désagréable que vous vivez vous et votre femme,
Votre colis N° 6A17322261897 est sur le site postal du 88, et j'ai déjà ouvert un dossier litige qui est en cours au service clients de colissimo,
Je suis sans nouvelle du service clients de colissimo, car leur service est aussi en sous-effectif vu la conjoncture actuelle.

Il est d'ailleurs très difficile de répondre, car les situations changent tous les jours, et que nous sommes malheureusement dépendant de leurs services.
Pouvez-vous me donner le nom et prénom de votre femme ainsi que le centre Audika où elle est appareillée, pour savoir si eux peuvent faire quelque chose
Merci de votre compréhension
Bien à vous,
Cordialement ».

Dans la journée la fédération sud PTT annonce que ce jour plus de 10.000 droits de retrait ont été appliqués par ses adhérents alors que La Direction des PTT avait annoncé, il y a quelques jours, que des mesures de réduction d'activité et de fermeture de bureaux de poste avaient été mises en place mais que le service postal se poursuivait. La tension monte. SUD PTT vient d'assigner en référé la Poste *pour "l'obliger à évaluer les risques professionnels liés à l'épidémie de Covid-19"* et *"recenser les cas de contamination"* chez ses employés ainsi que les mesures prises en conséquence, les moyens de protection sur le terrain restant *"très insuffisants"*, selon lui. Une audience a été fixée au 3 avril. SUD PTT, 3e syndicat de La Poste, parle de *"milliers de cas suspectés" de Covid-19 parmi les agents, de 167 cas avérés au réseau (bureaux de poste) sur 35.200 personnes, et d'un jeune postier de 25 ans dans le coma à Paris"*. L'UNSA parle de *"300 cas avérés chez les postiers"*.

Les Jeux Olympiques de Tokyo sont annulés et reportés en juillet et août 2021.

Comme annoncé samedi dernier un avion-cargo transportant une dizaine de millions de masques médicaux vient d'atterrir à l'aéroport de Paris-Vatry (Marne) dans le cadre du « pont aérien » entre la Chine et la France pour faire face à l'épidémie de Covid-19.
L'appareil, un Antonov-124 de la compagnie Volga-Dnepr, est le premier d'une noria de rotations affrétées par le logisticien Geodis pour le compte de l'Etat.

Quatre rotations sont prévues chaque semaine avec deux appareils de ce type affrétés auprès d'une société russe basée à Krasnoïarsk. *« La prochaine livraison aura lieu mercredi et 16 vols sont déjà programmés au mois d'avril ».*

Cet appareil peut transporter 650 m^3 de marchandises, soit 10 à 13 millions de masques par vol.

Les vols sont assurés depuis Shenzhen et Shanghai puis les avions doivent se ravitailler en route à Krasnoïarsk, n'étant pas en mesure d'effectuer le vol direct vers Vatry, situé à 150 kilomètres à l'est de Paris, qui dispose d'une zone cargo dédiée au fret.

Geodis se charge également d'acheminer la cargaison depuis les usines de production chinoise vers ces aéroports puis, une fois en France, vers un entrepôt de Santé publique France, situé à proximité de Vatry. Mais à ce jour je ne suis pas arrivé à trouver de réponses aux questions suivantes qui me paraissent essentielles. Les usines sont-elles situées dans la province de Hubei où a pris naissance l'épidémie ? Sont-elles installées dans des zones qui ont été très contaminées ? Quelles sont les normes appliquées ? D'où proviennent les matières premières ? Quelles sont les conditions de sécurité employées lors de leurs fabrications ? Quelles sont les garanties sanitaires prises par le Gouvernement ? J'espère que nous n'aurons pas dans les mois à venir à regretter d'avoir privilégié la rapidité à la précaution.

Les chiffres de la journée. 44.550 cas depuis le début de l'épidémie. 21.008 hospitalisations, dont 5.107 en réanimation. Le nombre de décès dans les hôpitaux s'élève à 3.024.

Mardi 31mars 2020.

15ème jour de confinement.

Ce matin le ciel est bleu, le soleil inonde le parc. Seules les pies s'y promènent.

Assis à mon bureau je consulte internet pour suivre le développement de la pandémie dans le monde. Je collecte les derniers chiffres et mets à jour ma base de données. A ce jour en France on comptabilise : 52.128 cas de coronavirus ayant entrainé l'hospitalisation de 22.757 dont 5.565 ont été hospitalisés. Le bilan des décès s'élève à 3.523. La courbe monte et on est encore loin du pic si attendu.

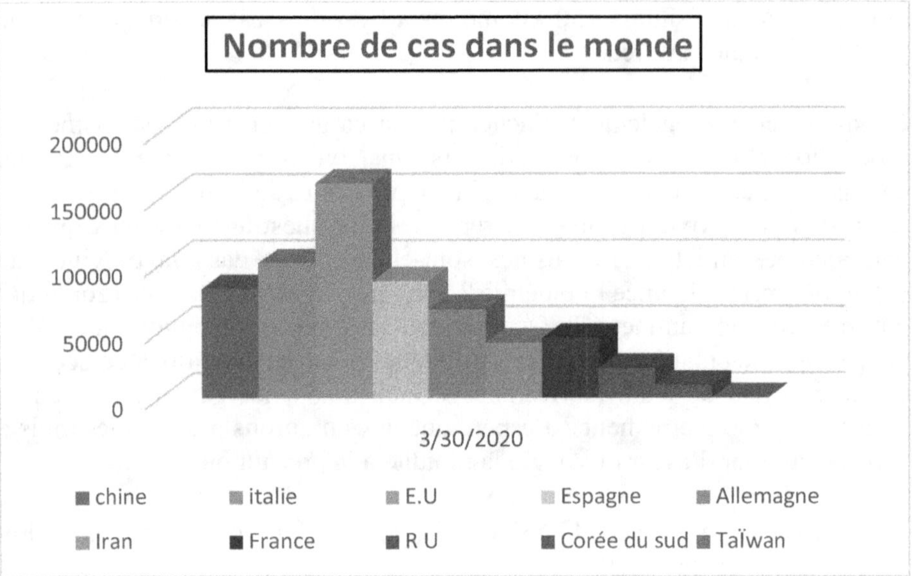

Comme le montre le graphique ci-dessus, l'Italie avec 101.739 cas, comme l'Espagne avec 87.956 ont dépassé la Chine et ses 82.198 cas. Les Etats-Unis depuis plusieurs jours crèvent le plafond avec 161.807 cas. La Corée du Sud et surtout Taïwan avec respectivement 9.661 et 306 cas démontre la puissance de leurs organisations évoquée ci-dessus par rapport à celles mises en œuvre en Europe et aux Etats-Unis.

Concernant le nombre de décès l'Italie arrive en tête avec 11.591 morts, suivie par l'Espagne avec 7.761, la Chine en ayant déclaré 3.308. La France arrive juste derrière avec 3.030. Les Etats-Unis en compte 2.978, l'Iran 2.757, le Royaume-Unis 1.411, l'Allemagne 645, la Corée du sud 158 et Taïwan 5, mais nous ne sommes qu'au début de la pandémie !

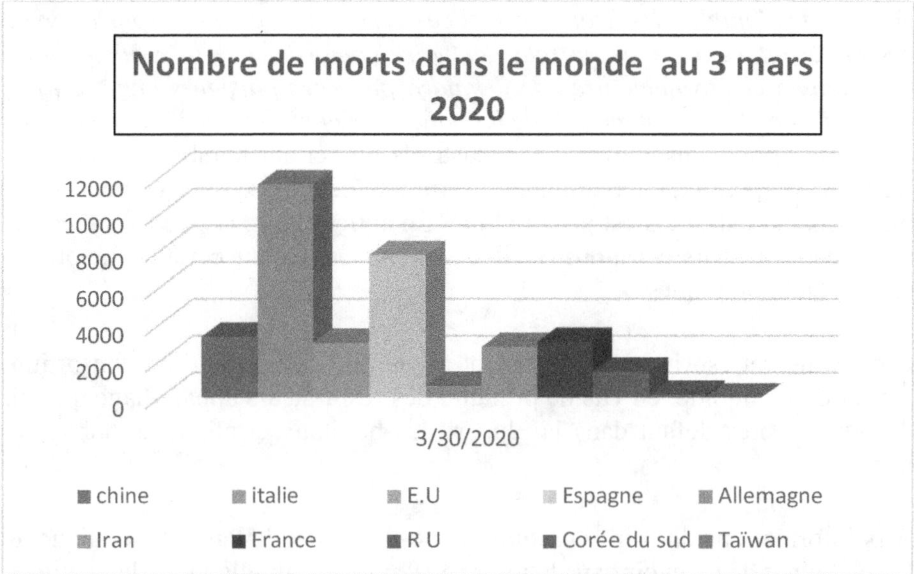

Aux 13 heures, une allocution du Président Macron en visite à l'usine Kolmi-Hopen, du plus grand fabricant de masques en France, implanté à Saint-Barthélemy-d'Anjou, près d'Angers. Cette usine qui avait de la peine à survivre de fait de la concurrence extrême de la Chine ne fabriquait que 150 millions de masques par an. Mais suite à l'épidémie et au manque absolu de masques de toutes catégories, elle a dû devant la pénurie augmenter brusquement son rythme de production à près de 300 millions en quelques semaines, dont une grande majorité de FFP2 l'amenant à tourner 24 heures sur 24.

Face à cette situation le Président a évoqué la nécessité qu'il va y avoir après l'épidémie de relocaliser en France la production de matériels médicaux, dont les masques, les respirateurs, en un mot de tous les matériels indispensables à la survie de la population en cas de crise, que l'on pourrait qualifier de production et stocks stratégiques.

Ceci me rappelle une situation vécue dans les années 1970 lors du lancement par EDF de la construction des neufs réacteurs de 900 MW sur les sites de Tricastin, Gravelines et Dampierre. Michel Hugues à l'époque directeur de l'équipement d'EDF, en charge de ce programme m'avait fait venir dans son bureau et m'avait demandé dans le cadre du contrat de consultant qui nous liait de voir avec ses équipes quels étaient les équipements et matériels importés des Etats-Unis et que nos industriels ne fabriquent pas. Voyant mon étonnement il ajouta : *« compte-tenu des relations très tendues entre le général de Gaule*[9] *et les Etats-Unis, si ces derniers bloquent l'exportation de ces matériels cela risque de retarder voire compromettre la réalisation du programme électronucléaire car il faudra peut-être plusieurs années à nos industriels pour être en mesure de les concevoir et réaliser* ». Une fois la liste établie et après consultation des industriels un certain nombre de décisions furent prises permettant d'anticiper une rupture de l'approvisionnement de ces matériels laquelle ne s'est pas produite. En anticipant ce risque hypothétique nous avons permis à l'industrie française de pallier un certain nombre de retards technologiques.

C'est dans cet esprit que le Président a avalisé la création d'un consortium autour d'Air liquide, en vue de produire des respirateurs appareillage qui fait de plus en plus défaut dans la plupart des hôpitaux et cliniques publics et privés.

Aux informations du soir : la saturation des hôpitaux de Paris. La clinique de Parly 2 vient de recevoir dans la journée 12 patients qu'elle vient de mettre en réanimation intensive. Tous ses lits sont occupés.

Pour moi c'est un choc. Comment aurais-je pu penser le 10 mars en emmenant Michèle dans cette clinique où toutes les quatre à six semaines le Docteur Marduel lui fait une piqûre dans l'œil pour lutte contre sa DMLA, qu'à ce jour tous ses lits seraient saturés par des malades atteints du Covid-19.

Isolé dans mon appartement je prends de plus en plus conscience que l'épidémie partie de Wuhan arrive ici à grand pas saturant chaque jour un peu plus les hôpitaux qui nous entourent : Raymond Poincaré à Garches, Mignot au Chesnay et maintenant la clinique privée de Parly 2.

Les hôpitaux parisiens étant saturés quarante patients en réanimation ont été envoyés dans des centres hospitaliers en Bretagne.

A minuit, pour la première fois depuis sa création, Orly va fermer ses portes.

---

9 - Alors Président de la République.

Mercredi 1er avril.

16ème jour de confinement.

Ce matin un e-mail d'Emmanuelle.
« Ça fait un petit bout de temps que je ne t'ai pas décrit mes journées... et pour une raison toute simple, je suis aussi touchée par le chômage technique...
Voilà c'est acté, moi, interne en médecine générale dans les hôpitaux, je suis en chômage technique. L'activité de mon service s'est réduite de telle sorte que nous sommes passés d'une nécessité de 6 internes par 24 heures à 1 seul finissant à 20 heures ...
Nous sommes 10. Ce qui fait donc 1 jour sur 10 travaillé.
Mon chef de service a fait en sorte pour mes co-internes et moi fassions partie du pool d'internes disponibles pour être déployés dans les unités en cas de besoin.
Aujourd'hui j'ai essayé par beaucoup de moyen et de tirage de ficelle de m'intégrer dans une unité pour apporter ma pierre à l'édifice, mais j'ai été confrontée à un refus. Motif « Il y avait déjà assez d'internes ».
Du coup la frustration est très forte. A la fois le sentiment d'impuissance, mais également d'inutilité au possible (sentiment partagé par beaucoup de confrères libéraux). Voilà, je suis médecin, mais actuellement je ne sers à rien. C'est compliqué de voir ses confrères dans la difficulté et d'être bloquée par des rouages administratifs d'une lenteur de décision forte et d'un manque de transparence sur le futur proche.
Du coup, je réorganise ma vie à la maison entre les corvées ménagères habituelles, le tri de printemps et puis bon ... du travail intellectuel pour quand même nourrir mon esprit.
Ce qui m'embête avec cette pandémie, ce sont surtout les deux mois de formation médicale que je perds. J'ai fait deux mois de pédiatrie sur les trois prévus. Et le semestre est rallongé d'un voire deux mois. Si ça ne bouge pas, je resterai dans mon canapé la plupart du temps ... c'est rageant, mais je ne peux rien faire d'autre qu'attendre dans les starting-blocks.
Demain est un autre jour sait-on jamais ... ».

Quel témoignage ! Certains, comme ma petite fille, sont là avant que la vague ne déferle, prêts à monter des barrières de défense. Mais voilà qu'au cœur même du système hospitalier, actuellement le plus touché et à bout de souffle dans plusieurs grandes régions de France, la structure hiérarchique d'un hôpital qui vit vraisemblablement ses derniers instants de calme, est incapable de se projeter, d'anticiper la vague qui va déferler sur lui, alors que chaque jour la presse, la radio, la télévision ne font que dresser un tableau de plus en plus catastrophique de la situation sanitaire en France et dans le monde.

Depuis la mise en place du confinement le marché qui se tenait les mardi, vendredi et dimanche est interdit. Dans la matinée j'appelle Damien mon poissonnier. Il a obtenu de la mairie l'autorisation de venir le mardi et le vendredi livrer ses clients sur la place de l'église, comme il le fait habituellement quand il y a marché.
« Pour l'instant je ne sais pas ce que j'aurai vendredi, aussi appelle moi jeudi et en fonction des arrivages je pourrai te guider dans ta commande ».
« OK à jeudi ».
Voilà mon système d'approvisionnement se met en place.
Dans l'après-midi un coup de fil insolite. La représentante du Cabinet d'étude généalogique Ferre Brun et Doquin de Marseille me demande si je suis bien Monsieur Jean-Louis NICOLET si ma sœur s'appelle bien Christine. Etonné je lui demande le but de son appel.
« Je fais des recherches généalogiques pour le compte d'un notaire concernant une succession dont vous et votre sœur êtes les héritiers à la sixième génération et je voulais savoir si vous aviez bien reçu la lettre de notre cabinet car nous n'avons pas eu à ce jour de réponse de votre part ni de celle de votre sœur ».
Passées les premières minutes d'étonnement je l'interroge afin de démonter le canulard. En discutant je me remémore plusieurs émissions de télévision montrant des généalogistes à la recherches de descendants habitant souvent forts loin du lieu de la personne décédée. Je lui indique que je n'ai rien reçu de leur cabinet. Mais les envois sont récents et la crise du coronavirus est probablement pour quelque chose dans le retard du courrier. Nous convenons de reprendre contact après le confinement.
Aussitôt raccroché, j'appelle Geneviève qui me dit avoir reçu une longue lettre de ce cabinet qu'elle a failli jeter pensant que c'était une escroquerie. Elle m'en lit les principaux paragraphes. Après quoi je lui demande de m'en envoyer une copie.
Un peu d'imprévu et de rocambolesque dans cette vie confinée. Attendons la suite.
On parle beaucoup de la commission d'information qui va auditionner en premier le ministre de la Santé et le Premier ministre. Je fais des recherches. Celle-ci a été créée le 17 mars. Mise en place à l'Assemblée Nationale, elle a pour but de s'informer sur la gestion de l'épidémie de coronavirus. Elle est présidée par son Président.
« Cette mission transversale et à durée indéterminée, au sein de laquelle l'ensemble des groupes politiques et des commissions permanentes seront représentés, devrait permettre à la représentation nationale d'assurer un suivi rapproché et dans le temps de l'épidémie et ses conséquences. Elle pourra effectuer toutes recommandations qu'elle jugera utiles afin de tirer les enseignements de cette situation. Son but : tirer des enseignements et formuler des propositions pour qu'à l'avenir, notre pays soit mieux armé pour faire face à une crise sanitaire de cette ampleur engendrée par une pandémie mondiale » selon le communiqué officiel.
Dans l'industrie on appelle ça faire du retour d'expérience, démarche permanente si l'on veut survivre à la concurrence internationale.

20 heures, les chiffres de la journée viennent d'être donnés. Le nombre de cas s'élève à 56.989 et 6.017 personnes ont été placés en réanimation.

Jeudi 2 avril 2020.

17ème jour de confinement.

Dès neuf heures j'appelle Affif, un des marchands de légumes du marché qui se tient sur la place de l'église. Il est originaire de Tunisie et j'ai l'habitude de me servir chez lui.
« Allo Affif quand faut-il que je te passe une commande pour être livré Dimanche ? »
« Allo c'est toi BABA. Je suis à Rungis et je peux te livrer dans l'après-midi, mais il faut que tu me passes ta commande par SMS, mais précises moi bien ton adresse ».
« Ok je le fais tout de suite ».
Aussitôt dit aussi tôt fait. Je lui envoie ma commande.
Poursuivant mon « marché téléphonique » j'appelle Damien et lui commande quatre belles tranches de merlu, une queue de baudroie et du tarama aux truffes.
En raccrochant je me dis que ce coronavirus invisible est en train de modifier totalement notre façon de vivre.

Hier j'ai reçu un appel du centre Audika de Garches qui sollicité par la maison mère accepte de me livrer les piles dont j'ai besoin pour les appareils auditifs de Michèle. Mais il faut que je me rende à son cabinet. Nous avons rendez-vous entre onze heures et onze heures et quart. Aussi je finis de m'habiller, établis mon autorisation de sortie et me dirige vers les garages prendre ma voiture et sors de la résidence. Pas une voiture. Arrivé au rond-point de la ville je croise ma première voiture et prends la direction de Saint-Cloud puis me dirige vers Garches. Sur le parcours je croise quelques voitures, mais aucun policier. Je gare ma voiture, frappe à la porte comme convenu Monsieur Reiniche entrouvre la porte me donne mon paquet en échange je lui remets mon chèque. L'échange n'a pas duré une minute.
La boulangerie en face étant ouverte sans personne devant, j'entre. Sur le comptoir une bouteille de désinfectant. Je demande quatre baguettes et deux pâtisseries, paie avec ma carte contact. Juste bonjour, merci, au revoir. Décidément les contacts sont réduits à l'essentiel.
De retour à l'appartement je dépose tout sur la terrasse arrière comme nous le faisons pour tout ce qui entre dans l'appartement y compris mes chaussures, ma veste et ma casquette. Puis lavage des mains au savon de Marseille que Michèle a ressorti de la cave et qui a plus de vingt ans d'âge !

Aux informations on apprend que l'usine d'Angers qui fabrique des masques en deux huit vient d'être mise sous protection militaire suite à des tentatives d'effractions pour vols qui se sont déroulées les nuits précédentes.
Dans le 17ème la mairie vient d'installer un drive sur lequel elle a dressé des tentes pour tester les médecins qui le souhaitent afin que ceux qui sont positifs puissent sortir de la chaîne médicale. Quarante-cinq pour cent d'entre eux sont positifs.
16 heures : coup de téléphone ? C'est Affif il vient livrer la commande. Je lui indique où se trouve l'appartement. Coup de sonnette. Je lui ouvre la porte du bas. L'ascenseur arrive. J'ouvre la porte. Il apparaît casquette sur la tête, un masque au visage et ganté.
« Salaam alikom »
« Salaam alikom salam ».
Il rentre le plateau sur le palier. Je le règle par carte bancaire. Lui demande des nouvelles de sa famille. Pour l'instant tout va bien. Nous nous saluons et déjà il repart. L'entretien n'a pas duré cinq minutes. La porte de l'ascenseur se referme.
Je transporte le plateau sur la terrasse arrière où il va passer la nuit en espérant que les virus en meurent.
A vingt heures trente conférence par ordinateur avec tous les membres du club du Rotary. La Présidente annonce qu'elle a organisé une collecte de plateaux repas pour les soignants de l'hôpital de Sèvres, en liaison avec des commerçants de la ville. Petit tour de table. Aucun membre ne semble atteint pour l'instant.
A la télévision longue interview du Premier ministre sur les modalités du déconfinement. Cela me parait totalement hors sol, irréel, alors que les hôpitaux du Grand Est et de la Région Parisienne sont au bord de l'asphyxie, que l'on organise des évacuations de malades en réanimation par avions militaires, hélicoptères et TGV, que l'on n'a pas de masques ni de tests, que le personnel soignant commence à manquer.

Le chiffres du jour viennent de tomber : 59.105 cas. Sur les 26.246 personnes hospitalisées 6.399 sont en réanimation. Rappelez-vous qu'au début de l'épidémie on ne disposait que de 5.000 lits ! Le nombre de morts hors EPAD est de 4.503.
Autre constat, la police a dressé à ce jour 406.000 contraventions concernant le non-respect des consignes de confinement.

Vendredi 3 avril 2020.

18ème jour de confinement.

Ce matin le temps est gris. La journée risque d'être maussade.
Coup de fil de Damien mon marchand de poissons. Il sera sur la place de l'église vers 14 heures.
En fin de matinée réception du chrono poste envoyé par ma sœur qui contient la lettre du cabinet de généalogie. J'appelle mon notaire Yves. Il a déjà eu à traiter plusieurs fois ce genre de situation. Comme tout le monde il est enfermé chez lui. Son cabinet tourne au ralenti car la plupart des transactions sont à l'arrêt. Il me décrit le processus relatif à ce genre de situation.
« *Mais de toute façon tu verras sauf exception une fois payés tous les frais il ne reste en général pas de quoi faire des folies* » et me propose de s'en occuper.

14 Heures : je me rends sur la place de l'église. La camionnette de Damien est là. Il sert une cliente. J'attends à une dizaine de mètres. Une vielle dame de la résidence arrive demande si j'attends pour me faire servir. Lui ayant répondu affirmativement elle s'assoit sur un banc et attend. Mon tour arrive. Damien me sert je le règle par carte. Nous échangeons quelques mots, puis je regagne la résidence.

Mon Dieu comme ce virus a tout changé. Finis les longues palabres devant l'étal où s'amoncelaient une grande variété de poissons venus du monde entier. Finis les hésitations, les marchandages. Là encore le virus est maître, il dicte nos nouveaux comportements.
Bien que fermé, Orly accueille le personnel soignant de province qui s'est porté volontaire pour venir prêter main forte aux hôpitaux de la région parisienne qui sont débordés. J'admire ces hommes et ces femmes qui leur valise à la main franchissent les portes le sourire aux lèvres et prêts au combat.

Les chiffres de la journée sont tombés. 64.338 cas ont été répertoriés et ont donné lieu à 27.432 hospitalisations dont 6.662 patients en réanimation. La nombre de décès est de 6.507. Pour l'instant nous ne connaissons pas les chiffres concernant les EPAD.

Samedi 4 avril 2020.

19ème jour de confinement.

Le temps est splendide. Une vraie journée de printemps.

Visiblement Covid-19 tu as eu la peau des gilets jaunes et des black boys. Seul tu règnes dans les rues. Les Champs Elysées sont à toi. Juste quelques policiers contrôlant des voitures.

Ayant du temps je mets à jour mes données concernant le développement de l'épidémie dans chaque grande région de France à partir du site officiel publié par le Gouvernement. Un premier constat : avant le dix-huit mars les chiffres donnés concernent la France entière, après, ces chiffres sont détaillés par Grandes Régions en reprenant la chronologie au 2 mars. Ceci explique le décrochement qui apparaît sur le graphique ci-dessous. A partir des données recueillies j'ai essayé de reconstituer comment et d'où est partie l'épidémie en France. Comme nous l'avons évoqué ci-dessus, tout semble commencer lorsque trois chinois venant de Wuhan, atteint du coronavirus, vont mourir, deux dans un hôpital parisien et un à Bordeaux. Nous sommes le 24 janvier 2020. Puis souvenez-vous un rassemblement religieux va réunir enfermés plus de 2.000 participants à Mulhouse du 19 au 26 février. Les premiers cas de coronavirus signalés par la presse et que j'ai trouvés apparaissent le 6 mars dans le Morbihan. D'autres suivront dans le Grand Est à Mulhouse, puis la région Parisienne, les Hauts de France …
Ce graphe montre à l'évidence la nécessité de détecter au plus tôt, comme l'a fait Taïwan, la naissance des premiers clusters afin de les isoler, de reconstituer leur développement, et de stopper les sources qui leur ont donné naissance, vols en provenance de Wuhan notamment…. On observe que les mesures de confinement sont arrivées probablement trop tard et que dire de la commande des masques en plein développement de l'épidémie, les stocks stratégiques s'avérant inexistants.

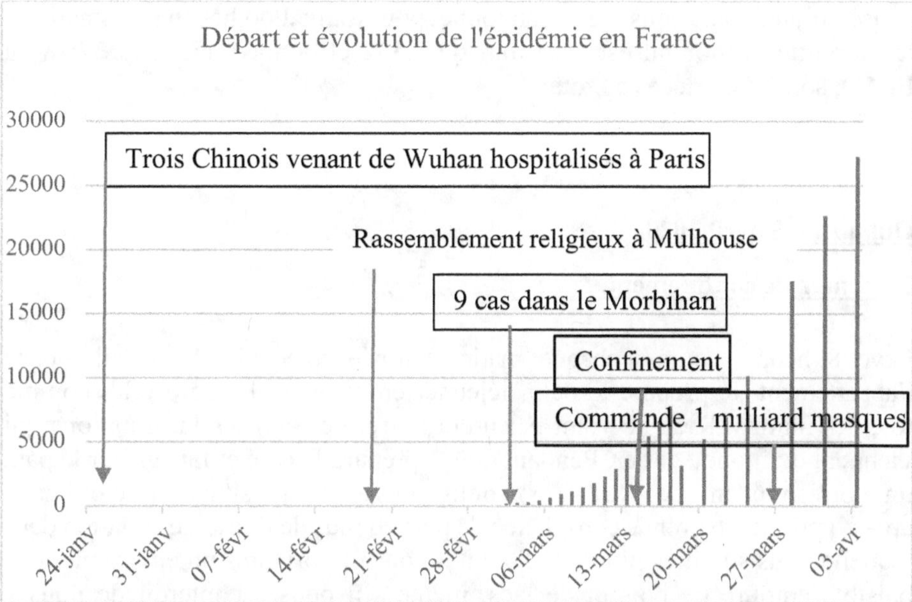

Vers 10 h 45 ce matin à Roman sur Isère un homme armé d'un couteau, s'est rendu dans un bureau de tabac et a attaqué le patron de l'établissement. Sa femme est intervenue et a été aussitôt blessée. L'homme est ressorti et s'est dirigé vers une boucherie située à proximité, est entré dans la boutique, a pris un autre couteau, en sautant par-dessus le comptoir, et a blessé un client, puis est reparti en courant. Selon les témoins il aurait crié *« Allahou Akbar ! »* à chaque agression. L'auteur présumé a ensuite poursuivi son entreprise meurtrière, attaquant des passants, notamment devant une boulangerie. Il a été interpellé très rapidement peu après les faits, vers 11 heures. Le suspect, un Soudanais de 33 ans, inconnu des services de police, a été placé en garde à vue.
Dans la journée, le Parquet national antiterroriste s'est saisi de l'enquête, mais l'individu ne serait pas fiché S.

Contrairement à ton impact sur les gilets jaunes, Covid-19 tu as été incapable de maîtriser les terroristes. La foi religieuse te tient tête.

La ministre de la Défense vient d'annoncer que plus de 600 militaires sont atteints par le coronavirus.
Les chiffres viennent de tomber. Aux Etats-Unis la pandémie fait rage avec 308.850 cas qui ont entrainé la mort de 8.407 personnes. Taïwan avec ses 365 cas et ses 5 morts reste le modèle à suivre.
En France le pic n'a pas encore été atteint. Le bilan est de 68.605 cas qui ont donné lieu à 28.143 hospitalisations dont 6.838 en réanimation. Quand on

pense qu'au départ nous avions en tout et pour tout 5.000 lits en réanimation ! la mortalité en hôpital est à ce jour de 5.532 et donnée nouvelle 2.028 en EPAD, soit 7.560 décès au total.

Dimanche 5 avril 2020.

20ème jour de confinement.

Levé 8 heures comme chaque matin. Journée splendide. Le soleil inonde l'appartement. Je prépare le petit déjeuner en écoutant la radio RTL comme tous les matins. Rien ne vient perturber notre vie, sauf les informations qui viennent du monde entier. Pendant que je prépare le café et fais griller le pain un correspondant de New-York nous dresse de la situation une image apocalyptique. Je prends conscience de plus en plus de l'étrange situation dans laquelle nous sommes plongés. Tout à la fois à l'abri dans un environnement paisible entouré de bois et de lacs, même s'il nous est interdit de nous y promener, mais aussi reliés au monde par les média qui diffusent en permanence des images et des témoignages poignants de médecins, de soignants, de routiers qui sillonnent les routes pour approvisionner les marchés, d'opérateurs qui assurent 24 heures sur 24 le fonctionnement des centrales électriques, de policiers s'assurant que les règles de confinement sont respectées, de militaires évacuant des malades perfusés avec à côté leurs soignants et l'on pourrait allonger la liste. Pour la première fois peut-être je prends conscience qu'il va nous falloir à l'avenir définir une structure du temps de paix à laquelle nous sommes habitués sans même nous en rendre compte et une structure de guerre épidémiologique regroupant les métiers et les effectifs indispensables à la survie de la nation qu'il sera primordial de protéger en premier en les équipant de tous les matériels indispensables qu'il s'agisse des masques, des tests, des équipements de protection, mais aussi de conditions de vie comme les logements à proximité des lieux de travail, des cantines, des lieux de repos, des douches …

11 heures : Michèle va suivre la messe sur son ordinateur.
Midi un coup de sonnette. C'est mon fromager qui nous livre notre commande. J'ouvre la porte de l'ascenseur. Nous nous saluons. Il dépose notre paquet sur le palier, prend ma carte l'introduit dans son boîtier, tape le montant de ma commande, je valide, reprends ma carte et le remercie. Nous nous saluons : « à dimanche prochain. » L'échange n'a pas duré dix minutes.
Après le repas Michèle et moi sommes descendus faire un tour dans le parc de la résidence. En chemin elle a croisé plusieurs copropriétaires avec lesquels elle a pu parler de chose et d'autres, en respectant les distances imposées.

Je mets à jour ma base de données et constate que pour l'instant le pic de l'épidémie n'est pas encore atteint comme le montre l'histogramme ci-dessous.

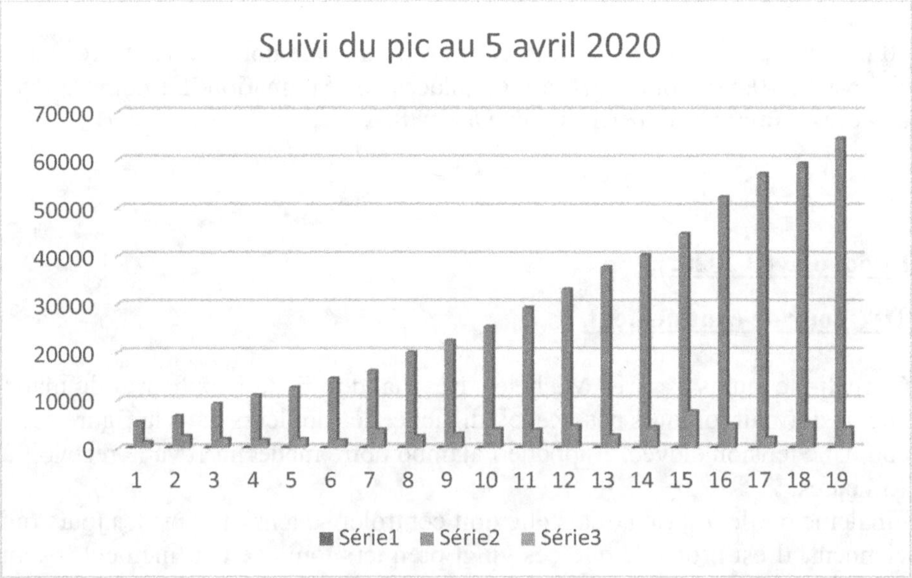

Par contre avec les nouvelles données disponibles j'ai voulu voir l'impact du match Lyon Milan qui s'est déroulé à Lyon le 26 février. Son impact sur la région Auvergne Rhône Alpes. Comme le montre le graphique ci-dessous une semaine après les premiers clusters démarraient.

J'appelle Christine car je n'arrive pas à envoyer un diaporama sur le coronavirus à Emmanuelle pour savoir ce qu'elle en pense. En quelques clic elle m'indique la conduite à tenir. Ah ! l'informatique c'est bien la deuxième langue des petits enfants !

20 heures, les chiffres de la journée sont tombés. Le nombre de cas recensés s'élève à : 70.478 dont 6.978 ont été placés en réanimation. Le nombre total de décès, hôpital et EHPAD s'élève à 8.078.

Lundi 6 avril 2020.

21ème jour de confinement.

Ce matin le temps est gris. Michèle a très mal dormi. A deux heures du matin elle ne dormait toujours pas. Réveil difficile, des douleurs dans la figure et au cou. Une tension élevée. J'appelle Palambo notre médecin. Il va la recevoir à 13 heures.
Finalement elle n'a rien, mais elle doit contrôler sa tension dans les jours qui viennent. Il est probable que ces vingt premiers jours de confinement y sont pour quelque chose.
Depuis quelques jours je m'interroge sur le niveau des décès en France en temps normal. Ce matin ayant du temps j'ai consulté les données de l'INSEE. Pour la population française évaluée à 66,89 millions de personnes le nombre de morts annuel toutes catégories confondues varie de 559.293 en 2014 à 612.000 en 2019. En prenant comme base le chiffre de l'année 2019 le plus haut de la série le nombre de décès moyen ressort à 51.000 par mois. Selon l'INSEE les tumeurs seraient pour 27,6 % à l'origine de ces décès. Les accidents circulatoires représentent 25,1 % et ceux relatifs à l'appareil respiratoire 6,6 %.
Le nombre d'accidents respiratoires mensuel ressort donc à : 3.366 cas.
Ce chiffre est très intéressant car il est très en dessous de la capacité en lits équipés d'appareils respiratoire annoncés par les autorités sanitaires au début de l'épidémie. Ces 5.000 lits étaient largement suffisants pour satisfaire les besoins de la nation en temps normal, je dirais en temps de paix, c'est pourquoi on n'en a jamais parlé. Mais en temps de pandémie, en temps de guerre, la situation n'est plus la même. Dès que la pandémie sévit dans la Grand Est puis en Région Parisienne les 5.000 lits sont saturés dès les premières semaines. Il faut alors créer de toute urgence des lits équipés avec des moyens de fortune pour accueillir aujourd'hui les 6.978 patients ayant besoin d'une assistance respiratoire dû au Covid-19.
Face à cette situation nous devons prendre conscience qu'à l'avenir il nous faudra imaginer et mettre en place une médecine du temps de paix et une

médecine du temps de guerre. Deux médecines aux exigences différentes et ce, qu'il s'agisse des moyens humains, des équipements, des produits utilisés, des locaux, des stocks stratégiques et des budgets.

Dans l'après-midi longue conversation avec Pierre Berger, membre de l'Institut BULL sur l'impact que risque d'avoir l'informatique sur nos sociétés après la pandémie. Déjà on observe des applications étonnantes comme l'utilisation des imprimantes 3D pour fabriquer jours et nuits des composants indispensables pour les appareils respiratoires. Nous convenons d'y réfléchir, d'accumuler des exemples en vue d'écrire un papier à publier dans le cadre de l'Institut.

17 heures : j'établis mon attestation de sortie pour aller chercher les médicaments que le docteur Palambo a prescrit à Michèle et en profiter s'il n'y a pas trop de monde pour faire quelques courses. La place de l'église est vide. Arrivé devant le marché U, personne. Une longue queue devant le bureau de tabac. Le confinement amènerait-il les fumeurs désœuvrés à griller plus de cigarettes ? J'entre dans le magasin. Les caissières portent toutes un masque et des gants. Leur poste de travail est entouré d'une plaque de plexiglass qui les isole. Un chariot à la main je passe dans les rayons. Plus de farine ni de pâtes. Des rayons entiers sont vides. Mes achats faits je me dirige vers les caisses. Une nouveauté : des bandes au sol espacées d'un mètre pour que chacun respecte la règle de séparation d'un mètre. Paiement par contact. Je sors. Personne devant la pharmacie. A l'entrée la pharmacienne me demande mon ordonnance, me fait entrer et propose une chaise pour me reposer. Elle s'enfonce dans l'officine. Je suis seul dans la pièce. Après quelques minutes elle revient un sac à la main, je la règle puis après nous être salués je quitte l'officine la pharmacienne sur mes talons pour accueillir un autre de client. En chemin je me dis combien ce virus invisible mais présent peut être ici et là a modifié nos comportements, notre vie de tous les jours.

Les chiffres viennent de tomber. Aujourd'hui on dénombre 74.390 cas recensés. Sur ces cas 29.722 personnes ont été hospitalisées et 7.072 d'entre elles sont en réanimation. La mortalité à ce jour s'élève à 6.494 en hôpital et 2.417 en EPAD, ce qui fait un total de 8.911 morts pour la France.

Dans la journée, après avoir été hospitalisé Dimanche à l'hôpital Saint Thomas de Londres, le Premier ministre du Royaume-Unis a été mis en soin intensif, son état de santé s'étant brusquement dégradé.

Est-ce pour répondre à la déclaration officielle de Boris Johnson qui avait affirmé le 3 mars *« J'étais à l'hôpital l'autre soir où je crois il y avait des patients atteints du coronavirus, et j'ai serré la main de tout le monde et je continuerai de serrer des mains"* que toi Covid-19 tu l'as contaminé ?

Mardi 7 avril 2020.

22ème jour de confinement.

Ce matin temps gris.
Dans la matinée Michèle est partie en réunion. Le sujet l'entretien du parc. Je la force à prendre un masque, puis me mets au travail.
Voilà deux jours que je me demande s'il y a une relation entre les disparités observées au niveau des grandes régions, leurs populations et leurs superficies. Très vite je trouve les données dont j'ai besoin et dresse un tableau donnant pour chaque grande région sa population, sa surface, sa densité humaine, le nombre de cas de coronavirus et de décès constatés à ce jour. D'où le tableau ci-dessous qui est très illustratif.

Grandes Régions	Population	Surface	Densité	Nb cas	Nb décès hôpital
Au 18 avril 2020			Nb h/km2		
Ile de France	**12278210**	**12011**	**1022,25**	**14490**	**4664**
Grand Est	**5511747**	**57433**	**95,97**	**4632**	**2422**
Auvergne Rhône Alpes	**8032377**	**69711**	**115,22**	**2942**	**992**
Haut de France	**5962662**	**31913**	**186,84**	**2516**	**1077**
Provence Alpes Côte d'Azur	**5055954**	**31400**	**161,02**	**1846**	**463**
Occitanie	5924858	72724	81,47	860	292
Nouvelle Aquitaine	5999982	84061	71,38	812	241
Centre Val de Loire	2559073	39151	65,36	963	276
Normandie	3303500	26906	**122,78**	657	267
Pays de Loire	3801797	32082	**118,50**	787	251
Bretagne	3340379	27208	**122,77**	468	181
Corse	344679	8680	39,71	76	42

Il montre que la propagation et le développement de l'épidémie se fait en priorité dans les grandes régions les plus peuplées et présentant les plus fortes densités humaines, ce qui bien entendu facilite la propagation du virus, à l'exception de la Normandie, des Pays de Loire et de la Bretagne qui ont probablement été contaminées par de la grande migration des Parisiens du 17 mars sur les grandes régions de l'ouest, ce qui ne semble pas avoir été le cas pour l'Occitanie et la nouvelle Aquitaine. Ce constat démontre une fois de plus l'importance d'identifier au plus tôt la formation des clusters, la nécessité de les isoler, d'en rechercher leurs origines comme le fait si bien Taïwan et la Corée du sud.

Aux informations un débat intéressant concernant l'usine de bouteilles d'oxygène Luxfer qui se situe dans le Puy-de-Dôme. L'histoire mérite d'être conté.
Après avoir investi plusieurs millions d'euros dans une usine "d'avant-garde" en 2015, et malgré un bénéfice net de 1,1 million d'euros pour un chiffre d'affaires de plus de 22 millions d'euros en 2018, la direction britannique de ce géant mondial de l'oxygène a fait le choix de sacrifier cette usine qui fabriquait des réservoirs haute-pression, des bouteilles d'oxygène médical et des appareils respiratoires isolants pour les pompiers pour transférer sa technologie et sa production sur ses usines de Nottingham (Angleterre) et de Riverside (Etats-Unis). Rappelons que cette usine avait été rachetée en 2001 à Pechiney. Les derniers des 136 salariés de l'entreprise ont été licenciés le 13 février 2020, après la validation par le ministère du Travail.
Mais voilà que devant la pénurie de matériel médical les syndicats et un certain nombre d'élus locaux commencent à se mobiliser pour sauver cette entreprise, la remettre en état de fonctionner afin de subvenir aux besoins pressants et présents des hôpitaux en surcharge en manque de ce type de matériel qui n'est exporté ni d'Angleterre, ni des Etats-Unis.

Bel exemple d'une industrie, d'une usine, ayant des compétences indispensables, pour ne pas dire stratégiques en temps de guerre qui pour des raisons purement économiques en temps de paix a été démantelée avec l'accord même des plus hautes instances de l'Etat. La pandémie finie il faudra se souvenir de cet exemple.

Suivent des images du Président de la République Macron lors de sa visite dans l'une des maisons de santé de Pantin en Seine-Saint-Denis, un des départements les plus fortement touchés par l'épidémie de Covid-19 où les inégalités sociales rendent encore plus difficiles les conditions du confinement. On le voit à son arrivée portant un masque. Durant sa visite il a pu constater que, là encore, la pénurie de matériel était la principale difficulté rencontrée par les soignants. A sa sortie, une heure plus tard ne portant plus de masque une foule compacte l'attendait et l'a interpellé. Pendant plusieurs minutes les mains jointes, il les a exhortés à "respecter les règles de distanciation " et à "rentrer chez eux" alors que lui-même ne portait plus de masque. Image sur réaliste !

Une première en France, le maire de la ville de Nice vient d'annoncer qu'il va rendre par décret le port du masque obligatoire dans sa ville mais va fournir à chaque habitant les masques nécessaires.

Aujourd'hui, après 76 jours de confinement, les autorités viennent de lever officiellement le confinement de la ville de Wuhan et donc de ses 11 millions d'habitants qui vont commencer peu à peu à retrouver un quotidien ordinaire.

Mais attention il va falloir suivre avec une extrême précaution si une deuxième vague ne repart pas.

Les chiffres viennent de tomber. Au 22ème jour de confinement on dénombre 78.167 cas ayant donné lieu à 30.027 hospitalisations dont 7.131 en réanimation. Les décès s'élèvent à 7.091 en hôpitaux et 3.237 en EHPAD, ce qui fait 10.328 morts pour notre pays.

Mercredi 8 avril 2020.

23ème jour de confinement.

Voilà deux jours que je ne suis pas sorti du tout. Ayant du temps j'ai souhaité approfondir et comprendre ce qu'était un virus. Est-il simplement composé de la matière organique ou est-ce un organisme vivant comme une cellule ?

Miracle de l'informatique bien que confiné dans son appartement je suis tombé sur un cours de virologie qui m'a permis d'y voir un peu plus clair.

Le virus n'est pas que de la matière organique. Il n'est pas vivant car il n'a pas de cellules. Il passe d'un stade à l'autre. Comme le montre la figure ci-dessous le coronavirus comprend en son centre un génome composé d'un ARN (Acide Ribonucléique) présent chez pratiquement tous les êtres vivants. C'est la partie dangereuse car elle va être capable d'infecter la cellule hôte. Cet ARN est très proche de l'ADN que nous avons tous. Cet ARN est un simple filament, un simple brin composé de 29.903 nucléotides[10].

Voyons comment se déroule la multiplication d'un virus au sein d'une cellule animale ou humaine.

Elle comprend six étapes successives : l'attachement, la pénétration, la décapsidation, la réplication, l'assemblage et la libération.

La première étape est l'entrée en contact du virus avec une cellule animale ou humaine. Les modalités de cette mise en contact sont diverses et variées : contact par les mains, les voies respiratoires … Ce contact peut entraîner l'attachement des glycoprotéines qui se trouvent sur la surface du virus avec des récepteurs situés sur la membrane de la cellule hôte. Ce besoin de récepteur cellulaire spécifique pour un virus donné explique qu'un virus ne

10 - Un nucléotide est une molécule organique qui est l'élément de base d'un acide nucléique tel que l'ADN ou l'ARN. Il est composé d'une base nucléique (ou base azotée), d'un ose à cinq atomes de carbone, dit pentose, dont l'association forme un nucléoside, et enfin de un à trois groupes phosphate.

peut infecter qu'un nombre restreint d'espèces animales ou humaines. (Voir ci-dessous).

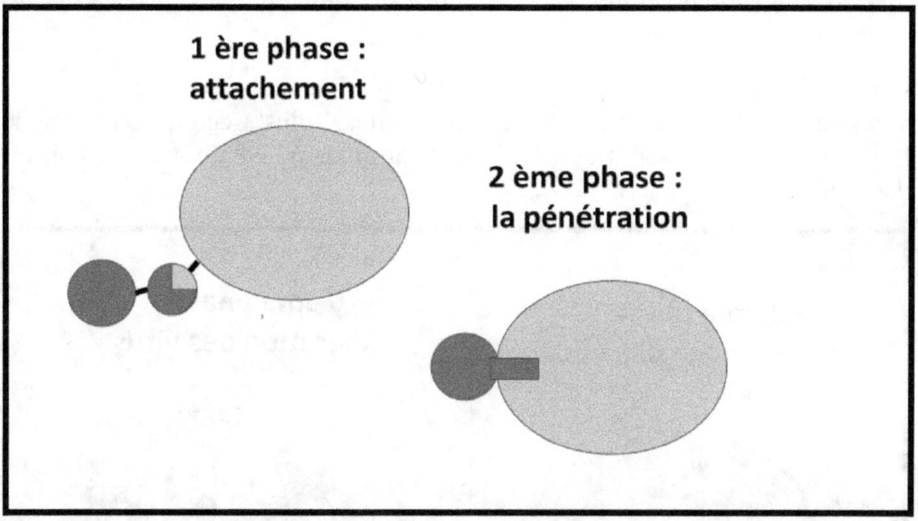

La seconde étape, la pénétration se fait par la fusion de l'enveloppe du virus et celle de la cellule en une membrane unique au point de contact, puis la formation d'un trou ou pore qui s'élargit et laisse passer la capside dans le cytoplasme de la cellule. (Voir ci-dessus).

Au cours de la troisième étape ou décapsidation, les structures virales vont être dégradées à l'exception du génome qui débarrassé de la capside se trouve libéré et va livrer son information génétique à la machinerie cellulaire. (Voir ci-dessous).

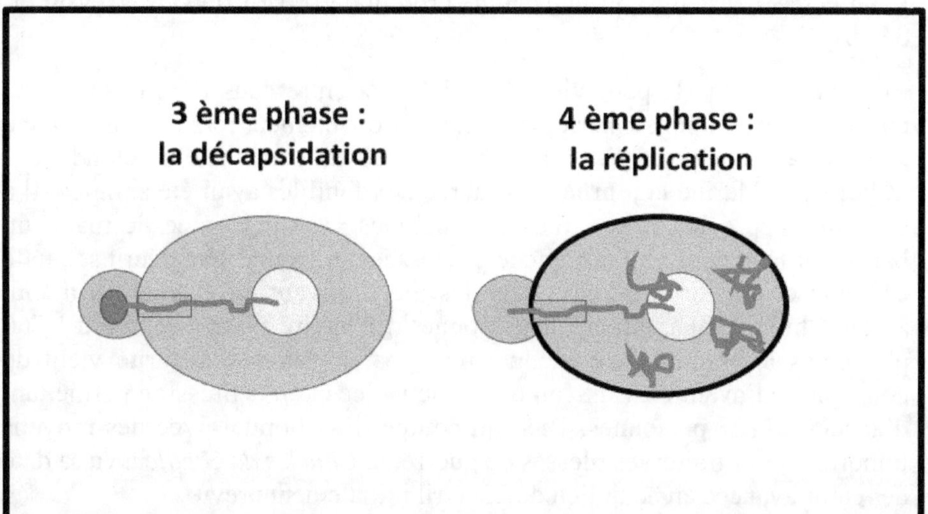

La quatrième étape ou réplication permet au génome viral libéré de prendre la direction des synthèses dans la cellule. Il se substitue alors en partie ou totalité au génome cellulaire et va faire faire des répliques exactes de lui-même. (Voir ci-dessus).

Lors de la cinquième étape les nouveaux génomes fabriqués par la cellule s'entourent de nouvelles protéines virales, c'est ce qu'on appelle l'encapsulation qui aboutit en fait à la création de nouveaux virus. (Voir ci-dessous).

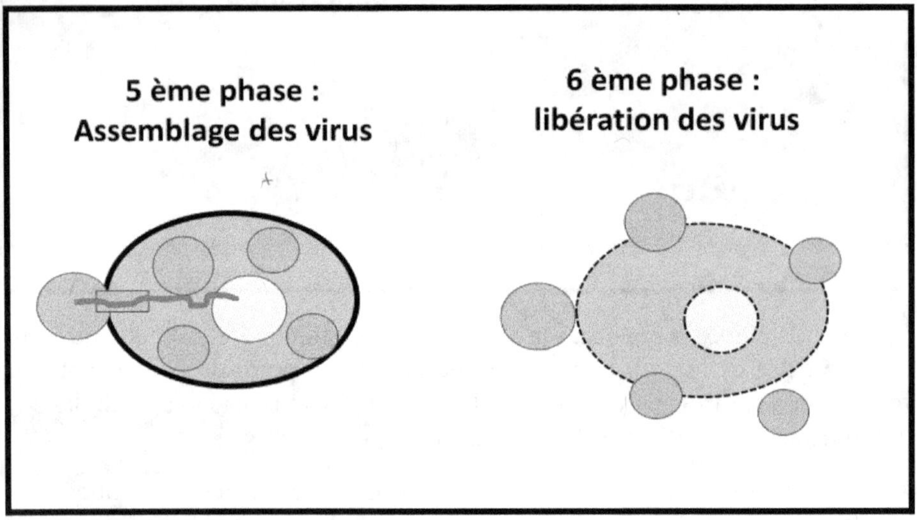

La dernière et sixième étape consiste en l'éclatement de la cellule qui libère alors tous les virus qu'elle a fabriqués sous le commandement du virus qui l'a infectée. C'est ainsi qu'une cellule produit de 100 à 1.000 virus. (Voir ci-dessus).

Et c'est ainsi que le petit virus Covid-19 est entré dans l'organisme d'un marin du porte-avions Charles de Gaules probablement lors de son escale à Brest durant la période du 13 au 19 mars 2020, alors même que selon l'Etat-Major de la Marine la journée consacrée aux familles avait été annulée. Il a suffi qu'un proche lui ait transmis quelques virus : poignée de main, un baiser sur la bouche … pour que le processus qui vient d'être décrit se mette en route et que se développe dans les jours suivant un cluster qui atteint aujourd'hui une quarantaine de personnes. Le navire ayant à son bord 1.760 personnes le commandement du navire, par mesure de sécurité vient de consigner à l'avant du vaisseau une zone isolée et en dépression permettant d'accueillir 127 personnes. Bien qu'équipé d'un hôpital avec des moyens important pour traiter les blessés de guerre, le *Charles de Gaulle* a vu sa date de retour avancée au 8, au lieu du 23 avril initialement prévu.

Les chiffres de la journée sont tombés. Le nombre de cas s'élève à : 82.048. Ce qui fait que le pic tant attendu n'est toujours pas atteint. 30.375 personnes ont été hospitalisées dont 7.148 en réanimation. Le nombre de décès en hôpital est de 7.632 et en EHPAD de 3.237. Le total des décès continue à croitre il s'élève à 10.969.

Pour la première fois le nombre de cas dénombrés dans la région Grand Est est légèrement plus faible que les jours précédents. Il en est de même pour les régions Normandie, Auvergne Rhône Alpes PACA et Corse.

Jeudi 9 avril 2020.

24ème jour de confinement.

Ce matin j'ai eu le grand plaisir de recevoir une réponse, de Noémie une jeune étudiante chinoise que nous avions connue à Canton lorsque je donnais mes cours sur les risques et les dispositifs de sécurité à mettre en œuvre dans les grands ensembles hôteliers. J'avoue humblement que le risque d'épidémie n'y figurait pas. Avec elle nous avons visité Canton, dîné dans des restaurants improbables, visité les marchés aux animaux, le Covid à l'époque n'existait pas, remonté la rivière des perles le soir en bateau mouche, autant de spectacles inoubliables ! Puis sa licence acquise elle est venue à Paris à la Sorbonne passer sa maîtrise. A la fin de son séjour elle connaissait Paris comme sa poche. Nous étions comme elle aimait à le dire « un peu comme ses parents en France ». A la fin de ses études elle était partie aux Etats-Unis faire de la recherche et depuis quelques temps nous l'avions perdue de vue. Devant le développement de la pandémie aux Etats-Unis inquiet sur son sort je lui avais envoyé un e-mail. Et voici qu'aujourd'hui je reçois sa réponse.

Noémie *« Je suis très contente de recevoir votre nouvelle. Comment allez-vous ? Ça va votre famille ? Avec un peu de retard, je te souhaite une bonne année du rat 2020. Je suis toujours aux États Unis, fais la recherche en éducation and psychologie à l'université de Stanford. Avec l'université fermée, je travaille depuis chez moi. Tout le monde reste chez soi. J'ai WhatsApp, et Face Time. Si vous voulez, on peut faire un vidéo chat un jour. Je repense aux très belles journées passées à Canton et Paris avec vous ! Je pense à vous deux beaucoup. J'espère que tout va bien pour vous ! Bisous, Noémie ».*

Selon le journal La Croix *« la France a annoncé mercredi une baisse d'environ 6% de son produit intérieur brut (PIB) au premier trimestre, une chute historique qui marque l'entrée du pays en récession. Locomotive du continent européen, l'Allemagne table sur un recul de près de 10% au deuxième trimestre.*

Face à cette crise inédite, l'UE continue pourtant de se déchirer et ses 27 ministres des Finances ont échoué à s'entendre sur une réponse économique commune ».

Décidemment ce virus omniprésent touche à tout : à la santé, aux transports, à l'économie et même devient écologique en limitant la pollution de l'air dans nos cités !!!

20 heures, les chiffres de la journée viennent de tomber. Le nombre de cas s'élève à 86.334 dont 7.066 ont été placés en réanimation. Le nombre total de décès s'élève à : 12.210, le nombre ne cesse de croitre.

Vendredi 10 avril 2020.

25ème jour de confinement.

Vendredi Saint.

11 heures 30 : Notre Dame de Paris.

Coiffé d'un casque de chantier, Mgr Michel Aupetit est entré dans la cathédrale accompagné de Mgr Patrick Chauvet, recteur de la cathédrale et de Mgr Denis Jachiet, évêque auxiliaire de Paris, pour un temps de prière et de méditation à huis clos autour de la couronne d'épines, relique sauvée des flammes par les pompiers de Paris et des environs lors de l'incendie de Notre-Dame, il y a tout juste un an.
Après s'être débarrassés de leurs casques, les trois prélats se sont inclinés devant la petite table drapée de rouge sur laquelle reposait la couronne d'épines du Christ, éclairée par deux bougies.
Derrière habillés des blouses de protection blanches aux liserés rouges portées par tous les ouvriers pour éviter les risques que font courir les poussières de plomb et chaussés de bottes noires trois artistes : Renaud Capuçon avec son violon, Judith Chelma et Philippe Torreton, respectant les distances de sécurité devant leurs pupitres.
D'une voix profonde l'archevêque de Paris ouvre l'office en disant d'une voix grave et extrêmement posée : *« Nous sommes dans cette cathédrale à demi effondrée pour dire que la vie est toujours là alors que le monde est terrassé par une pandémie qui répand la mort ».*

Puis face à la sainte relique installée au pied de la croix de Marc Couturier, adossée à la Piéta, au fond du chœur les trois prélats se sont longuement recueillis dans un silence total.

Puis les notes de l'adagio de la sonate de Bach ont rempli la cathédrale vide.

Un temps de silence.

La voix de Judith Chelma nous faisant vivre la prière de Paul Claudel **« La Vierge à midi ».**

« Il est midi. Je vois l'église ouverte. Il faut entrer.
Mère de Jésus-Christ, je ne viens pas prier.

Je n'ai rien à offrir et rien à demander.
Je viens seulement, Mère, pour vous regarder.

Vous regardez, pleurer de bonheur, savoir cela
Que je suis votre fils et que vous êtes là.

Rien que pour un moment pendant que tout s'arrête.
Midi !
Être avec vous, Marie, en ce lieu où vous êtes.

Ne rien dire, regarder votre visage,
Laisser le cœur chanter dans son propre langage,

Ne rien dire, mais seulement chanter parce qu'on a le cœur trop plein,
Comme le merle qui suit son idée en ces espèces de couplets soudains.

Parce que vous êtes belle, parce que vous êtes immaculée,
La femme dans la Grâce enfin restituée,

La créature dans son honneur premier et dans son épanouissement final,
Telle qu'elle est sortie de Dieu au matin de sa splendeur originale.

Intacte ineffablement parce que vous êtes la Mère de Jésus-Christ,
Qui est la vérité entre vos bras, et la seule espérance et le seul fruit.

Parce que vous êtes la femme, l'Eden de l'ancienne tendresse oubliée,
Dont le regard trouve le cœur tout à coup et fait jaillir les larmes accumulées,

Parce que vous m'avez sauvé, parce que vous avez sauvé la France,
Parce qu'elle aussi, comme moi, pour vous fut cette chose à laquelle on pense,

Parce qu'à l'heure où tout craquait, c'est alors que vous êtes intervenue,
Parce que vous avez sauvé la France une fois de plus,

Parce qu'il est midi, parce que nous sommes en ce jour d'aujourd'hui,
Parce que vous êtes là pour toujours, simplement parce que vous êtes Marie, simplement parce que vous existez,

Mère de Jésus-Christ, soyez remerciée ! ».

Sous les doigts de Renaud Capuçon sort de son violon les notes du « Presto » de la sonate de Bach.

Temps de silence.

Philippe Torreton récitant la magnifique prière de Francis Jammes.

Femme, voici ton fils. Voici ta mère

« Par le petit garçon qui meurt près de sa mère
Tandis que des enfants s'amusent au parterre
Et par l'oiseau blessé qui ne sait pas comment
Son aile tout à coup s'ensanglante et descend
Par la soif et la faim et le délire ardent
Je vous salue, Marie

Par les gosses battus, par l'ivrogne qui rentre
Par l'âne qui reçoit des coups de pied au ventre
Et par l'humiliation de l'innocent châtié
Par la vierge vendue qu'on a déshabillée
Par le fils dont la mère a été insultée
Je vous salue, Marie

Par la vieille qui, trébuchant sous trop de poids
S'écrie « mon Dieu ! » par le malheureux dont les bras
Ne purent s'appuyer sur une amour humaine
Comme la Croix du Fils sur Simon de Cyrène
Par le cheval tombé sous le chariot qu'il traîne
Je vous salue, Marie

Par les quatre horizons qui crucifient le monde
Par tous ceux dont la chair se déchire ou succombe
Par ceux qui sont sans pieds, par ceux qui sont sans mains
Par le malade que l'on opère et qui geint
Et par le juste mis au rang des assassins
Je vous salue, Marie

Par la mère apprenant que son fils est guéri
Par l'oiseau rappelant l'oiseau tombé du nid
Par l'herbe qui a soif et recueille l'ondée
Par le baiser perdu par l'amour redonné
Et par le mendiant retrouvant sa monnaie
Je vous salue, Marie ».
On aurait pu entendre en écho la voix de Brassens.
Temps de silence.

La mélodie d'Orphée de Gluck emplie la voûte puis Philippe Torreton repend

« J'ai soif » de Mère Teresa

« Je viens, assoiffé de te consoler, de te donner ma force,
pour te relever, t'unir à moi, et panser toutes tes blessures.
Je t'apporte ma lumière pour dissiper toutes les ténèbres et tous les doutes de ton cœur.
Je viens avec ma puissance, afin de te porter toi-même et de porter tous tes fardeaux.
Je viens avec ma grâce pour toucher ton cœur et transformer ta vie.
Je viens avec ma paix pour apaiser ton âme.
Je te connais entièrement. Je sais tout de toi.
Tous tes cheveux sont comptés. Rien de ta vie n'est sans importance à mes yeux.
Je t'ai suivi pendant toutes ces années, et je t'ai toujours aimé, même lorsque tu étais sur des chemins de traverse.

Je connais chacun de tes problèmes.
Je connais tes besoins et tes soucis.
Je connais tous tes pêchés, et je te le redis :
Je t'aime, non pour ce que tu as ou n'as pas fait.
Je t'aime pour toi-même, pour la beauté et la dignité que mon Père t'a données en te créant à son image et à sa ressemblance. C'est une dignité que tu as peut-être souvent oubliée, une beauté que tu as ternie par le péché, mais je t'aime tel que tu es et j'ai versé mon sang pour te ramener à Dieu.

Si tu me le demandes avec confiance,
ma grâce viendra te toucher et combler.
Et je te donnerai ma force pour que tu sois libéré du péché et de son pouvoir destructeur.
Je sais ce qu'il y a dans ton cœur. Je connais ta solitude et tes blessures, les rejets, les jugements et les humiliations que tu as subis.
Tout cela, je l'ai porté avant toi et pour toi, afin que tu puisses partager ma force et ma victoire.

Je connais tout spécialement ton besoin d'amour.
Combien tu as soif d'être aimé et d'être chéri et combien tu as cherché en vain à assouvir cette soif, dans un amour égoïste, essayant de remplir le vide de ton cœur dans les plaisirs qui passent, avec un vide encore plus grand, celui du péché.
Est-ce que tu as soif ? ».

Le violon de Renaud Capuçon puis la voix de Chelma avec le très beau poème de Marie Noël « Ayez pitié, mon Dieu, de ceux qui se sont chargés de la croix des autres ».

« Ayez pitié, mon Dieu, de ceux qui se sont chargés de la croix des autres, de ceux qui se sont faits des sauveurs. Sauveur de tous, donnez au médecin la Lumière. Éclairez-le dans l'obscurité d'autrui, pour qu'obligé de pénétrer dans le secret des corps et des âmes, il ne se trompe pas de route et ne blesse rien en passant. Donnez au médecin l'Amour, pour que, chargé de sa propre peine et sans refuge peut-être pour lui-même, il trouve toujours en soi une douceur, un abri, une force pour le désespéré qui l'attend.

Donnez au médecin la Grâce, pour qu'en son plus mauvais moment, dans son incertitude, sa faiblesse d'homme, son trouble, il reste toujours assez sage, toujours assez bon, toujours assez pur, digne de la douleur sacrée dont la foi s'est donnée à lui. Donnez au médecin la Fidélité dans la Miséricorde, pour qu'il n'oublie pas, n'abandonne jamais le moindre des misérables qui à lui se fie.

Donnez-lui la Force, ô mon Dieu, pour que le poids de tous ne vienne pas trop l'accabler, pour que la détresse qu'il porte n'atteigne pas trop sa joie, pour que la blessure qu'il panse ne lui fasse pas de mal. Ainsi soit-il ».

Mon dieu comme ce texte est d'actualité !

Puis nous entendons Charles Péguy par la voix de Philippe Torreton.

Le porche du Mystère du deuxième vert.

« Une couronne a été faite une fois : c'était une couronne d'épines.
Et le front et la tête ont saigné sous cette couronne de dérision.
Et le sang perlait par gouttes et le sang s'est collé dans les cheveux.

Mais une couronne aussi a été faite, une mystérieuse couronne.
Une couronne, un couronnement éternel.
Toute faite, mon enfant, toute faite de souples rameaux sans épines.
De rameaux bourgeonneux, de rameaux de fin mars.
De rameaux d'avril et de mai.
De rameaux flexibles et qui se tressent bien en couronne.
Sans une épine.
Bien obéissants, bien conduits sous le doigt.
Une couronne a été faite de bourgeons et de boutons.
De bourgeons de fleurs comme un beau pommier, de bourgeons de feuilles, de bourgeons de branches.
De bourgeons de rameaux.
De boutons de fleurs pour les fleurs et pour les fruits.
Toute bourgeonnante, toute boutonnante une couronne a été faite
Mystérieuse.
Toute éternelle, toute en avance, toute gonflée de sève.
Toute embaumée, toute fraîche aux tempes, toute tendre et embaumante.

Toute faite pour aujourd'hui, pour en avant, pour demain.
Pour éternellement, pour après-demain.
Toute faite de pointes menues, de pointes tendres, de commencements de pointes.
Feuillues, fleuries d'avance,
Qui sont les pointes des bourgeons, tendres, fraîches,
Et qui ont l'odeur et qui ont le goût de la feuille et de la fleur.
Le goût de la pousse, le goût de la terre.
Le goût de l'arbre.
Et par avance le goût du fruit.
D'automne.
Pour calmer le pauvre front battant de fièvre, chargé de fièvre,
Afin de rattraper, afin de revaloir le couronnement de dérision,
Pour adoucir, pour apaiser, pour calmer, afin de rafraîchir les tempes battantes,
Les tempes fiévreuses.
Le front ardent, le front fiévreux,
Lourd de fièvre, les tempes chaudes, la migraine et l'injure, et le mal de tête et pour calmer la dérision même.
Pour apaiser, pour embaumer, pour étancher le sang qui se collait dans les cheveux
Une couronne aussi a été faite, une couronne de sève, une couronne éternelle,
Et c'est la couronne, le couronnement de l'espérance.

Comme une mère fait un diadème de ses doigts allongés, des doigts conjoints et affrontés de ses deux mains fraîches
Autour du front brûlant de son enfant
Pour apaiser ce front brûlant, cette fièvre,
Ainsi une couronne éternelle a été tressée pour apaiser le front brûlant.
Et c'était une couronne de verdure.
Une couronne de feuillage.

Il faut avoir confiance en Dieu mon enfant.
Il faut avoir espérance en Dieu.
Il faut faire confiance à Dieu.
Il faut faire crédit à Dieu ».

Judith Chelma a conclu l'évènement par un inoubliable Ave Maria de Schubert.

Pendant une longue minute Monseigneur Aupetit les mains jointes regarde la croix puis lève les yeux vers le trou béant de la voûte de la cathédrale Quelles étaient à cet instant ses interrogations ?

En cette journée commémorant la crucifixion du Christ la pandémie fait rage. Dans la cathédrale blessée ces textes magnifiques entrecoupés d'œuvres musicales sublimes ont été une lueur d'espoir.

En fin d'après-midi nous apprenons que cinq marins du Charles de Gaules ont été transférés par hélicoptère à l'Hôpital d'instruction des armées (HIA) Sainte-Anne, à Toulon afin de préserver les capacités médicales du bâtiment.

20 heures, les chiffres de la journée viennent de tomber. Le nombre de cas s'élève à 90.676 dont 7.004 ont été placés en réanimation. Le nombre total de décès à ce jour s'élève à : 13.197.

Samedi 11 avril 2020.

26ème jour de confinement.

Ce matin j'ai appelé Affif mon marchand de fruits et légumes et mon grossiste en beurre œufs et fromage et leur ai transmis mes commandes par SMS. Je serai livré dans l'après-midi. Pour l'instant le coronavirus n'a pas réussi à polluer les communications téléphoniques.

Tout est calme dans la résidence. Pas de courrier.

J'en profite pour appeler Mamoune qui m'a adressé un très gentil SMS pour mon anniversaire. Elle est rentrée juste avant l'épidémie d'un voyage au Maroc où elle a découvert la culture, la civilisation berbère. Elle est intarissable à ce sujet et poursuit ses recherches depuis son retour.

J'en profite pour mettre à jour mes bases de données.

Si en Europe la pandémie continue à progresser légèrement, voire à ralentir selon certains experts qui constatent que des lits de réanimation se libèrent, il n'en est pas de même aux Etats-Unis, comme le montre la courbe ci-dessous. Les cinq cent mille cas de coronavirus ayant été franchis.

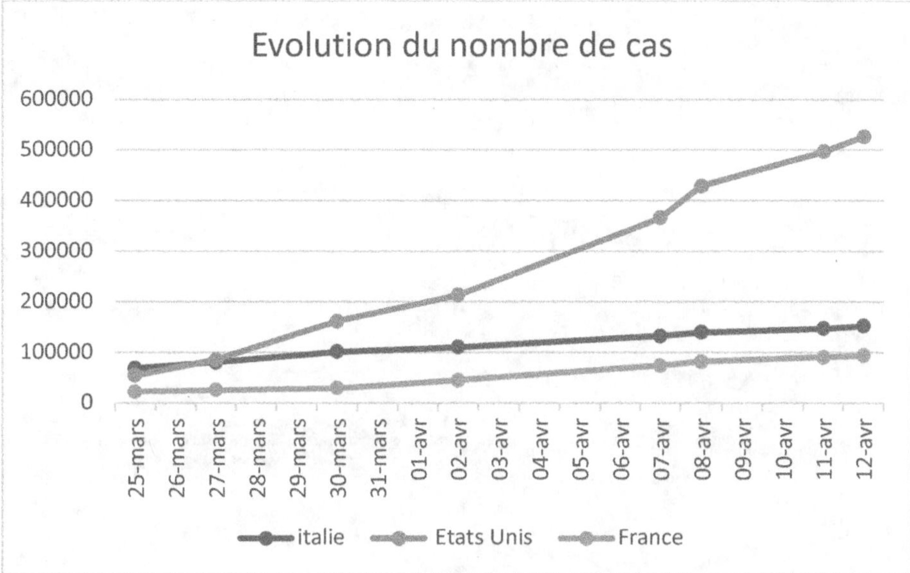

Si au cours du mois de mars le nombre de morts enregistré était comparable à celui de la France force est de constater qu'il explose à partir des premiers jours d'avril. Il faut dire que la déclaration du Président Donald Trump proclamant, le dimanche 15 mars, jour national de prière, n'y ait pas pour rien. Au cours de la semaine sainte comme le rapporte la presse plusieurs Etats ruraux comme le Dakota du sud et l'Iowa ont préféré la prière au confinement, sans parler des nombreux pasteurs invitant leurs ouailles à braver les directives de confinement en leur disant : *« les virus se nourrissent de la peur, mais nous n'ayons pas peur car nous avons la foi ».* N'oublions pas que les Evangélistes représentent trente à quarante pour cent de la population des quartiers noirs et que la religion soude ces communautés très conviviales. Priez pour lutter contre le coronavirus c'est pour eux, la façon moderne de faire face aux sept plaies d'Egypte.

Quels contrastes avec des Etats comme la Corée du sud et Taïwan !

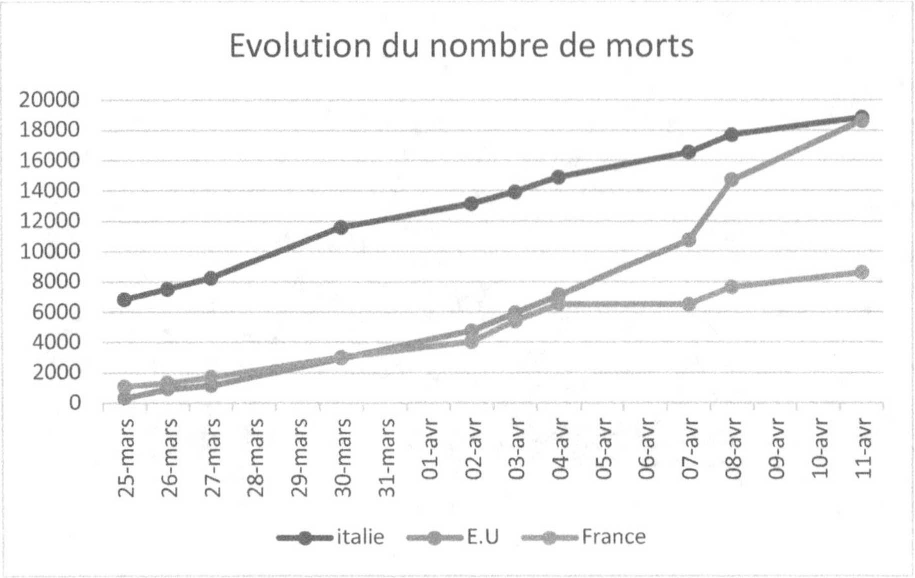

A New-York où le coronavirus a fait plus de 5.800 morts, deux approches s'opposent. Le Maire, Bil de BLASIO qui a décidé de fermer les écoles jusqu'en septembre et le Gouverneur de l'Etat, Andrew CUOMO qui s'y oppose estimant qu'une telle décision lui revient de droit.

Attendons pour voir, dans les semaines à venir quelles seront les conséquences de l'absence d'une politique cohérente et ferme dans ce pays.

Les chiffres de la journée sont tombés. 93.790 personnes ont été contaminées par le coronavirus. 31.320 ont été hospitalisées et 6.883 mises en réanimation. Les décès constatés en hôpitaux s'élèvent à 8.943 et en EHPAD de 4.889 ce qui fait 13.832 morts chiffre en hausse.

Dimanche 12 avril 2020. Pâques.

27ème jour de confinement.

Ce matin le Pape François a délivré son message Urbi et Orbi au monde, depuis l'intérieur de la basilique fermée au public et non depuis la place Saint-Pierre devant une foule immense. Ce qui n'a pas empêché plus d'un milliard de chrétiens de l'écouter à la radio et la télévision., belle victoire sur le virus.

De son allocution j'ai retenu un certain nombre de phrases qui m'ont paru essentielles en ces temps difficiles que je reporte ici, même si elles ne le sont pas in extenso.

« Avec la résurrection du Christ, une flamme vient de s'allumer au milieu de cette pandémie, c'est une autre contagion celle de l'espérance ».

« *Ce défi doit nous unir tous* ».

« *Dieu n'a pas dit son dernier mot, même face à cette pandémie* »

« *Les saints de la porte d'à côté, les crucifiés de l'espoir »*, en parlant des médecins et soignants.

« *Ce temps n'est pas le temps des égoïsmes parce que le défi que nous affrontons nous unit tous et ne fait pas de différence entre les personnes.* »

« *En considération des circonstances, que soient relâchées aussi les sanctions internationales qui empêchent les pays qui en sont l'objet de fournir un soutien convenable à leurs citoyens, et que tous les Etats se mettent en condition de faire front aux nécessités majeures du moment, en réduisant, si non carrément en remettant, la dette qui pèse sur les budgets des plus pauvres* ».

« *Ce n'est pas le temps des divisions. Que le Christ, notre paix, éclaire tous ceux qui ont des responsabilités dans les conflits, pour qu'ils aient le courage d'adhérer à l'appel pour un cessez le feu mondial et immédiat dans toutes les régions du monde. Ce n'est pas le temps de continuer à fabriquer et à trafiquer des armes, en dépensant des capitaux énormes qui devraient être utilisés pour soigner les personnes et sauver des vies ».*

« Il faut arrêter les attaques terroristes en divers pays d'Afrique ».

Concernant notre continent *« Il est plus que jamais urgent, surtout dans les circonstances actuelles, que les rivalités au sein de l'Europe ne reprennent pas vigueur, mais que tous se reconnaissent membres d'une unique famille et se soutiennent réciproquement. L'avenir de l'Europe en dépend, mais aussi celui du monde entier. Oui, à la solidarité, non à l'égoïsme et à la tentation d'un retour au passé ».*

François a aussi attiré l'attention de tous les pays touchés par la pandémie, sur *« le sort des pauvres, de tous ceux qui vivent dans les périphéries, sur les réfugiés et les sans-abris. Qu'ils ne soient pas laissés seuls et sans médicament* » a-t-il demandé car « *ce n'est pas le temps de l'indifférence* ».

« Pour beaucoup, rester à la maison est une occasion pour réfléchir, pour arrêter les rythmes frénétiques de la vie, pour être avec ses proches et jouir de leur compagnie. »

Après quoi il a donné sa bénédiction Urbi et Orbi à tous les fidèles présents par les ondes.

Les chiffres sont tombés. Le nombre de cas s'élève à 95.403 et 6.845 personnes ont été mis en réanimation.

Lundi 13 avril 2020.

28ème jour de confinement.

Aujourd'hui les cloches ne sont pas passées !

Nous ne sommes pas sortis de la journée.

Au vingt heures longue intervention du Président Macron, sa troisième depuis le début de l'épidémie, remerciant ceux qui sont en première ligne : médecins, infirmières, routiers, caissières, éboueurs, livreurs, fonctionnaires, agriculteurs, journalistes, élus locaux … de leurs engagements.

« L'épidémie commence à marquer le pas, les entrées en réanimation baissent, l'espoir renaît mais rien n'est gagné ».

Dans ce contexte le confinement sera prolongé jusqu'au lundi 11 mai. A partir de cette date la France verra progressivement ses collèges, ses crèches, et lycées rouvrir. Les bars, les restaurants et les cafés resteront fermés. Quant aux festivals leur sort est gelé jusqu'à la mi-juillet. Côté économique le chef de l'Etat a promis une aide exceptionnelle aux familles les plus modestes avec enfants et aux étudiants les plus précaires. La crise sanitaire étant mondiale Emanuel Macron a plaidé pour une refondation de l'Europe et appelé cette dernière à aider l'Afrique en annulant massivement sa dette. Une requête qui ressemble fort à celle formulée par le Pape François depuis la basilique Saint Pierre de Rome le jour de Pâques.

Pour terminer le Président a insisté sur la nécessité à l'avenir de repenser nos organisations, en un mot de nous réinventer.

Ce qui est intéressant de noter c'est qu'au même moment L'Allemagne, l'Autriche, le Danemark et la Norvège[11] ont décidé de lever le confinement dans leurs pays respectifs entre le 14 et le 20 avril 2020, en commençant par

11 - L'Allemagne le 19 avril, l'Autriche le 14, le Danemark le 15et la Norvège le 20.

la réouverture des écoles. Il faut dire que ces quatre pays n'ont pas été très impactés par la pandémie. A ce jour on comptabilise 14.041 cas et 368 décès en Autriche, 6.513 cas et 285 décès au Danemark et 6.603 cas et 134 décès en Norvège. Il sera très intéressant par la suite de s'interroger sur les raisons de la faible sensibilité de ces trois pays au Covid-19. Ce qui est plus étonnant c'est la stratégie d'abandon progressif du confinement de l'Allemagne qui a enregistré 130.072 cas et 3.194 décès.

Nous regarderons dans les semaines qui viennent si les décisions prises par ces quatre pays ont donné lieu ou pas à la naissance d'une deuxième vague.

20 heures, les chiffres du jour viennent de tomber. Le nombre de cas de coronavirus recensés s'élève à 98.046 et 6.845 personnes ont été placées en réanimation. C'est le troisième jour que ce nombre décroît. Aurions-nous atteint le sommet du pic ?

Mardi 14 avril 2020.

29ème jour de confinement.

Ce matin lever 7 heures. J'ai décidé d'aller faire des courses au marché U. Muni de mon autorisation de sortie j'arrive devant le magasin. Personne. Le gardien à l'entrée me demande, en s'excusant, ma carte d'identité, car c'est l'heure réservée aux plus de soixante-dix ans. « C'est la règle ». Dans le magasin peu de personnes. Au rayon des fruits je commence à me servir lorsqu'une dame me dit d'un air farouche « Respectez les distances de sécurité Monsieur ». Certes elle a raison, mais …

Mon caddie plein je passe à la caisse des livraisons. Un client est devant moi. J'attends quelques minutes derrière lui en respectant bien les repères de sécurité posés au sol. Mon tour arrive. Je donne mon nom. La caissière le tape sur son clavier « 8 allée du grand tulipier à la prairie ? ». J'acquiesce. Puis c'est le ballet des produits passant sur la vitre de la caisse enregistreuse, le paiement par carte contacte. Je repense au système en vigueur à Taïwan qui permet de géolocaliser toute personne hors de chez elle. Je dépose mon caddie vide. Aussitôt une employée s'en saisit et désinfecte toutes les parties que j'ai probablement touchées. Je sors et passe à la boulangerie pour acheter des baguettes et une cloche en chocolat. Dans la boutique personne. Là encore les pratiques ont évolué. La serveuse gantée, un masque sur la figure prend les baguettes commandées délicatement avec une pince avant de les enfiler dans un sac en papier. Voilà bien une pratique inimaginable il y a un mois. Mon Dieu comme le virus change tout, même les gestes les plus simples, les plus anodins. Je sors, traverse la place de l'église. Personne. La porte de l'ascenseur franchie je suis la procédure habituelle. Dépose des paquets, des vêtements et des chaussures sur l'un des balcons puis un long lavage des mains au savon noir de Marseille.

Dans l'émission « l'info du vrai » le Professeur Éric Caumes spécialiste des pathologies infectieuses et tropicales, de l'hôpital de la Pitié-Salpêtrière, à Paris, s'étonnait que chaque soir le Directeur de la santé dans son rapport donnait le nombre de nouveaux cas de coronavirus enregistrés dans la journée sans préciser les lieux qui leur avaient donné naissance et ne cherche pas à identifier les lieux où naissent et se développent de nouveaux clusters.

En consultant la base de données, que je mets à jour tous les deux jours, donnant par grandes régions le nombre de nouveaux cas recensés il apparaît qu'hormis les cinq régions les plus touchées à savoir l'Ile de France, le Grand Est, les Hauts de France, Provence Côte d'Azur et Bourgogne Franche Comté le nombre de nouveaux cas apparaissant est inférieur à cent. (Cf. le tableau ci-dessous).

Nb de cas	**13-avr**	**15-avr**	**Nouveaux cas**
Ile de France	13025	13209	184
Grand Est	4841	4993	152
Hauts de France	2444	2552	108
Auvergne Rhône Alpes	2985	3044	59
Provence côte d'azur	1766	1894	128
Bourgogne Franche Conté	1239	1361	122
Normandie	726	705	-21
Bretagne	487	514	27
Pays de Loire	778	820	42
Centre Val de Loire	922	996	74
Nouvelle Aquitaine	815	866	51
Occitanie	918	962	44
Corse	76	74	-2
Total	31022	31990	968

Il serait donc très intéressant après avoir comparé ces cas identifiés de préciser le ou les lieux où ils ont été comptabilisés, puis en les regroupant par lieux constituer des clusters et ensuite numéroter chacun des individus identifiés, puis comme le font les Coréens du Sud et les Taïwanais, rechercher l'enchaînement des contaminations pour en tirer tous les éléments permettant de maîtriser l'épidémie ou à minima la ralentir fortement dans la région considérée. Or visiblement cette approche n'est pas encore développée en France. Comme le souligne le Professeur Caumes, il serait tout à fait souhaitable qu'une telle approche soit développée et mise en place au moins pour la phase de déconfinement qui va débuter au plutôt le 11 mai.

23 heures. Comme chaque soir avant de me coucher et de fermer les volets de notre chambre je regarde les lumières de Paris qui s'étalent à nos pieds : le haut de la tour Eiffel, la tour Montparnasse, les Invalides …. Elles sont toutes là, multicolores, fixes, clignotantes, expression d'une vie débordante. Et pourtant la réalité est tout autre. Les bars, les restaurants, les théâtres sont fermés. Les rues sont désertes. Seuls quelques sans-logis cherchent refuge dans des coins abrités. Seules quelques voitures de police s'assurent que chacun reste cloîtré chez lui. Etrange moment que celui que nous vivons. Comme notre vision peut être trompeuse !

20 heures, les chiffres de la journée viennent de tomber. Le nombre de cas recensé continue à augmenter il est passé à 103.573. Le nombre de personnes en réanimation a légèrement diminué en passant à 6 .730 et le nombre de décès a franchi la barre des 15.000. Le nombre officiel étant de 15.729.

Mercredi 15 avril 2020.

30ème jour de confinement.

Voilà il y a un an Notre- Dame de Paris brûlait. Il était 18 heures 18 lorsqu'une alarme incendie a retenti sur le pupitre sécurité. L'agent, un nouvel embauché, arrivé le matin pendre son poste à 6 h 30 prévient son correspondant, un employé de l'évêché qu'une alarme vient de s'allumer et signale une anomalie dans la zone des combles du presbytère. Après s'être déplacé ce dernier lui indique qu'il n'a rien vu. 18 heures 23 nouvelle alarme. Nouvelle recherche dans la même zone, mais rien d'anormal. Dans la cathédrale les fidèles suivent la messe. L'agent de sécurité appelle son responsable au téléphone pour lui dire qu'il ne comprend pas ce qui se passe, mais ne l'obtenant pas il lui laisse un message. Plusieurs minutes se passent. Le feu se développe dans la forêt de chênes de la toiture. Nouvelle alarme, on fait évacuer la cathédrale.

18 heures 46 le général Jean-Claude Gallet reçoit un appel du chef du cabinet de la Maire de Paris qui voit depuis la fenêtre de son bureau de la fumée s'échapper du toit de la cathédrale Notre- Dame. 18 heures 51 le centre de secours de Poissy est alerté. L'adjudant-chef Jérôme à l'approche des lieux perçoit une fumée qui s'échappe du toit dont la couleur vire à l'ocre. Au fil des minutes les camions de pompiers de toutes les casernes de la région se rendent sur les lieux. Des moyens considérables en hommes et matériel sont

mis en œuvre. Malgré cela le feu progresse inexorablement. A 19 heures 57 la flèche de Violet le Duc s'effondre. Le feu s'étend. Les pompiers luttent avec acharnement. A 21 heures 20 des flammes s'approchent du beffroi gauche. Après une longue concertation les généraux Gontier et Gallet décident d'envoyer une équipe d'une vingtaine d'hommes sur une coursive instable, étroite et en cul de sac pour établir une ligne de front pour lutter contre le feu et éviter qu'il n'atteigne les deux beffrois. 22 heures 47 message du général Gautier : » nous sommes maîtres du feu. ! » Mais le combat a continué toute la nuit.

Un an après on entend le bourdon de Notre- Dame sonner, le sacristain tirant le battant avec une corde. A un an d'intervalle nous voilà, face à face, avec deux risques dont les conséquences ont fait le tour de la terre. L'incendie de Notre-Dame et l'épidémie de coronavirus. Mais deux risques de nature fondamentalement différents.

L'embrasement d'une cathédrale dont la toiture est en bois constitue un risque que je qualifierais de technologique comme ceux sur lesquels j'ai été amené à travailler durant ma vie professionnelle. Risque de crash d'un avion, risque d'explosion d'un réacteur nucléaire, comme à Three Miles Island, Tchernobyl et Fukushima, risques ferroviaires de collision ou déraillement, risques chimiques, rappelez-vous CEVESO, risques agroalimentaires … Tous ces risques à caractères technologiques sont fort différents du risque pandémique auquel nous sommes confrontés aujourd'hui.

Comment aurait-on pu imaginer il y a encore quelques mois que la mort de quelques Chinois fréquentant le marché de Wuhan en décembre 2019 conduirait 473.000 entreprises françaises à faire le 3 avril 2020 une demande de chômage partiel à l'Etat pour 5 millions de leurs salariés. Ce qui signifie qu'un salarié sur quatre du privé va voir son salaire pris en charge par l'Etat.

Comment aurait-on pu imaginer que ce virus amène, quatre mois après sa naissance, le Directeur Général de la banque de France à mettre en place un « pont aérien de cash » avec les banques pour que celles-ci puissent prêter aux entreprises l'équivalent de leurs chiffres d'affaires perdus depuis leurs fermetures décidées par le Gouvernement pour sauver des vies.

Contrairement aux risques technologiques dont les conséquences sont identifiables dans un périmètre géographique limité, relativement indépendantes les unes des autres et de durées limitées, le risque pandémique présente des caractéristiques très différentes. Tout d'abord ce n'est pas le virus qui se déplace, c'est nous qui le déplaçons et ce à la vitesse des moyens technologiques dont nous disposons avions, trains, bateaux, voitures. Fini les déplacements à cheval et à dromadaire ! Il faut moins de 60 heures pour faire le tour de la terre.

La première caractéristique de ce risque est qu'il peut se propager à très grande vitesse et ce n'importe où dans le monde dès lors que des moyens rapides de déplacement existent.

Le second aspect que nous découvrons chaque jour un peu plus c'est que chacune des conséquences liées à un risque comme le Covid-19, contrairement à ce qui se passe avec les risques technologiques dont les effets sont limités dans l'espace et le temps, a des effets de plus en plus grands et rapides dans l'espace et le temps, comme évoqué ci-dessus. Face à chaque nouvelle conséquence nous prenons des décisions afin d'en diminuer l'impact. Mais celles-ci du fait du caractère systémique de notre société vont en induire d'autres. C'est ainsi que face à la saturation des hôpitaux suite à la progression de l'épidémie, l'Etat a décidé de fermer les écoles, les restaurants, les théâtres, les commerces, sauf ceux de première nécessité puis de confiner la population. Conséquences : les usines ferment, le chômage explose, amenant l'Etat à prévoir des plans d'urgence ... Plus grave encore, malgré les décisions prises, du fait du caractère systémique de notre société, celles-ci vont engendrer des développements inattendus, accélérant le processus. C'est ce qui explique que chaque jour nous découvrons dans tel ou tel secteur d'activité jusqu'alors épargné, un impact plus ou moins important. De plus, force est de constater que ce risque, avec toutes ses composantes, prend très vite une allure exponentielle, qu'il s'agisse du nombre de cas observés, d'hospitalisations, de mise en réanimation, de décès en hôpitaux et en EHPAD, du nombre de demande de chômage partiel, de personnes à secourir ... Jusqu'à quand ce processus va-t-il se développer ? Nous sommes tous dans l'attente d'un « pic », d'un plateau, signe que le risque est en cours de maîtrise. Y aura-t-il une deuxième vague ? Le monde d'après sera-t-il le même que celui d'hier ? Sera-t-il différent ? Autant de questions aujourd'hui sans réponse.

Sur ces bases je commence à voir se dresser comme pour les risques industriels un système de défense en profondeur composé de trois enveloppes successives.

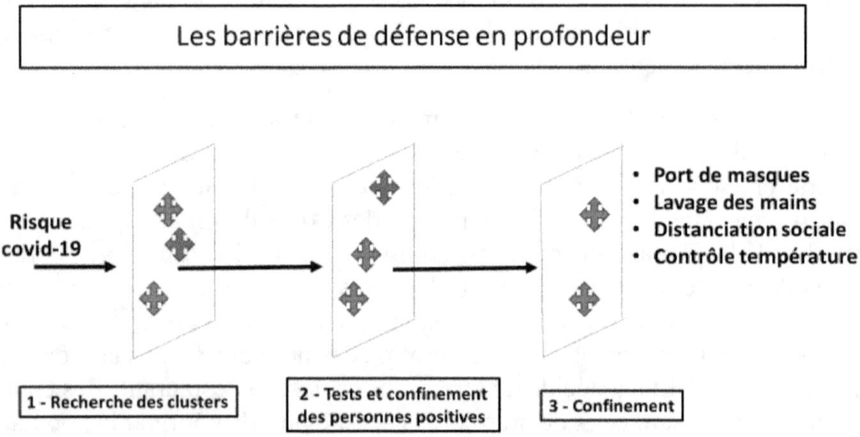

La première barrière, la plus importante consiste à détecter le plus vite possible la naissance de tout cluster, de l'analyser pour en identifier ses composants et reconstituer sa formation pour remonter à l'individu originel et donc à la source de l'épidémie. Bien entendu il s'agira comme l'on fait les Coréens et les Taïwanais de prendre toutes les mesures nécessaires pour stopper l'épidémie à savoir le confinement des personnes positives, le contrôle des flux de transports (aéroports, gares ...).

La seconde barrière consiste dans le contrôle de toutes les personnes qui circulent à l'aide de tests en commençant bien entendu par le personnel médical et autres professions dont on aura tant besoin lors de l'étape suivante.

La troisième barrière est le confinement de la population situation que nous sommes en train de vivre et qui met à mal notre économie. Notons toutefois qu'à ce jour nous avons relevé plusieurs stratégies de mise en œuvre de ces barrières de défense par :

- La Corée du Sud et Taïwan ;
- La Chine ;
- L'Italie, l'Espagne et la France ;
- Les Etats-Unis.

Mais nous y reviendrons quand nous aurons plus de données.

Reste une question, quid après avoir franchi la troisième barrière ? Attendons le 11 mai et ce qui va se passer après le déconfinement !

Les chiffres viennent de tomber. On comptabilise à ce jour 106.206 cas de coronavirus identifiés. 32.292 d'entre eux ont dû être hospitalisés et 6.457 placés en réanimation, ce qui est très légèrement inférieur au nombre de lits équipés de respirateurs dont nous disposons à ce jour et fait dire aux responsables sanitaires que la situation se détend. Mais comme le montre la courbe ci-dessous le pic de l'épidémie n'est pas encore atteint et justifie donc la prolongation du confinement annoncée dimanche par le Président.

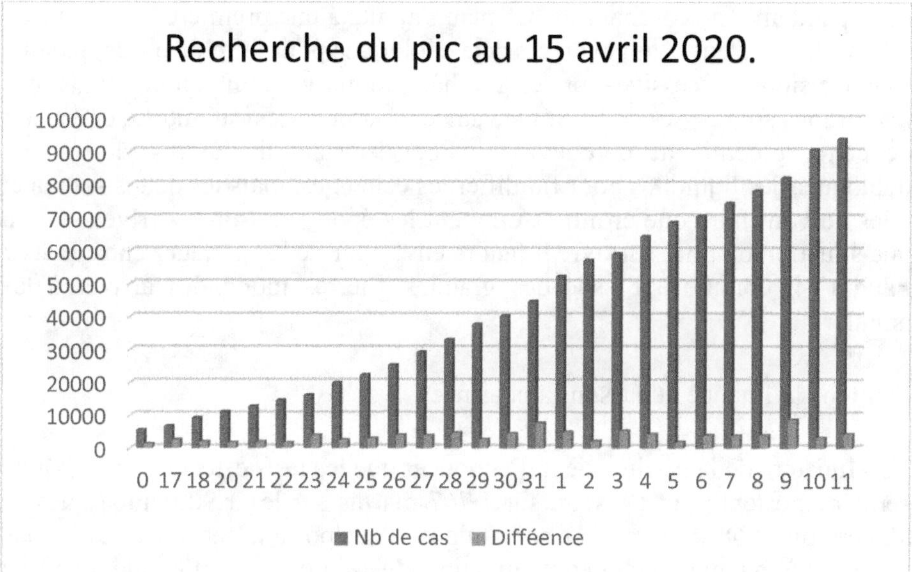

Jeudi 16 avril 2020.

31ème jour de confinement.

Hier le Premier ministre a présenté le nouveau Projet de loi de finances en Conseil des ministres, pour surmonter la crise sanitaire du Covid-19. Face au développement de la crise ce montant est passé en quelque semaines de 45 milliards à 110 milliards. Ceci montre la difficulté d'estimer les conséquences notamment économiques du développement d'un tel risque, sur lequel il faut bien l'avouer peu de personnes s'étaient penchées. Il suffit de voir le manque de masques, de matériels de toutes sortes dont a tant besoin le personnel soignant de nos hôpitaux, malgré les commandes passées en dernières heures.

A ce jour, mais cela peut changer dans les semaines et mois à venir en fonction du comportement du virus que l'on a encore du mal à cerner, un quart de cette enveloppe soit 42 milliards va servir à financer le chômage partiel qui touche à ce jour plus de huit millions de salariés du privé qui sont confinés chez eux. Vingt milliards sont prévus pour permettre à l'Etat d'entrer au capital d'entreprises nationales en difficulté voire au bord du dépôt de bilan. Cela pourrait concerner entre autres la compagnie aérienne Air France KLM mise à mal par la crise qui a pratiquement cloué au sol tous ses avions

Ce même jour la Banque Centrale Européenne a annoncé dans la soirée un plan d'urgence de 750 milliards d'euros destinés à des rachats de dette publique et privée pour tenter de contenir les répercussions sur l'économie de la pandémie de coronavirus. Ce plan s'ajoute à une première enveloppe de 120 milliards d'euros qui avait été déjà débloquée pour faire face à l'épidémie. Ces décisions successives, prises à la hâte, montrent combien nos Etats, nos institutions sont prises de court face aux conséquences systémiques découlant de cette épidémie de coronavirus. Pour l'instant il s'agit seulement de débloquer des liquidités pour fluidifier les échanges, mais les dettes sont là et elles ne vont faire que croître. Comment les épongera-t-on ? Arrivera-t-on à une situation où pour survivre il faudra envisager de les partager entre Etats ? Faudra-t-il comme à l'issue des grandes guerres mondiales arriver à les annuler ?

Quittons la finance et passons aux armées.

Le Ministère de la marine vient d'annoncer que les tests effectués en début de semaine portent pour l'instant sur 1.767 marins sur les 1.900 embarqués. Il s'avère que 668 d'entre sont contaminés. Tout porte à penser, ce que nous avons déjà évoqué, que la contamination s'est faite lors de l'escale du 12 au 15 mars à Brest. Bien que la visite des bateaux ait été annulée, une cinquantaine de personnes serait montée à bord., Le 7 avril soit trois semaines après l'escale, le commandant a informé l'équipage que plusieurs d'entre eux étaient porteurs du virus. Les conditions de vie à bord (dortoirs de 25 personnes, repas pris en groupe, coursives dans lesquelles il est impossible de respecter les mesures de distanciation, ont fait en sorte que le bateau est devenu très vite un vrai cluster. On comprend très vite que si toute une équipe de mécaniciens ou la grande majorité des équipes chargées de guider les Rafales dans les opérations délicates que sont les phases de décollage ou d'appontage est contaminée, le Charles de Gaule vecteur principal de la force d'action nucléaire française ne peut plus mener sa mission. Une grande partie de la force de dissuasion nucléaire française est anéantie !

Reste les sous-marins nucléaires à condition que nous n'apprenions pas, d'ici quelques temps, qu'eux aussi sont frappés par le Covid-19.

Une crainte : apprendre d'ici quelques jours ou semaines qu'à E D F la population d'opérateurs des centrales nucléaires est atteinte du coronavirus.

20 heures, les chiffres de la journée sont tombés. Le nombre de cas s'élève à 108.847 marquant pour la première fois une légère diminution par rapport au jour précédent. Il en est de même avec le nombre de personnes en réanimation.

Vendredi 17 avril 2020.

32ème jour de confinement.

Le nombre de réanimation s'élève à 6.248. Le nombre des décès s'élève à 17.920.

Hier une bombe a explosé dans les médias. Le Professeur Luc Montagnier[12] aurait affirmé au cours d'un entretien sur le site de santé « Pourquoi Docteur » puis sur le plateau de C News que le coronavirus aurait été créé dans un laboratoire de Wuhan par des scientifiques qui cherchaient à créer un vaccin contre le VIH.
Selon lui, ce laboratoire, créé en 2017 comme nous l'avons évoqué plus haut s'est spécialisé sur ce type de virus et dispose d'une bonne expertise dans ce domaine. C'est ce qui a poussé le Professeur à regarder de près la description du génome – c'est-à-dire de la séquence, de l'A R N, de l'acide nucléique de ce virus, avec un de ses collègues Jean-Claude Perez, mathématicien. Ce dernier a effectivement fouillé dans les moindres détails de la séquence et a observé que le génome complet du coronavirus actuel présentait des séquences d'un autre virus qui étaient celles du VIH le virus responsable du sida. Il s'agit de séquences très courtes mais significatives en ce sens qu'elles portent une information et ne sont nullement dues au hasard. Le Professeur a ajouté qu'ils n'avaient pas été les premiers à faire ce constat puisqu'un groupe de chercheurs indiens avait publié – enfin, avait essayé de publier – une analyse qui montrait que le génome complet de ce coronavirus avait des séquences d'un autre virus, celles du VIH. Mais sous l'effet d'une pression énorme des scientifiques, le groupe indien avait été obligé de se rétracter. Selon le Professeur Montagnier l'hypothèse la plus raisonnable est de penser

---

12 - Prix Nobel de médecine en 2008 avec la professeure Françoise Barré-Sinoussi – pour leurs travaux sur la découverte du VIH (Virus de l'Immunodéficience Humaine), virus responsable du Sida faite en 1983.

que les chercheurs du laboratoire P4 de Wuhan cherchaient à faire un vaccin contre le VIH en utilisant pour cela un coronavirus en vue d'atténuer la maladie. Selon lui, malgré la greffe de ces séquences de VIH, le coronavirus reste avant tout un virus respiratoire. Comme tous les virus celui-ci mute. Or le Professeur constate en étudiant le séquençage de ce virus sur des patients américains donc plusieurs mois après le début de l'épidémie que le nombre de séquences de VIH contenu dans le Covid-19 a diminué. Pour lui il est très important de suivre les mutations en cours pour confirmer cette élimination progressive des greffes initialement effectuées. Le professeur souligne que le nature aime l'harmonie qu'elle a construite. C'est pourquoi si l'homme intervient en ajoutant quelque chose, la nature a tendance à éliminer ces rajouts lors des mutations. Normalement selon le Professeur si les séquences de VIH ont bien été introduites par l'homme, elles devraient disparaître petit à petit au cours des mutations naturelles qui se produisent et le virus devenir de moins en moins dangereux. C'est pourquoi, pour le Professeur, il est très important d'établir la structure de ce virus après chaque mutation.

Mais pour comprendre la polémique scientifique qui va s'engager il faut se souvenir que l'attribution du prix Nobel au Professeur Luc Montagnier et Françoise Barré-Sinoussi pour la découverte du virus du Sida va clore définitivement une longue bataille qui s'est déroulée dans les années 1980 sur la paternité de la découverte entre les équipes françaises et américaines que nous rappelons ici brièvement :

- Janvier 1983 l'équipe du professeur Montagnier de l'Institut Pasteur isole le virus du Sida baptisé LAV ;
- 22 septembre l'équipe de l'Institut Pasteur remet la souche du virus LAV à un collaborateur du Professeur Gallo du National Cancer ;
- 5 décembre 1983 l'Institut Pasteur dépose une demande de brevet de test de dépistage devant le bureau américain des brevets ;
- 23 avril 1984 le Professeur Gallo et la secrétaire américaine de la santé annoncent la découverte du virus baptisé HTLV-III virus causal du Sida. C'est le début de la polémique franco-américaine sur la parenté de la découverte.
- Janvier 1985 les études menées tant en France qu'aux Etats-Unis démontrent que le LAV et le HTLV-III sont identiques ;
- 31 mars 1987 le Président Ronald Reagan et le Premier ministre Jacques Chirac tranchent la polémique en déclarant que Gallo et Montagnier sont tous deux « codécouvreurs » ;
- Novembre 1989 le quotidien « Chicago Tribune » relance la polémique ;
- 30 mai 1991 le Professeur Gallo reconnaît que son virus est en fait le virus français ;

- Le 11 juillet 1994, l'Institut national de la santé américain reconnaît que la paternité de la découverte du virus appartenait bien à l'équipe française.
- Comment imaginer après une bataille qui a duré 14 ans entre la France et les Etats-Unis que les scientifiques soient en accord avec la dernière sortie du Professeur Montagnier.

L'avenir nous dira peut-être si ce virus est naturel ou en partie transformé par l'homme dans un laboratoire et si l'incendie de Notre-Dame est le fruit de négligences ou le résultat d'un pyromane.

Les chiffres du jour viennent de tomber. Sur l'ensemble du territoire on dénombre 109.252 cas de coronavirus. 31.190 personnes ont dû être hospitalisées et 6.027 placées en réanimation ? Ces chiffres sont en baisse pour le deuxième jour consécutif mais cela ne signifie pas pour autant que l'épidémie est maîtrisée. Le nombre de décès comptabilisé officiellement s'élève à 11.478 dans les hôpitaux et à 7.203 dans les EHPADs ce qui fait en tout 18.681 morts en France dû au Covid-19.

Samedi 18 avril 2020.

33ème jour de confinement.

J'ai essayé de dresser un tableau de la situation, non plus globalement, mais région par région, en essayant de comparer le nombre de cas de coronavirus identifiés et de décès constatés en fonction de la population et de la surface de chaque grande région. D'où le tableau ci-dessous.

Grandes Régions	Population	Surface	Densité	Nb +	Nb + / Ha	Nb cas	Nb Cas/Ha
Au 18 avril 2020							
Ile de France	**12278210**	**12011**	**1022,2**	**4664**	**0,038%**	**14490,00**	**0,12%**
Grand Est	**5511747**	**57433**	**96,0**	**2422**	**0,044%**	**4632**	**0,08%**
Auvergne Rhône Alpes	**8032377**	**69711**	**115,2**	**992**	**0,012%**	**2942**	**0,04%**
Haut de France	**5962662**	**31913**	**186,8**	**1077**	**0,018%**	**2516**	**0,04%**
P A C A	5055954	31400	**161,0**	463	0,009%	1846	**0,04%**
Occitanie	5924858	72724	**81,5**	292	0,005%	860	**0,01%**

Nouvelle Aquitaine	5999982	84061	**71,4**	241	0,004%	812	**0,01%**
Centre Val de Loire	**2559073**	**39151**	**65,4**	**276**	**0,011%**	**963**	**0,04%**
Normandi e	3303500	26906	**122,8**	267	0,008%	657	**0,02%**
Pays de Loire	3801797	32082	**118,5**	251	0,007%	787	**0,02%**
Bretagne	3340379	27208	**122,8**	181	0,005%	468	**0,01%**
Corse	344679	8680	**39,7**	42	0,012%	76	**0,02%**

Premier constat qui n'est pas surprenant, arrive en tête la région Ile de France la plus peuplée, mais ayant la plus grande densité de population 1 .022 habitants au kilomètre carré.

Arrive en second la région Grand Est qui bien qu'ayant une densité de population nettement moins grande avec 96 habitants au kilomètre carré, mais où, ne l'oublions pas, en février du 19 au 24 s'est déroulé à Mulhouse un grand rassemblement religieux de 2.000 à 2.500 personnes dont un grand nombre s'est avéré plus tard positif au coronavirus. Nous venons d'apprendre que ce sont deux personnes qui ont assisté à ce séminaire qui ont apporté le virus en Corse.

Les Hauts de France arrivent en troisième position avec une densité de population de 187 habitants au kilomètre carré.

En quatrième position nous trouvons la région Auvergne Rhône Alpes avec une densité de population de 115 habitants au kilomètre carré.

Il semble donc que le développement de l'épidémie soit plus ou moins proportionnel à la densité de population d'une région donnée, sauf présence d'un cluster important non détecté à temps comme ce fut le cas pour la région Gand Est.

Ce tableau montre aussi que le taux de mortalité est inférieur à 0,05 % pour l'ensemble des régions à l'exception de l'Ile de France (0,12 %) et du Grand Est (0,08 %)

20 heures, les chiffres viennent de tomber. Le nombre de cas recensé s'élève à 111.821 et les personnes placées en réanimation à 5.833. Le nombre de décès s'élève à 19.323.

Dimanche 19 avril 2020.

34ème jour de confinement.

Le Bazar bleu est un magasin où l'on trouve tout en matière de quincaillerie, d'outillage, de jouets, de droguerie, d'électricité ... Toute la semaine sans parler du week-end il est toujours plein. Aussi en cette période de confinement comment imaginer s'en passer. La solution trouvée est simple. Vous lui passez commande, il vous la prépare, vous indique le jour et l'heure où vous pouvez passer, en arrivant devant le magasin, la porte fermée à clef s'ouvre vous prenez votre commande, réglez et la porte se referme. Voilà pourquoi n'ayant plus de cartouches pour déminéraliser l'eau, ni de sel pour la machine à laver la vaisselle, après lui avoir passé commande, je me trouve devant la porte du Bazar bleu ce matin dès 10 heures du matin. De retour la boulangerie étant vide j'en profite pour prendre quelques baguettes. La porte de l'église est ouverte. J'y entre. Personne. Tout est éteint. Seule la petite lampe rouge dans le cœur signalant la présence eucharistique[13]. Un silence inhabituel à ces heures ou chaque dimanche l'orgue emplit les voûtes. Au mur, un symbole en ces temps, le Saint Jérôme dans le désert, peint par Corot, un Dagovéranien. Après quelques minutes de prière je sors et rentre.

17 heures 30, allocution du Premier ministre, accompagné du ministre de la Santé.

Nous sommes a-t-il dit face à trois crises, une crise sanitaire, une crise économique et une crise sociale.

Une crise sanitaire qui a soumis et soumet notre système à l'épreuve saturant tous nos lits de réanimation comme le montre la courbe ci-dessous et qui aurait craqué le 1 er avril si plus de 600 transferts n'avaient pas pu être effectués vers la province et certains pays européens comme l'Allemagne, l'Autriche et le Luxembourg par hélicoptères, par avions et par TGV. Comme le montre le graphique ci-dessous la barre des 5.000 lits dont disposait l'hôpital public en ce début d'épidémie a été atteint et dépassée fin mars ce qui a fait dire à Martin Hirsch Directeur Général de l'Assistance Publique et des hôpitaux de Paris que sans les évacuations faites vers la province et l'étranger le système hospitalier de la région parisienne se serait écroulé.

13 - Selon Charles le Chauve car les princes à l'époque s'intéressaient à la théologie.

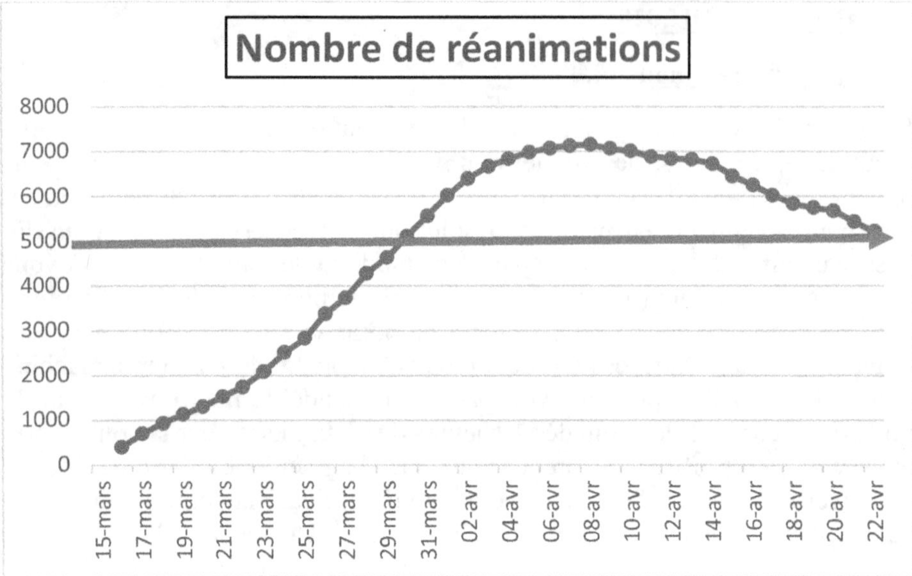

Mais ne nous trompons pas, malgré cette baisse du nombre de personnes admises en réanimation, notre système de santé sera-t-il capable de résister à une deuxième vague qui pourrait arriver suite au déconfinement ?

Une crise économique sans précédent, qui touche tous les secteurs : le commerce, l'industrie, le bâtiment, la restauration, les loisirs, l'éducation, le transport ... Elle est massive, brutale et générale. Actuellement 9 millions 600 mille chômeurs sont au chômage partiel. Elle est la conséquence directe des décisions prises concernant le confinement de la population. Comme on peut s'en rendre compte, chaque jour un peu plus, cette crise économique est brutale, massive et générale et démontre le caractère systémique de nos sociétés modernes. Pour y faire face un budget de 24 milliards d'euros va être consacré pour les 10 millions de chômeurs à temps partiel. Pour soutenir les entreprises en difficulté, l'Etat vient de voter un budget de 300 milliards d'euros, car aux dires des assureurs la pandémie n'est pas assurable.

Une crise sociale due, comme la précédente, à la décision de consigner la population dans son ensemble. Incivilités, remontée des violences conjugales ... Plus de 13,5 millions de contrôles ont été effectués par la police depuis le début du confinement.

Puis le Premier ministre a évoqué le rapatriement des 160.000 Français qui se trouvaient à l'étranger dans plus de cent pays et qui a nécessité l'affrêtement de plus de 1.600 vols. Comme on le voit l'impact de ce virus se retrouve partout et en tout lieu.

Puis pour finir le Premier ministre évoque le processus de déconfinement sur lequel l'ensemble du gouvernement travaille. Mais rien de précis n'est dit, car les modalités comme les moyens nécessaires sont loin d'être réglées et approvisionnés.

Il reste trois semaines au Gouvernement pour rendre sa copie, sur un sujet des plus difficiles !!!

Comme tous les dimanches depuis que nous sommes confinés les enfants ont organisé un « Whats App ». Pendant une bonne heure chacun évoque sa semaine. Pierre a laissé sa barbe pousser. Elle est noire et blanche. Pour l'instant, tous, enfants et petits-enfants sont confinés.

20 heures, les chiffres de la journée sont tombés. Le nombre de cas s'élève à 112.606 dont 5.744 personnes placées en réanimation. Le nombre total de décès s'élève à 19.718.

Lundi 20 avril 2020.

35ème jour de confinement.

Ce matin je regardais les chiffres concernant le Vietnam, pays que nous avons visité il y a quelques années avant de nous rendre à Angkor et j'avais du mal à imaginer comment ce pays de 93 millions d'habitants répartis sur un territoire grand comme la moitié de la France n'avait enregistré que 268 cas de coronavirus et aucun mort alors qu'il partage une frontière de plus de 1.000 kilomètres avec la Chine. Certes, comme disent les journaux, les chiffres sont probablement sous-estimés mais ne sont pas et de très loin ceux que nous constatons en Europe et aux Etats-Unis. Comment y sont-t-ils arrivés ? Un peu comme Taïwan mais en plus dur. Ayant tiré l'expérience des trois dernières épidémies du SRAS, du H3N1 et de la grippe de Hong-Kong ils ont basé leur système sanitaire qui est bien moins performant que les nôtres sur une détection et une identification rapide des cas, à leur isolement immédiat et à la reconstitution de leurs précédents contacts. C'est ainsi que 75.000 vietnamiens ont été soumis à la quatorzaine dans des camps militaires ou des hôtels affectés à cet effet. Le système de détection en place repose sur un strict quadrillage de la société, une surveillance de la population par la police et les cellules du parti c'est-à-dire avec une forte intrusion dans la sphère individuelle, permettant une dénonciation publique des individus fautifs c'est-à-dire ne déclarant pas leur maladie ce qui peut conduire à des emprisonnements immédiats. Dès les premiers cas recensés les frontières avec la Chine ont été fermées. Bien entendu seul un régime totalitaire peut se permettre une telle politique sanitaire. Mais cet exemple montre comme ceux de la Corée du Sud et de Taïwan que la voie la plus efficace pour juguler cette épidémie est la détection des clusters, l'identification de chacun de ses composants puis de la recherche de la souche originale.

En regardant la progression de l'épidémie par grandes régions on constate que le nombre de cas qui apparaissent dans un espace de deux jours, comme le montre le tableau ci-dessous, varie selon les régions de vingt à cent cinquante. Or sans vouloir appliquer les mesures autoritaires du Vietnam il serait probablement intéressant d'identifier chacun de ces cas, de les confiner et en fonction du lieu où ils ont été détectés de reconstituer les différents clusters qui leur ont donné naissance, puis de rechercher l'élément origine et prendre les décisions qui s'imposent pour arrêter la propagation de l'épidémie, par exemple, fermeture d'un chantier, surveillance de certains commerces … Cela me parait de plus en plus nécessaire et urgent si l'on veut éviter que le déconfinement donne naissance à une deuxième vague qui pourrait conduire à l'effondrement de notre système sanitaire.

Nb de cas	13-avr	15-avr	Nb nouveaux cas
Ile de France	13025	13209	184
Grand Est	4841	4993	152
Haut de France	2444	2552	108
Auvergne Rhône Alpes	2985	3044	59
Provence côte d'azur	1766	1894	128
Bourgogne Franche Conté	1239	1361	122
Normandie	726	705	-21
Bretagne	487	514	27
Pays de Loire	778	820	42
Centre Val de Loire	922	996	74
Nouvelle Aquitaine	815	866	51
Occitanie	918	962	44
Corse	76	74	-2

20 heures les chiffres sont tombés. Le nombre de cas recensés s'élève à 114.657. Sont entrées à l'hôpital 30.584 personnes et 5.683 ont été placées en réanimation. Le nombre de décès en hôpital s'élève à : 20.265 et le total y compris les décès en EHPAD s'élève à 20.265.

Mardi 21 avril 2020.

36ème jour de confinement.

10 heures 30 je descends chercher ma voiture au parking pour emmener Michèle à son rendez-vous chez sa dermatologue. Dans le parc personne. Cela me fait tout drôle de me trouver un volant dans les mains car cela fait plus d'une semaine que je n'ai pas conduit. Je traverse le parking, arrive au rond-point où Michèle m'attend. Elle s'installe sur la banquette arrière pour essayer de respecter les règles de distanciation. J'ai l'impression d'être un chauffeur de taxi. Nous partons pour Vaucresson. Sur la route juste quelques voitures. Pas un gendarme. En poche, nous avons nos autorisations de sortie. Je dépose Michèle devant la porte du cabinet médical et vais me garer sur le parking municipal. La librairie qui fait aussi presse est ouverte ainsi que la pharmacie. Devant chaque magasin les gens font la queue en respectant bien les distances. Lorsqu'une personne sort, une autre entre. Aucun échange. Quel drôle de monde sommes nous en train de construire. Mon téléphone sonne, c'est Michèle son rendez-vous est terminé, je peux aller la rechercher. Elle attend un masque sur le visage, je la prends et nous rentons. L'escapade médicale a duré une petite heure sans aucun contrôle. Au courrier les masques envoyés par Christiane.

Tester, ou ne pas tester. Telle est la question qui revient sans cesse. D'un bout à l'autre de l'Europe, les autorités ont opté, en ordre dispersé, pour des stratégies différentes face à la propagation du coronavirus sur leur territoire,

Alors que l'Organisation Mondiale de la Santé préconise un dépistage massif – « Testez ! testez ! testez ! » – pour mieux mesurer l'évolution de la pandémie, chaque Etat agit en fonction de la gravité de la situation sur son territoire et, le plus souvent, de ses moyens et de ses stocks disponibles. Résultat : des réponses à la carte face à de multiples questions : faut-il soumettre à un examen le maximum de personnes ? Le réserver aux plus fragiles ?

Comme nous l'avons vu, la Corée du Sud, a pratiqué le dépistage à grande échelle. A l'inverse, la France limite désormais l'accès aux tests aux personnels soignants et aux cas les plus graves.

L'Autriche mène une politique de dépistage plus dynamique. Il suffit pour cela de présenter des symptômes ou d'avoir été en contact avec une personne contaminée pour passer un examen, sur ordonnance médicale.

Vienne, comme en Corée du Sud, a installé des « drive-in », où il suffit de se présenter en voiture avec son ordonnance. Cela explique-t-il son faible nombre de décès ne déplorant au 22 avril que 491 morts pour 14.873 cas positifs ? Pourquoi le coronavirus a fait cinq fois plus de morts chez nous qu'en Allemagne, pays bien plus peuplé que le nôtre ? La réponse est que si l'Allemagne a pris les premières mesures de confinement plus tôt, le 12 mars et non comme nous le 17, c'est surtout qu'elle s'est lancée sans attendre, comme la Corée du Sud, dans une politique de dépistage systématique de sa population. L'Allemagne effectue aujourd'hui 100 000 tests par jour alors que nous nous arrivons, après une laborieuse montée en puissance, à un rythme de 25 000, c'est-à-dire quatre fois moins. La différence réside bien dans l'art d'utiliser ces tests. Mais de quoi parle-t-on car il y en a de plusieurs types ? Aussi j'ai voulu, en ce jour, faire un peu le point sur ce sujet où l'on entend tout et n'importe quoi.

A ce jour nous possédons deux types de tests. Le test nasal consistant à introduire un coton tige à l'aide d'une fine baguette dans la fosse nasale afin de recueillir des virus si la personne est contaminée. Le problème de ce test est qu'il donne des faux négatifs, c'est-à-dire que l'on n'a pas su atteindre le virus bien que la personne soit contaminée. Dans le cas où le virus a été trouvé, la personne étant contaminante, doit être isolée. Mais est-elle protégée ? Pour répondre à cette question il faut procéder à un deuxième test dit sanguin, consistant à prélever une goutte de sang de la personne et de la déposer sur une petite plaquette qui livre le résultat en quelques minutes. Si le résultat est positif cela signifie que l'on a trouvé dans le sang de la personne testée des anticorps qu'elle a développés pour lutter contre le virus. Mais ces anticorps protègent-ils la personne ? Et combien de temps ? Nous ne le savons pas. D'ailleurs l'OMS vient de rappeler qu'il n'y a aucune preuve actuellement que les personnes déjà infectées soient immunisées. Cependant ce second test permet d'éliminer les faux négatifs du test nasal.

20 heures le Directeur de la santé vient de donner les chiffres de la journée. La France comptabilise à ce jour 117.324 cas de coronavirus. 30.106 personnes ont été admises en hôpital et 5.433 placées en réanimation. Le total des décès s'élève à 20.796 dont 12.900 en hôpital.

Mercredi 22 avril 2020.

37ème jour de confinement.

11 heures, Fabrice vient de m'appeler il arrive d'ici une demi-heure place de l'église. J'établis mon autorisation de sortie et mon chèque. Prends l'ascenseur, mon masque sur la bouche. Une dizaine de minutes après je le retrouve sur la place de l'église à côté de sa camionnette. Nous échangeons quelques mots il me remet mon sac et prend mon chèque. L'échange n'a pas duré plus de cinq minutes. Rien à voir avec les jours de marché où il chantait, faisait des annonces mirobolantes « une pintade acheté une pintade gratuite » et vous faisait goûter des morceaux de grillades sortant du feu. Vraiment nous entrons dans un monde sans chaleur, sans convivialité. Je traverse la place et me rends à la pharmacie. Personne. J'entre, tends l'ordonnance de Michèle et demande si je peux avoir des masques. La préparatrice disparaît dans l'arrière-boutique, revient, me sert. J'ai obtenu deux masques en tissus colorés. Ils sont, parait-il, fabriqués par une couturière de Ville-d'Avray. En rentant je m'arrête dans l'église et allume trois cierges devant l'autel de Marie.

La piste d'un deuxième laboratoire à l'origine de la pandémie, reprise par le JDD apparait depuis quelques jours. Selon certains experts d'un point de vue scientifique, l'hypothèse d'une fuite paraîtrait plus crédible si la contamination s'était produite au Centre de Prévention et de contrôle des maladies de Wuhan (WHCDC) qui est de niveau P2. En effet dans ce laboratoire bien moins protégé on étudie aussi les chauves-souris porteuses de virus et il se trouve à proximité du marché aux animaux sauvages de la ville tandis que le laboratoire P4 dont nous avons déjà parlé se trouve à 12 kilomètres du centre-ville. A l'époque certains journaux scientifiques Chinois auraient évoqué la possibilité d'une fuite de cet établissement suite à la morsure d'un laborantin par une chauve-souris, publication effacée depuis.

20 heures les chiffres sont tombés. Le nombre de cas recensés s'élève à 119.151 et 29.741 personnes ont été hospitalisées et 5.218 placées en réanimation ce qui montre une légère décroissance de l'épidémie. Le nombre des morts a franchi la barre des 21.000 avec 13.236 décès en hôpital et 8.104 en EHPAD.

Jeudi 23 avril 2020.

38ème jour de confinement.

L'ONU met en garde contre une catastrophe humanitaire mondiale. Le monde compte à ce jour plus de 2,5 millions de personnes infectées. Le nombre de morts s'élève à 177.000. Le confinement concerne 4,5 milliards de personnes dans 110 pays. Alors que l'épidémie est partie de Chine, l'Europe est devant tout le monde avec 820.000 cas et 44.845 morts. Ces chiffres sont terrifiants et j'ai du mal à en comprendre l'ampleur, ici dans mon appartement de Ville-d'Avray.

La presse, la radio, la télévision commencent à titrer « le virus enflamme les banlieues ». La raison : les lieux d'échange comme les gares, les marchés, les lycées, sont fermés. Il n'y a plus personne. Conséquence, le marché de la drogue que l'on peut chiffrer à plus de 2 milliards d'euros s'effondre. La guerre des gangs s'est rallumée, sans parler des violences conjugales qui se sont envolées dans ces cités aux appartements étroits et bondés. Conséquence immédiate : les interventions de police ont été multipliées par vingt.

Au même moment, autre conséquence du confinement, la justice civile est à l'arrêt depuis le 17 mars. Plus aucune affaire ne peut être jugée. Quant à la justice pénale elle fonctionne à minima. Les juges, les procureurs ne peuvent même pas travailler par télétraitement avec les greffiers, car ces derniers ne disposent pas des équipements informatiques nécessaires. Devant la violence qui monte dans les prisons, suite à la suppression des parloirs, devant l'impossibilité de faire respecter les consignes de distanciation dans les cellules où vivent quatre à cinq détenus. Devant le développement de l'épidémie de coronavirus du fait de la surpopulation carcérale, la garde des sceaux a donné des instructions pour que les détenus à deux mois de l'échéance de leur peine soient libérés. Plus de dix milles détenus viennent et sont en train de sortir de prison, dont cent cinquante d'entre eux condamnés pour acte de terrorisme !

20 heures les chiffres viennent de tomber. Le nombre de cas comptabilisés officiellement en France s'élève à 120.804. Actuellement sur les 29.219 personnes hospitalisées, 5.053 sont placées en réanimation. Le nombre total des décès s'élève à 21.856 dont 13.547 en hôpital.

Vendredi 24 avril 2020.

39ème jour de confinement.

Sombre journée. Au petit déjeuner Michèle se lève brusquement, part aux toilettes, en revenant elle me dit : « je viens de saigner. » Quelques minutes plus tard nouveau départ et affolée me dit : « je reviens de saigner. » J'appelle aussitôt le docteur Palambo. Il est 9 heures 30. Sa femme me propose un rendez-vous. Je lui explique que ma femme vient de faire une hémorragie. Bien me dit-elle le docteur va passer chez vous. 10 heures coup de sonnette c'est Palambo le masque sur le visage. Il entre se dirige vers la chambre, ausculte Michèle puis décide qu'il vaut mieux qu'elle aille voir un de ses amis médecin à l'hôpital de Saint Cloud pour bien localiser l'origine de l'hémorragie et si nécessaire la cautériser. Je pars chercher la voiture au parking, le traverse et à mon arrivée au rond-point Michèle n'est pas là. Etonné je sors de la voiture et me dirige vers l'entrée de notre immeuble. Par la porte vitrée j'aperçois Michèle appuyée sur la porte de l'ascenseur. Elle est en train de s'évanouir. Je passe mon épaule sous son bras, la soulève, elle est très lourde, j'ouvre la porte la fait entrer, mais avec beaucoup de difficultés nous remontons à l'appartement, la porte est ouverte, les clefs par terre, je traverse le couloir qui mène à note chambre et la couche. J'appelle Palambo. C'est sa femme qui répond. Je lui décris la situation et lui dis que je vais appeler le 15. « Oui appelez le 15 j'appelle le docteur ». Je fais le 15. Une voix au téléphone me demande si c'est pour signaler un malade Covid-19. Je réponds non et je suis mis aussitôt en urgence avec un autre service qui m'interroge sur les symptômes de ma femme. Très vite ma correspondante me dit « on vous envoie une équipe ».

10 heures 45, coup de sonnette. Ce sont les pompiers de Paris. Très vite ils équipent Michèle de capteurs : tension, rythmes cardiaques, température … Le responsable note tout sur une feuille standard et s'entretient en permanence au téléphone avec le médecin de garde. Ce qui les inquiète c'est que la tension de Michèle chute dès qu'ils veulent l'asseoir. Finalement ils appellent l'équipe du SAMU 92 qui arrive vers 11 heures 15. Nouvel examen approfondi, pose d'une perfusion, longue discussion puis la décision d'hospitaliser Michèle en urgence à Saint Cloud. Mais comme sa tension s'écroule dès qu'elle est assise le médecin juge qu'elle est intransportable par l'ascenseur en position assise et qu'ils devront la transporter couchée ce qui implique de passer par les escaliers. Un brancard est apporté près du lit. Michèle est posée dessus enveloppée dans une couverture en plastique qui est ensuite gonflée pour éviter tout mouvement lors de la descente. Je prépare à la hâte son sac à main. Les pompiers enlèvent délicatement le brancard et descendent. Il va leur falloir plus de vingt minutes pour arriver en bas. A 13 heures l'ambulance des pompiers quitte la résidence.

15 Heures coup de fil de l'hôpital. Michèle est dans une chambre Covid seule car c'est la procédure en ces temps d'épidémie. Elle a été testée. Si le test est négatif elle rejoindra une chambre normale. Pour l'instant le médecin n'est pas inquiet, mais selon lui on va procéder à de nombreux examens pour trouver l'origine de cette hémorragie.

Emmanuelle a pu avoir plus de précisions. Dans l'après-midi on a fait à Michèle un scanner complet des poumons et du ventre.

En fin de soirée, j'ai Michèle au téléphone. Elle dîne mais elle est visiblement très fatiguée.

Sur les conseils d'Emmanuelle et de Christiane j'ai préparé une valise pour permettre à Michèle d'avoir ce qui lui faut pendant son séjour à l'hôpital. Les urgences ne souhaitant pas que je vienne à l'hôpital en cette période de coronavirus c'est Christiane qui la portera demain matin.

Aujourd'hui je n'ai vraiment pas eu le temps ni le courage de m'occuper du développement de l'épidémie.

<u>Samedi 25 avril 2020.</u>

<u>40ème jour de confinement.</u>

10 heures, Christiane est passée prendre la valise.

10 heures 30 appel de Christiane. Elle vient de déposer la valise aux urgences. Elle n'a rencontré personne sauf la personne de l'accueil qui bien entendu portait un masque et des gants. La valise a été déposée dans une zone réservée et va être décontaminée dans la matinée avant d'être remise à Michèle. Christiane est repartie sans voir sa mère.

Seul à la maison je reprends mes recherches concernant l'impact du coronavirus sur notre société.

Je découvre que le ramadan a débuté hier, en France, le vendredi 24 avril 2020, étant la date officielle annoncée par le Conseil français du culte musulman et la Grande mosquée de Paris jeudi soir, à l'issue de la commission religieuse mise en place pour "la nuit du doute".

Ce même jour le ramadan a débuté aussi en Arabie Saoudite, en Egypte, en Irak, au Liban, en Syrie, en Jordanie, en Tunisie, au Bahreïn ou encore en Australie et sur le continent américain.

En France, le confinement impacte le déroulement de cette pratique religieuse, car les mosquées sont fermées jusqu'à nouvel ordre et les rassemblements d'ordinaire festifs sont limités à l'échelle du foyer. Selon les recommandations de l'OMS, jeûner n'augmente pas les risques de contracter le Covid-19, mais cette organisation recommande toutefois aux fidèles atteints par le virus (ou l'ayant été) de s'abstenir de faire le ramadan.

J'ai consulté les chiffres officiels correspondant à la journée d'hier.

Le nombre total de cas recensés en France s'élève à 122.577. A ce jour 28.658 personnes sont hospitalisées et 4.870 placées en réanimation, soit moins que le nombre de places disponibles avant la pandémie. Le nombre total de décès s'élève à 22.245 dont 13.852 dans les hôpitaux.

Le test sanguin étant négatif, Michèle a été transférée en chirurgie classique. Les résultats du scanner sont négatifs, aussi on poursuit les recherches.

17 heures, je pars dîner chez Christiane. En route aucun contrôle. Je sonne Christiane vient m'ouvrir. Pas d'embrassade. Je retrouve tout le monde dans le jardin qui est superbe. Nous en faisons le tour. Les rosiers sont en fleurs. Le long des murs de clôture les plans de salades sont partis pour tenir leurs promesses. Visite du garage que Christiane a profondément modifié, en remplaçant une partie de la façade en bois par des fenêtres vitrées, ce qui change tout tant à l'extérieur qu'à l'intérieur. Puis nous nous installons sur des chaises longues ou fauteuils respectant les distances de sécurité. Les enfants servent l'apéritif. Mais le sujet principal est le Covid-19 et ses répercutions. Un coup de fils de Pierre, Berlioz leur chat a eu l'autorisation de sortir dans le jardin. C'est sa première sortie. Il est en quelque sorte déconfiné ! Pierre comme Christiane sont en télétravail.

20 heures, nous passons tous sur la terrasse applaudir le personnel soignant. Christiane nous accompagne avec sa clarinette.

Le dîner est très animé. Nous évoquons le déconfinement et quel sera notre nouvelle façon de vivre. Deux générations, deux points de vue. Pour les plus vieux nous allons apprendre à vivre autrement et on ne retrouvera pas le monde d'hier. Pour les plus jeunes, Christine et Marie on reviendra au monde précédent mais en consommant encore plus. J'évoque mon journal, mes échanges avec Emmanuelle leur sœur qui est dans le même état d'esprit. Je suis preneur de leurs points de vue.

Le temps en famille surtout après ces jours de confinement passent à la vitesse de l'éclair. Il est déjà 10 heures 30. Pas d'embrassade, mais le cœur y est. Je reprends ma voiture et rentre. Les rues sont quasiment désertes. Pas un policier. Pas de contrôle.

Je regagne l'appartement.

Dimanche 26 avril 2020.

41ème jour de confinement.

Ce matin j'ai eu Michèle. Je lui ai raconté la soirée d'hier. Elle va bien, mais s'embête. Les examens et les soins reprendront demain. Elle me donne ses instructions pour arroser ses plantes dans l'appartement.

Madeleine a été hospitalisée à Nice.

Je viens de consulter les chiffres de la journée d'hier. Le nombre de cas s'élève à 124.114. Actuellement 28.222 personnes sont hospitalisées pour cause de Covid-19 et 4.725 placées en réanimation. Le nombre total de décès enregistrés s'élève à 22.614 dont 4.725 en EHPAD.

Suite à la discussion d'hier soir chez Christiane je vais essayer de modéliser comment nous sommes passés d'un mode de vie à un autre en si peu de temps suite à cette épidémie.

Depuis des siècles nos sociétés ont évolué petit à petit au fil des guerres, des inventions, de la succession des règnes. Des constructeurs de Notre-Dame de Paris, à l'invention de la machine à vapeur, du dépeuplement de nos campagnes au développement du monde industriel, de la découverte de l'ordinateur à nos sociétés de services où l'informatique et l'information règnent en maître.

Ere des échanges où la règle est la recherche du coût minimum ce qui a amené chaque pays, chaque entreprise à transférer la fabrication des médicaments, de nombre de pièces, d'objets de la vie quotidienne vêtements, i phones ... vers des pays où la main d'œuvre est moins chère et où le temps de travail n'est pas limité à 35 heures. Dans un tel contexte les échanges de matières, de produits de toutes sortes se multiplient, se diversifient tissant chaque jour une toile de plus en plus complexe présentant un caractère systémique. Les brevets s'achètent et se vendent. Les hommes et les femmes circulent en permanence allant de la Chine aux Etats-Unis en passant par l'Inde et l'Europe sans oublier l'Afrique, l'Amérique du sud et l'Australie. Moins de 36 heures sont nécessaire pour faire le tour du Monde. Dans un tel univers le rôle des chefs d'états, des gouvernements, des chefs d'entreprises consiste à faire en sorte que l'économie reste à l'intérieur de limites raisonnables permettant ainsi à chacun de mieux vivre et d'éviter les problèmes sociaux ou tout au moins les cantonner dans des limites acceptables. C'est ce que j'appellerai l'économie du temps de paix.

La partie en bleue du schéma ci-dessous illustre ce propos.

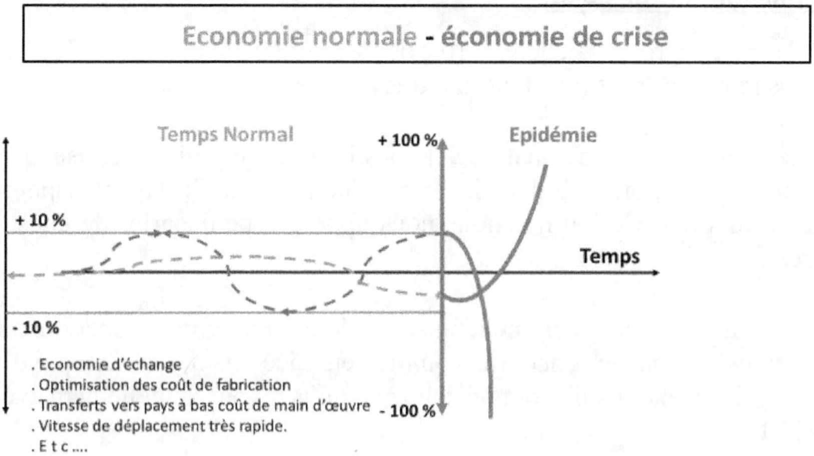

18 heures, je pars chez Christiane. En arrivant, muni de mes bâtons nous partons marcher dans la forêt qui borde sa maison. Une bonne demi-heure de marche voilà ce que je devrais me forcer à faire chaque jour.

19 heures, le face time du dimanche. Emmanuelle nous donne des nouvelles de l'hôpital où elle travaille. Son service de pédiatrie est quasiment vide, mais pour l'instant elle ne côtoie pas les services Covid. Philippe et Claude travaillent chacun sur leurs thèses respectives. L'échange se fait de plus en plus à bâton rompu.

20 heures, ce sont les applaudissements pour les soignants.

Après le dîner je reprends ma voiture. Durant le trajet je croise ou double une dizaine de voitures. Les rues sont désertes. Les feux continuent à passer du vert au rouge en passant par le jaune sans se soucier du coronavirus.

Les chiffres de la journée sont tombés. Le nombre de cas recensé en France à ce jour est de 124.575. Actuellement 28.217 personnes sont hospitalisées et 4.682 placées en réanimation. Le nombre de décès en hôpital s'élève à 14.202 et en EHPAD à 8.654, ce qui donne un total de décès pour la France de 22.856. Mais ce chiffre commence à être contesté car il ne prend pas en compte les décès survenus à domicile et qui sont attribuables au coronavirus. Certains estiment que le chiffre officiel devra, à brève échéance, être multiplié par deux.

Lundi 27 avril 2020.

42ème jour de confinement.

C'est l'anniversaire de Michèle. Drôle de jour pour un anniversaire. Il est clair que nous le reporterons plus tard une fois qu'elle sera remise.

Michèle a vu, en fin de matinée, l'anesthésiste qui lui a précisé que la coloscopie est reportée à demain, car le chirurgien n'est pas disponible. Plusieurs fois dans la journée nous nous appelons pour parler de choses et d'autres.

Nous avons vu hier comment nos sociétés modernes fonctionnaient, insouciantes des risques encourus comme ceux découlant par exemple d'une épidémie, d'une pandémie comme celle que nous vivons actuellement avec le Covid-19.

Brusquement nous découvrons que les paramètres jusque-là maîtrisés comme le nombre de lits d'hôpitaux nécessaire pour accueillir les malades de toutes sortes, le nombre de masques nécessaires aux soignants ne vont plus être suffisants et mettre en péril le système hospitalier dans son ensemble. Tout de suite les stocks de masques nécessaires aux soignants se sont avérés insuffisants amenant l'Etat à en commander d'urgence à son principal fournisseur la Chine qui elle-même atteinte par la pandémie était incapable de satisfaire ses demandes. Pour éviter l'effondrement du système hospitalier dont les conséquences étaient incalculables l'Etat français a, comme on l'a vu, décidé de confiner la population comme l'ont fait nombre de pays avant lui à savoir notamment la Chine, l'Italie, l'Espagne, l'Allemagne … puis de fermer tous les commerces non indispensables à la survie de la population ainsi que toutes les usines. Conséquences immédiates la production industrielles s'est arrêtée, le chômage s'est mis à augmenter immédiatement. Conséquence : nombre des ménages ont vu leurs revenus fondre et n'avoir plus rien pour vivre. En quelques semaines le nombre de chômeurs en France est monté à 10 millions. De très nombreux secteurs ont vu leurs activités tomber à zéro. Face à cette situation l'Etat a été amené à voter un budget de 25 milliards d'euros pour indemniser les chômeurs et de 300 milliards pour soutenir les entreprises et éviter leurs dépôts de bilans. Autre aspect inattendu du confinement, le système juridique s'est arrêté car il ne sait pas fonctionner par télétraitement. On assiste à une radicalisation des décisions publiques, à un recentrage sur le pays notamment pour la fabrication des masques et des appareils respiratoires. Une redéfinition des stocks stratégiques est en cours. Tout devient financé par la dette publique.

Les jours passent et le confinement montre son efficacité qui était d'abord et avant tout d'éviter que le système hospitalier s'écroule, mais parallèlement la dette devient abyssale. Et tant qu'on n'aura pas mis au point un vaccin il faudra apprendre à vivre avec le virus, ce qui nécessite de faire repartir l'économie et donc de procéder au déconfinement.

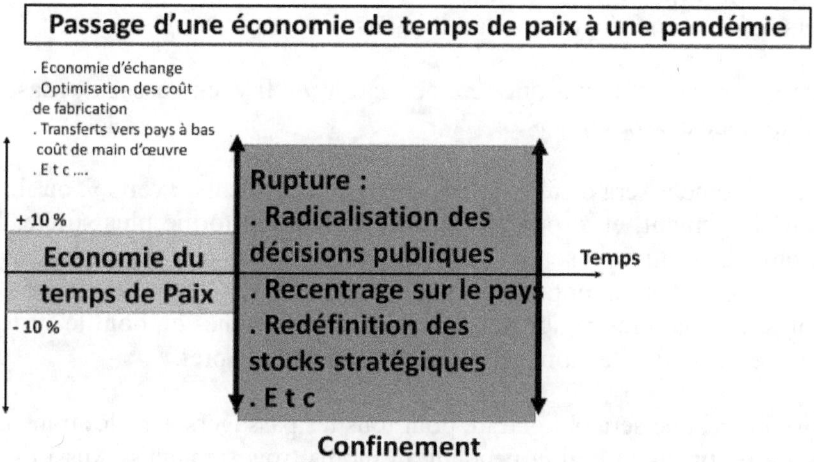

Les chiffres de la journée sont tombés. Le nombre de cas à ce jour est de 128.339. Le nombre de personnes hospitalisées s'élève à 28.055 et 4.608 sont en réanimation. Le total des décès en hôpital s'élève à 14.497 et en EHPAD à 8.796 ce qui fait pour la France à ce jour : 23.293.

Mardi 28 avril 2020.

43ème jour de confinement.

Ce matin en fin de matinée Michèle a eu sa coloscopie. Tout s'est très bien passé et le chirurgien a pu enlever les éléments à l'origine de ses hémorragies.

15 heures, le Premier ministre présente à l'Assemblée Nationale le plan de déconfinement de la France.

Ce déconfinement sera progressif et lié intimement à la circulation du virus dans les départements. « Si les indicateurs ne sont pas au rendez-vous, nous ne déconfinerons pas le 11 mai et nous renforcerons les dispositions prises ».

Le gouvernement compte faire tester massivement la population, à raison de 700.000 tests par semaine. Les personnes testées positives seront invitées soit à s'isoler soit chez elles, ce qui entraînera le confinement de tout le foyer pendant 14 jours, soit dans un lieu mis à disposition, notamment des hôtels réquisitionnés.

Dans chaque département des brigades auront à charge de reconstituer les clusters qui ont amené à ces contaminations.

A l'extérieur le port du masque sera obligatoire. « Il y aura assez de masques pour faire face aux besoins ».

Le déconfinement sera différencié entre les départements « verts », où il sera appliqué largement, et « rouges », où il prendra une forme plus stricte. Les départements « rouges » seront soit ceux qui auront un taux de cas nouveaux qui reste élevé dans la population sur une période de 7 jours ou qui ont des capacités hospitalières régionales en réanimation tendues ou dont le système local de tests et de détection des cas contacts n'est pas prêt.

Le port du masque sera obligatoire pour tous les passagers dans les transports publics à partir du 11 mai et pendant au moins trois semaines. Aussi durant les trois semaines à venir, les opérateurs de transports devront s'organiser pour permettre, même dans le métro, de respecter les gestes barrières.

Le Premier ministre souhaite que le télétravail soit poursuivi afin de faire baisser le nombre de personnes qui utiliseront les transports notamment publics. Dans les VTC et les taxis, le masque sera obligatoire, sauf s'il y a une protection en Plexiglas. Dans les transports scolaires, le masque sera obligatoire pour le chauffeur et les écoliers à partir du collège.

Les déplacements interdépartementaux ou interrégionaux seront toujours réduits aux seuls motifs professionnels ou familiaux impérieux. En revanche il sera à nouveau possible de circuler librement, sans attestation, sauf pour les déplacements à plus de 100 kilomètres du domicile, qui ne seront possibles que pour un motif impérieux, familial ou professionnel.

Les écoles maternelles et élémentaire seront rouvertes à compter du 11 mai, sur tout le territoire mais sur la base du volontariat et de l'accord des Maires. A compter du 18 mai, mais seulement dans les départements où la circulation du virus est très faible, les collèges pourront ouvrir en commençant par la sixième et la cinquième. Les lycées, en commençant par les lycées professionnels, pourront ouvrir début juin. Mais ces ouvertures seront conditionnées par l'application de conditions sanitaires strictes à savoir le respect des règles barrières et de la distribution de gel hydroalcoolique. Enfin il ne pourra pas y avoir plus de 15 enfants par classe.

Le port du masque sera obligatoire pour les collégiens. Tous les enseignants et encadrants des établissements scolaires recevront des masques qu'ils devront porter quand ils ne pourront respecter les règles de distanciation. Le port du masque est prohibé en maternelle et pas recommandé, à l'école élémentaire, compte tenu des risques de mauvais usage.

Hormis les cafés et les restaurants, tous les magasins, marchés de plein air et halles couvertes pourront rouvrir à partir du 11 mai à condition d'être en mesure de faire respecter les mesures de protection sanitaire. « Le port du masque grand public est recommandé pour le personnel et les clients lorsque les mesures de distanciation physique ne peuvent être garanties. Les bars, les cafés et les restaurants ne seront pas fixés sur leur sort avant la fin du mois de mai.

Dans les cas où le télétravail n'est pas possible, le Premier ministre encourage la pratique des horaires décalés dans les entreprises afin d'étaler les flux de salariés dans les transports et diminuer leur présence simultanée dans un même espace de travail. Le port du masque sera obligatoire dès lors que les règles de distanciation ne pourront être garanties.

Les lieux de culte pourront rester ouverts à partir du 11 mai, mais le Premier ministre conseille de ne pas organiser de cérémonies avant le 2 juin. Les mariages continuent d'être reportés sauf urgences. Les rassemblements dans des lieux privés sont limités à 10 personnes. Les cérémonies funéraires restent autorisées dans la limite de 20 personnes et les cimetières ouvriront de nouveau le 11 mai. Pas de cinéma, pas de festival, ni de grande manifestation sportive au-delà de 5 000 personnes, et surtout pas de week-end à la plage.

Quant aux aînés, le Premier ministre leur demande de continuer à se protéger en respectant des règles de la période de confinement, en limitant leurs contacts, et leurs sorties.

Comme essaye de le montrer le schéma ci-dessous toutes ces décisions ont pour objet de faire redémarrer l'économie pour revenir vers une situation proche de celle qui prévalait avant le déferlement du Covid-19 et en évitant que les personnes qui vont reprendre progressivement le travail se contaminent et en recontaminent d'autres. Le risque principal étant la formation d'une deuxième vague qui pourrait compromettre tous les efforts accomplis jusque-là et saturer à nouveau notre système hospitalier.

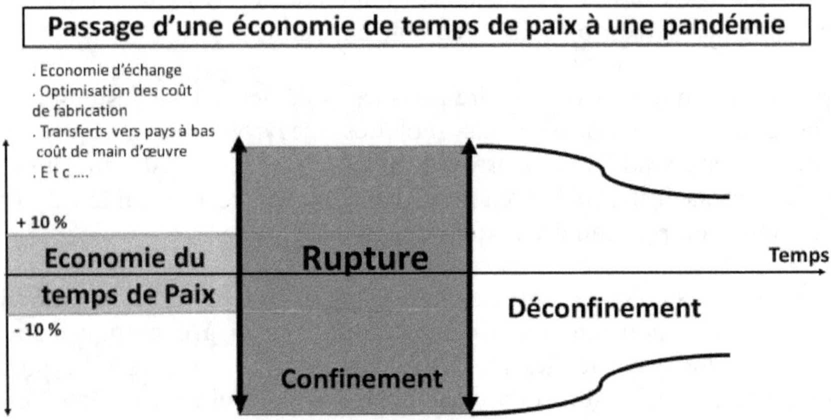

Les chiffres de la journée sont publiés. Le nombre de cas recensés s'élève à 129.859. A ce jour 27.484 personnes sont hospitalisées et 4.387 placées en réanimation. Le total des décès s'élève à 23.660 dont 14.810 en hôpital.

Mercredi 29 avril 2020.

44ème jour de confinement.

Michèle vient d'avoir la visite de son médecin. Elle va pouvoir sortir dans l'après-midi.

16 heures, Michèle accompagnée d'une infirmière arrive. Toutes deux ont le masque sur la bouche et le nez. Un bref échange. Bonjours, merci beaucoup bonsoir. La porte de l'ascenseur se referme. Mon Dieu comme nous avons perdu en si peu de temps la chaleur des conversations. Michèle est visiblement très fatiguée.

Et si le coronavirus avait été fabriqué dans un laboratoire clandestin financé par toutes les grandes compagnies d'assurances, c'est la dernière hypothèse qui circule ? Car alors que l'activité industrielle a chuté de plus de 50%, le commerce de plus 40%, la construction de plus de 90%, la restauration de plus de 95% et que toutes sont en grande partie à l'arrêt, seules les assurances réalisent des profits substantiels : 2,2 milliards pour le premier trimestre, sans parler du nombre d'accidents automobiles qui a chuté de plus de 90% du fait du confinement ! Or les assureurs, hommes prévoyants n'assurent pas les épidémies et encore moins les pandémies.

En ces temps difficiles, troublés les hypothèses les plus folles naissent et se développent, comme celle évoquée ci-dessus.

Cette après-midi la télévision interrogeait deux naturalistes à Pont d'Arc. Seuls sur les berges de l'Ardèche ils disaient : « depuis plus d'un mois nous nous promenons dans un monde où l'Homme a disparu, où les animaux réapparaissent, où l'on entend les cris des oiseaux, où l'on découvre leurs empreintes. Pour nous c'est un vrai bonheur ».

Ainsi Covid-19 tu es bien l'ami de la faune et de la flore.

Jeudi 30 avril 2020.

45ème jour de confinement.

Michèle est toujours très fatiguée. Elle ressent des douleurs dans le dos qui la gênent beaucoup.

Au 20 heures le ministère de la Santé a dévoilé une carte différenciant les départements. « En vert », ceux qui sont prêts pour le déconfinement du 11 mai, et "en rouge", ceux qui n'ont pas atteint les deux seuils d'exigence pour que le plan du gouvernement s'y applique pleinement à cette date. Sont teintés « en orange » les départements qui ne répondent pas pour l'instant aux deux critères fixés.

Les critères d'évaluation reposent sur deux piliers : d'une part la "circulation active du virus", qui fait l'objet d'une première carte, et d'autre part, "la tension hospitalière sur les capacités en réanimation" illustrée sur une deuxième carte. Dans la carte de synthèse ci-dessous, les départements sont affichés en rouge "quand au moins un des deux indicateurs est en rouge", ils sont "en vert quand aucun indicateur concerné n'est en rouge". Ils sont provisoirement en "orange quand la situation est sous tension". Le 11 mai, il n'y aura que des départements verts ou rouges

Cette carte de déconfinement sera actualisée tous les jours, en fonction de l'évolution du Covid dans les départements, et sera "cristallisée" le 7 mai. Il s'agit à ce stade d'un travail préparatoire, sans conséquence immédiate au sein des départements concernés. Comme on peut le voir les département « rouges » se situent dans l'Ile de France, le Grand Est et les Hauts de France.

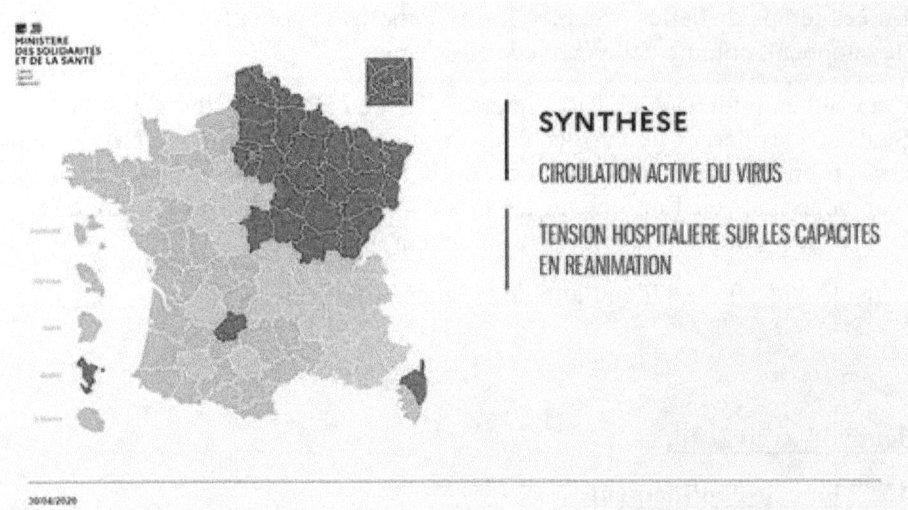

Vendredi 1er Mai 2020.

46ème jour de confinement.

Michèle se remet petit à petit de son séjour à l'hôpital mais elle est encore très fatiguée.

Aujourd'hui il n'y aura pas de défilé comme le veut la tradition, ni de vente sur les places et dans les rues du symbolique brin de muguet, du fait du confinement et des dispositions prises par le gouvernement. Le coronavirus, une fois de plus, règne en maître.

Après plusieurs jours de négociations et d'attente, marqués notamment par des propositions concrètes des évêques pour une reprise des offices religieux dans notre pays, Édouard Philippe a donc tranché. Le mardi 28 avril : il n'y aura pas de célébrations religieuses avant le 2 juin. D'ici cette échéance et même après le début de déconfinement du 11 mai, les églises, comme les temples et les mosquées resteront certes ouvertes et les funérailles pourront être célébrées en comité restreint, mais il ne pourra pas y avoir d'offices en assemblée, comme c'est désormais le cas depuis un mois et demi. Face à cette décision l'épiscopat commence à faire entendre son mécontentement et la colère commence à s'exprimer dans les rangs des fidèles et des prêtres.

Mgr Michel Aupetit explique dans une interview à la radio que l'épiscopat avait fait une proposition positive et valable qui correspondait largement à ce qui va se faire dans les commerces à partir du 11 mai et qu'il avait reçu quelques engagements du ministère de l'Intérieur et du cabinet du gouvernement à ce sujet d'où son incompréhension et son coup de colère témoin ces quelques phrases rares dans la bouche du prélat.

« Là, il y a quelque chose qui ne va pas. On avait proposé le 16, il y a quelque chose qui n'est pas respecté comme si on était des gamins incapables de mettre en place quelque chose » notant au passage qu'à Paris, 27 paroisses distribuent des repas depuis le début du confinement et qu'à cette occasion *« on a su tout à fait respecter les normes »*. C'était d'ailleurs l'objet de la proposition soumise au gouvernement la semaine passée : une réflexion sur la gestion de l'entrée dans les églises, les dispositions mises en place au sein de chaque église.

« Allez à la messe, ce n'est pas aller au cinéma, ce n'est pas une distraction, c'est quelque chose de vital. C'est une nourriture divine qui permet aux gens de tenir dans le confinement, c'est un remède spirituel ».

L'archevêque de Paris a l'impression que *« nos gouvernants, quel que soit leur bord, manquent de quelque chose d'essentiel : l'anthropologie*[14] *... On l'a vu avec les personnes âgées »* et d'ajouter que les politiques sont *« de très bons administrateurs, mais leur anthropologie, c'est zéro ! Qu'est-ce que l'homme et fondamentalement, qu'est-ce que l'humanité, ils ne savent pas du tout, c'est ça le grand vide ».* Et de rappeler que l'Eglise est là pour proposer de pouvoir *« recréer de l'humanité et pas seulement de la survie et de la bouffe ».*

Beaucoup ont en effet noté avec amertume que la date du 2 juin – un mardi – se situe seulement deux jours après la fête de la Pentecôte, que les catholiques souhaitaient pouvoir fêter en communautés, après avoir été privés des célébrations de la Semaine Sainte et de Pâques. Face à la déception exprimée spontanément par de nombreux croyants, plusieurs évêques ont ainsi fait connaître leur mécontentement à travers des communiqués dont je donne ici quelques exemples.

« Je partage l'incompréhension de beaucoup devant la relégation de la liberté de culte à la dernière roue du carrosse de la nation française. C'est oublier que les forces morales et spirituelles d'un pays participent à son dynamisme, y compris économique ».[15]

« Le renvoi de toute possibilité de célébration au-delà du 2 juin exclut de fait la liberté de culte du principe de déconfinement progressif mis en avant par le gouvernement. La confiance ne semble pas être accordée aux fidèles et aux

---

14 - Ensemble des sciences qui étudient l'Homme.

15 - Dominique Lebrun, archevêque de Rouen

prêtres pour faire preuve de la prudence et de la responsabilité qu'ils ont pourtant manifestées jusqu'à présent... »[16]

« Interdire les rassemblements trop importants, soit. Mais interdire les "cérémonies religieuses", de quel droit ? [17]

« Que les célébrations religieuses restent interdites quand écoles, commerces, transports rouvrent me plonge dans l'incompréhension. N'y a-t-il pas des adaptations possibles ? Sommes-nous réputés incapables de précautions sanitaires ? La liberté de culte est essentielle à la vie sociale » [18].

« Nous partageons le souci du Gouvernement de limiter au maximum la circulation de l'épidémie, mais nous voyons mal que la pratique ordinaire de la messe favorise la propagation du virus et gène le respect des gestes barrières plus que bien des activités qui reprendront bientôt[19].

Mgr Aupetit s'étonne aussi que les aumôniers soient considérés comme du personnel non nécessaire et donc sont interdits d'hôpitaux, alors que l'une de leurs missions est de porter réconfort aux grands malades dans leurs dernières heures. On pourrait en dire autant pour les pasteurs et les imams.

En fin d'après-midi la fleuriste sonne elle apporte la composition de muguet et de fleurs que j'ai commandée pour Michèle.
Les chiffres de la journée viennent de tomber.

Le nombre de cas s'élève à : 130.185. Le nombre de personnes actuellement hospitalisées ressort à : 25.887 dont 3.878 sont placées en réanimation. Le nombre de décès en hôpitaux s'élève à 15.369 et en EHPAD à 9.225 ce fait donne un total de 24.594 décès à ce jour.

Samedi 2 Mai 2020.

47ème jour de confinement.

Les douleurs de son dos font toujours souffrir Michèle qui n'est bien qu'allongée dans sa méridienne.

---

16 - Éric Aumônier, évêque de Versailles
17 - François Touvet, évêque de Châlons

18 - Marc Aillet, évêque du diocèse de Bayonne, Lescar et Oloron
19 - Michel Aupetit, archevêque de Paris.

Un troisième critère vient d'être ajouté pour définir la couleur de chaque département : la capacité de ses laboratoires à tester sa population. Le fait que son département soit rouge devrait amener chacun à se dire : j'habite un département ou le virus circule depuis plusieurs mois, où les hôpitaux ont été à un moment ou à un autre saturés, et où les capacités de tests sont limitées, en conséquence je dois redoubler de vigilance et respecter au mieux les consignes de sécurité et non pas : je dois tout faire pour m'en échapper. C'est pour éviter de tels transferts de départements rouges vers des départements verts qu'a été fixée la règle des cent kilomètres.

20 heures, les chiffres viennent de tomber. Le nombre de cas s'élève à 130.979. A ce jour il y a 25.827 personnes hospitalisées dont 3.827 placées en réanimation. Le total des décès s'élève à 24.7860 dont 14.487 en hôpital.

Dimanche 3 Mai 2020.

48ème jour de confinement.

Les offices étant toujours interdits, Michèle assiste à la messe diffusée à la télévision.

11 heures coup de sonnette, c'est mon marchand de fromage qui vient apporter notre commande. J'ouvre la porte de l'ascenseur il me remet un grand sac, me demande des nouvelles de Michèle. Je lui dis qu'elle est rentrée depuis mercredi mais qu'elle a du mal à reprendre le cours de la vie. Quant à lui il vient d'apprendre que sa maman s'est cassé la cheville mais comme elle habite au Havre il se sent impuissant et désemparé pour lui venir en aide. Je lui donne ma carte de crédit, fais le code, lui remets toutes les boites à œufs vides que nous avons accumulées. Nous nous saluons et le voilà reparti. Echanges réduits à l'essentiel et tout ça à cause de ce satané virus

Dernière nouvelle. Depuis le début du confinement, la Confédération nationale des producteurs de vin et d'eaux-de-vie estime que les ventes d'alcools ont diminué de 40 à 50 % suite à la chute des exportations vers l'Amérique du fait des taxes de 25 % imposées par Donald Trump et vers l'Asie en ce début d'année du fait de la pandémie du coronavirus où elle a pris naissance, sans parler de la fermeture des bars et des restaurants qui risque de se prolonger de longs mois. Pour trouver des ressources financières et permettre de libérer leurs caves en vue des futures vendanges les producteurs de vin réclament la possibilité de faire distiller leurs stocks de vins afin d'en extraire l'alcool. Trois millions d'hectolitres pourraient ainsi être transformés, soit près de 10 % de la production nationale annuelle et servir à la fabrication de gel hydroalcoolique dont on a tant besoin.

Les producteurs des pays voisins sont aussi confrontés aux mêmes difficultés et réclament la possibilité de distiller 7 millions d'hectolitres notamment en Italie, en Espagne et en Autriche. La filière réclame un prix de vente de 80 euros par hectolitre avec un financement de l'Etat et de la commission européenne. Si la commission ne réagit pas rapidement, les petits producteurs risquent de disparaître.

Certes le vin n'est pas le produit le plus adapté pour obtenir de l'alcool à 96 % nécessaire à la fabrication de la solution hydroalcoolique, la betterave l'est beaucoup plus, mais selon les responsables de la filière il y a urgence et la distillation devrait se faire avant juillet car si les producteurs n'ont pas libéré du volume dans leurs caves à l'heure des récoltes, soit ils ne vendangeront pas, soit ils seront obligés de vider leurs cuves dans les caniveaux.

Selon les décisions prises par l'Etat et la commission Européenne le coronavirus va s'avérer le sauveur ou le fossoyeur de la filière vinicole !

Les chiffres sont tombés. Le nombre de cas s'élève à 131.287. Aujourd'hui 25.815 personnes sont hospitalisées et 3.819 placées en réanimation. Le total des décès s'élève à 24.895 dont 15.583 en hôpital.

Lundi 4 Mai 2020.

49ème jour de confinement.

Depuis son retour Michèle se plaint de douleurs au dos et trouve que sa vue a beaucoup baissé. Aussi ce matin j'ai appelé Le docteur Palambo qui s'est empressé de venir à l'appartement, d'autant qu'il ne l'avait pas vue depuis sa dernière visite et son départ à l'hôpital de Saint Cloud. Après une longue auscultation il lui a prescrit une prise de sang et différents médicaments notamment à base de fer. Dès son départ j'ai pris contact avec le laboratoire d'analyses qui m'a proposé que celle-ci soit faite à la maison pour éviter les longues queues qui ont dorénavant lieu chaque matin le long du trottoir. Ceci fait j'ai envoyé un e-mail au cabinet du docteur Marduel qui s'occupe de ses yeux, lui faisant part des derniers événements et lui demandant si l'on ne pouvait pas avancer le rendez-vous périodique prévu dans deux semaines. Moins d'une heure après je recevais sa réponse m'indiquant qu'il la recevrait mercredi 6 matin dès 8 heures 15.

Un reportage inattendu : Voilà plusieurs semaines que des sociétés de haute couture ont mis leurs meilleurs créateurs et petites mains à concevoir et réaliser des masques très mode, très fashion que les bloggeurs de mode adorent. Il est probable, dès que les défilés de mode seront à nouveau permis, que nous verrons les mannequins présenter leurs robes un masque assorti sur le visage. Le masque ne va-t-il va devenir un accessoire de haute couture ?

Cette après-midi, une belle brise marine a envahi le salon, via l'écran de télévision. Brusquement nous survolions les calanques de Marseille. Pas un bateau, pas un promeneur. Un seul bruit celui des vagues à l'assaut des falaises. Pas très loin des dauphins sortaient et plongeaient dans l'eau. Ils pouvaient à nouveau écouter les bruits de la mer et mieux localiser leurs proies. Savaient-ils au moins à qui ils devaient ce retour à une nature brute, initiale ? Cela m'a rappelé un été où nous étions à la pêche avec Michèle pas très loin de la côte. Elle attendait Christiane. Cela fait plus de cinquante ans. Il était à peine huit heures lorsqu'un dauphin s'est approché de nous et s'est mis à tourner, à danser à moins d'une cinquantaine de mètres du bateau. Nous l'avons contemplé plusieurs minutes. Il sortait de l'eau, plongeait, ressortait, disparaissait … C'était un spectacle fascinant. Puis brusquement il est parti vers le large.

20 heures : les chiffres de la journée viennent de tomber. A ce jour la France comptabilise 131.863 cas depuis le début de la pandémie. 25.548 personnes sont hospitalisées dont 3.696 placées en réanimation. Le total des décès s'élève à 25.201 dont 15.826 en hôpital.

Mardi 5 Mai 2020.

50ème jour de confinement.

8 heures 30 : coup de sonnette. C'est l'infirmière. Je lui ouvre la porte et lui indique l'étage. Quelques minutes après, l'ascenseur est là. Je lui ouvre Elle rentre dans l'appartement le masque sur le visage portant une lourde sacoche. Elle s'appelle Christiane comme ma fille. Je lui demande où elle veut opérer. « Il me faut une table dans une pièce bien éclairée ». Ce sera la cuisine. Elle déballe ses affaires se passe les mains au gel hydroalcoolique, mais je les laisse car je suis toujours mal à l'aise dans une salle de soins. Après avoir tout remis en place et les formalités administratives faites Christiane repart. Son intervention n'a pas duré vingt minutes.

Le gel hydroalcoolique ? Composition ? En ces temps de confinement ayant du temps je me documente. C'est un mélange d'alcool, d'eau et de glycérine qui permet de se désinfecter les mains même sans lavabo ni eau courante. Aussi est-il plus que jamais précieux face à la pandémie du nouveau coronavirus. Cette invention géniale est due à un médecin suisse, le professeur Didier Pittet. En 1992 avec son équipe, il s'intéresse aux maladies contractées dans les hôpitaux. Chiffres à l'appui, il démontre que le personnel soignant devrait se laver les mains 22 fois par heure pour éviter de contaminer les patients. *"Vous imaginez, s'il fallait passer une minute et demie au lavabo avec de l'eau et du savon 22 fois par heure ? Vous comptez, ça fait plus de 30 minutes par heure à se laver les mains. C'est impossible, et c'est pour ça que la seule solution, c'est le gel hydroalcoolique"* ».

Au début personne n'y croit. Aussi le professeur Pittet va prendre son bâton de pèlerin et voyager à travers le monde pour convaincre. Le plus dur a été avec le monde musulman. *"Je suis allé à Riyad pratiquement tous les 2 mois pendant environ 18 mois, se souvient-il. Nous avons dû relire le Coran ensemble pour obtenir une fatwa qui autorise l'utilisation de l'alcool sur les mains."*

19 heures : Jérôme Salomon directeur général de la santé donne les chiffres de la journée. Le nombre de cas s'élève à : 132.967. Ce jour il y a 24.775 personnes hospitalisées et 3.430 placées en réanimation. Le nombre des décès a franchi la barre des 25.000 avec 24.775 décès en hôpitaux et 9.471 en EHPAD.

Mercredi 6 Mai 2020.

51ème jour de confinement.

Lever très tôt ce matin car Michèle a rendez-vous avec le docteur Marduel à 8 heures 15. Pendant le petit déjeuner à RTL une information intéressante : aux Jeux Olympiques Mondiaux militaires qui se sont tenus à Wuhan en octobre 2109 certains militaires français auraient été malades à leur retour en France avec des symptômes proches de ceux du coronavirus.

De retour de notre rendez-vous qui s'est bien passé je m'empresse de documenter l'information de RTL.

Effectivement ces 7èmes jeux mondiaux militaires d'été ont bien eu lieu du 18 au 27 octobre 2019 à Wuhan et les articles publiés à cette époque ne tarissent pas d'éloges concernant la délégation française qui avait obtenu la 4ème place au classement des Nations, avec un total de 59 médailles dont 13 en Or, 21 en Argent et 25 en Bronze montrant ainsi à l'International toute l'excellence du sport français et de ses valeurs. Selon la presse *« lors de la cérémonie de clôture ce dimanche, le Trophée du Fairplay, a récompensé les qualités intrinsèques de chacun de nos sportifs : respect de l'adversaire et de l'arbitrage, esprit d'équipe, soutien entre Nations, suivant la maxime du Conseil International du Sport Militaire (CISM) "l'amitié par le sport", chère au cœur d'Hervé Piccirillo, président du CISM »*.

Selon la pesse celui-ci a tenu à rappeler dans son discours que :"*Le sport c'est donner, recevoir et partager. Au-delà des résultats sportifs, c'est le simple fait de nous rassembler dans un esprit de partage. Le CISM c'est vous, c'est nous tous. Merci au président Xi Jinping, à la ville de Wuhan, à tous les membres du SUMOC, et à tous les nombreux volontaires qui ont permis à nos athlètes d'atteindre la perfection. Vous avez réussi votre mission.*"

Phrase qu'il est étonnant de relire en ces jours où la pandémie fait rage en Europe et aux Etats-Unis et où la tension commence de plus en plus à monter entre tous ces pays et la Chine.

Mais aujourd'hui les titres de la presse sont forts différents.

« Coronavirus : les "Jeux Mondiaux Militaires d'été" à Wuhan en octobre 2019 sèment le doute sur la date d'apparition du virus ».

Selon la presse de ce jour la compétition a rassemblé 10.000 athlètes du monde entier à Wuhan fin octobre dernier dont 402 Français. Certains Français auraient été malades à leur retour en France avec des symptômes proches de ceux du coronavirus.

Alors que les Etats-Unis affirment que la Chine a dissimulé l'émergence et la propagation du Covid-19 qui proviendrait d'un laboratoire de Wuhan, la Chine soupçonne les Etats-Unis d'avoir colporté le virus via ses soldats présents aux JO.

L'un des athlètes de la délégation militaire française, raconte avoir à son retour été malade, eu de la fièvre, des difficultés à respirer et être resté cloué au lit pendant au moins trois jours. Autant de symptômes proches du Covid-19. Quelques temps après il aurait découvert que plusieurs de ses camarades revenus de Wuhan avaient été également atteints des mêmes symptômes.

Trois mois passent. Lorsqu'ils ont connaissance du début de l'épidémie en Chine plusieurs de ces athlètes s'interrogent sur les liens entre les malaises ressentis après leurs retours et une possible contamination au Covid-19. Difficile à dire, car ils n'ont pas été testés.

Pour le professeur Yves Cohen, chef du service de réanimation de l'hôpital Avicenne à Bobigny, si des tests étaient réalisés sur ces sportifs cela permettrait de savoir s'ils ont été à l'époque contaminés et permettre de mieux cerner le début de cette épidémie.

Contactée, l'armée française aurait affirmé que les athlètes qui ont participé à la compétition internationale à Wuhan ne seront pas testés.

Le site « L'essentiel », rapporte, lui, les témoignages de certains sportifs luxembourgeois comme celui du nageur Julien Henx qui se souvient d'un contrôle infrarouge de température corporelle à la descente de l'avion et celui du lanceur de poids Bob Bertemes qui se souvient que « dans le village les agents d'entretien nettoyaient tout deux fois par jour et à minuit ils passaient au nettoyage des rues ».

Ceci tendrait à situer le début de l'épidémie en Chine fin septembre début octobre.

Dans l'après-midi Michèle a commencé a confectionné des cookies que le Rotary apportera vendredi prochain aux soignants de l'hôpital de Sèvres.

20 heures : les chiffres de la journée viennent de tomber. A ce jour on décompte 137.150 cas. Le nombre de personnes hospitalisées en urgence pour Covid-19 s'élève à 23.983 dont 3.147 ont été placées en réanimation. Le total des décès s'élève à 25.809 dont 16.237 en hôpital.

Jeudi 7 Mai 2020.

52ème jour de confinement.

Ce matin ayant du temps, j'ai essayé, à partir des bases de données disponibles, de déterminer le nombre de nouveaux cas qui apparaissaient en France chaque jour et ce depuis le 16 mars. Après une montée jusqu'au 1er avril il semble que ce nombre diminue légèrement par la suite. Sur cette période la valeur moyenne ressort à 2.570.

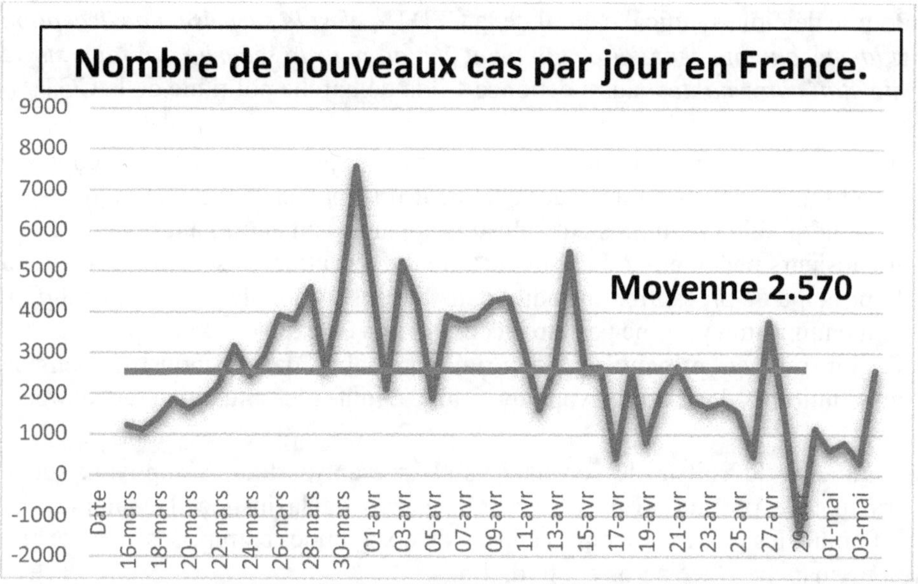

Saisi par la CGT, le tribunal judiciaire du Havre vient de condamner en référé Renault à suspendre la production de son usine de Sandouville qui avait repris le 28 avril suite à son arrêt survenu le 16 mars pour cause de coronavirus. Selon la justice, les dispositions prises lors de cette reprise ne permettent pas d'assurer la sécurité des 1.848 travailleurs de l'usine face au risque lié au Covid-19". Suite à cette décision l'usine a été arrêtée ce jour dans après-midi et ce jusqu'à nouvel ordre, le temps nécessaire pour la mise en œuvre des actions de prévention, de révision des méthodes de travail, garantissant le meilleur niveau de protection de la santé et de la sécurité des travailleurs face au Covid-19.

Selon le délégué CGT de Seine-Maritime, *« cette décision constitue un point d'appui important pour les équipes syndicales de milliers d'usines ou d'entreprises où l'activité reprend sans consulter correctement les représentants du personnel et sans prendre toutes les mesures de prévention nécessaires ».*

De son côté la Direction du Groupe qui s'est pourvu en cassation affirme *« que la décision du tribunal porte principalement sur des modalités de présentation de l'ensemble des mesures de prévention aux institutions représentatives du personnel et ne remet pas en cause le référentiel sanitaire défini par Renault ».*

Pour le délégué syndical central de la CFDT *« c'est la surprise, une déception et un mécontentement car ce qui avait été fait pour la sécurité sanitaire sur le site était convenable »* aussi dénonce-t-il la démarche politique de la CGT.

On peut s'étonner de la décision prise par les juges mais dans le contexte actuel tout décideur s'interroge. Que peut-il se passer si suite à une décision de la hiérarchie un ou plusieurs clusters apparaissent entraînant la mort d'une ou plusieurs personnes ? Face à une telle interrogation il est clair que contenu du principe de précaution introduit dans la constitution, le choix sera celui du risque minimum pour ne pas être accusé et mis en examen. Mais quelle erreur d'avoir mis ce principe de sécurité applicable dans l'industrie dans la constitution et donc dorénavant applicable à toutes les situations rencontrées.

Comme on le voit ici le coronavirus est présent partout. S'appuyant sur le principe de précaution et se servant du bras de la justice il contamine et enflamme les relations sociales au sein de nos grandes entreprises et nous met en permanence face à nos contradictions.

Les chiffres de la journée sont sortis. Le nombre de cas recensés à ce jour s'élève à 137.779. Le nombre de personnes hospitalisées pour coronavirus s'élève à 23.208 dont 2.961 sont placées en réanimation. A ce jour le nombre de décès s'élève à 25.987 dont 9.601 en EHPAD.

Comme le montre la courbe ci-dessous le pic de l'épidémie est largement dépassé et les capacités en lits de réanimation largement restauré. Le confinement a bien joué son rôle de frein dans la propagation du virus. La procédure de déconfinement consistera donc à éviter une reprise de l'épidémie et la naissance d'une seconde vague qui pourrait à nouveau saturer les capacités des hôpitaux en réanimation, point faible de notre dispositif.

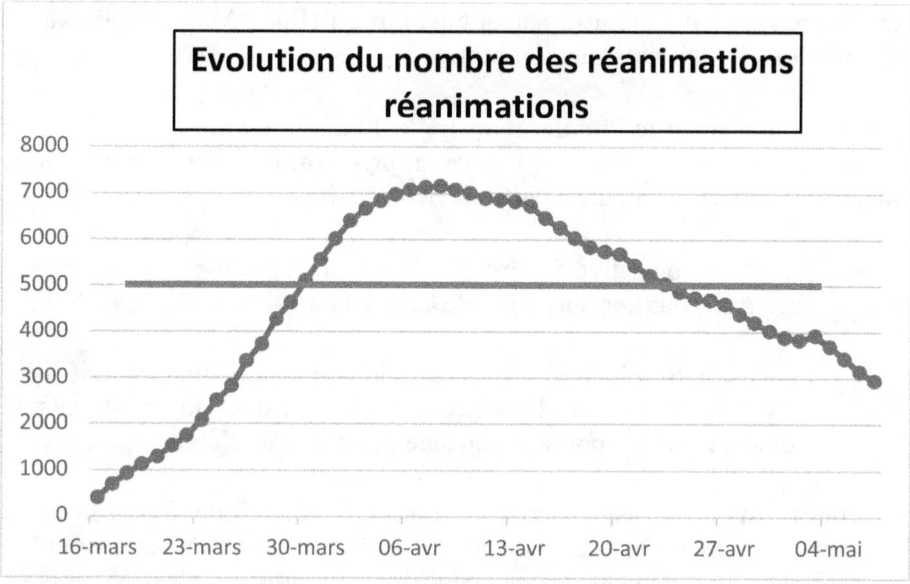

Vendredi 8 Mai 2020.

53ème jour de confinement.

10 heures : Claude, notre Présidente, est venue chercher les cookies destinés aux soignants de l'hôpital de Sèvres.

8 mai 1944. 75 ans ont passé depuis la victoire des alliés sur le nazisme. Pour la première fois à Paris aucune foule colorée sur les Champs Elysées. Conformément aux mesures de distanciation sociale aucune tribune n'avait été installée pour les représentants des Institutions et la presse.

Arrivé peu avant 11 heures sur une place de l'Etoile, quasiment vide, le Président Emmanuel Macron a ravivé la flamme du soldat inconnu, en présence d'un seul porteur de drapeau et avec un glaive au préalable désinfecté, avant de se recueillir au son de la Marseillaise entonnée par quatre choristes.

Aux côtés du chef de l'Etat étaient présents ses prédécesseurs Nicolas Sarkozy et François Hollande, les présidents des deux Assemblées Gérard Larcher et Richard Ferrand, le Premier ministre Edouard Philippe, la ministre des Armées Florence Parly, la secrétaire d'Etat Geneviève Darrieussecq, ainsi que la maire de Paris Anne Hidalgo.

Ah Coronavirus en ce jour tu parais plus fort qu'Hitler. Mais attention à toi nous n'avons pas dit notre dernier mot.

Comme annoncé par le Premier ministre le 30 avril, le ministère de la santé publie tous les soirs la carte de France en précisant le statut épidémique de chaque département, calculé à partir de deux critères :

- La circulation active du virus, basée sur la proportion de passages aux urgences pour une suspicion de Covid-19 :

- La tension hospitalière sur les capacités en réanimation, basée sur les taux d'occupation des lits de réanimation par des patients atteints du Covid-19, par rapport à la capacité initiale avant l'épidémie.

Pour l'instant le troisième critère évoqué par Edouard Philippe à savoir la capacité d'identifier rapidement les nouvelles contaminations et de procéder à l'isolement des cas confirmés ou suspects n'est pas pris en compte.

Afin d'illustrer la démarche engagée par le Gouvernement j'ai, sur la base des données disponibles, établi un tableau donnant pour un certain nombre de départements considérés sur la base des critères donnés ci-dessus comme verts ou rouges et donnant le nombre de personnes hospitalisées, mises en réanimation, décédées et guéries. Ces chiffres se rapportent à une population d'un million de personnes par département.

Première constatation le nombre de personnes contaminées sur la base est de l'ordre d'une personne sur cent pour les départements les plus touchés ce qui est très peu. Mais cela signifie aussi probablement que le critère retenu par le gouvernement à savoir le passage aux urgences ne prend pas en compte tous les cas loin sans faut car il manque tous les patients atteints dans les EHPADs et chez eux.

08-mai-20	Hospitalisés	Réanimation	Décédés	Guéris	Total	%
PARIS	8674	162	726	2137	11699	0,012
Hauts de Seine	825	88	525	1504	2942	0,003
Val de Marnes	11544	143	701	2014	14402	0,014

Seine Saint Denis	825	88	525	1504	2942	0,003
Yvelines	515	50	308	1072	1945	0,002
Haut Rhin	1028	98	942	2507	4575	0,005
Nord	297	40	188	578	1103	0,001
Vosges	481	22	681	1476	2660	0,003
Bouches du Rhône	392	62	217	1244	1915	0,002
Deux Sèvres	34	5	50	131	220	0,000
Finistère	62	11	41	151	265	0,000
Lot et Garonne	81	6	24	154	265	0,000
Var	206	24	109	678	1017	0,001

omme le montre le tableau ci-dessus le taux de mortalité le plus élevé se situe à Paris (1,2 %) et dans le Val de Marne (1,3 %). Pour toutes les autres régions il est inférieur à 1 %.

Le cas des Bouches du Rhône est intéressant. Comme les départements rouges le nombre de personnes hospitalisées et en réanimation est relativement élevé, mais il est resté vert car il dispose de nombreux lits de réanimation disponibles

20 heures : les chiffres de la journée sont tombés. Le nombre de cas comptabilisés en France à ce jour s'élève à 138.421 et le nombre total de décès s'élève à : 26.230. Le nombre de personnes hospitalisées pour cause de coronavirus s'élève à : 22.724 dont 2.868 ont été placées en réanimation. Le nombre de personnes décédées en EHPAD s'élève à 9.733.

21 heures à Londres, heure à laquelle son père Georges VI avait annoncé à l'Empire Britannique la fin de la guerre, Elisabeth II pendant quatre minutes, s'est adressée à son peuple confiné. Sur son bureau deux photos de son père et sa casquette d'infirmière qu'elle portait pendant la guerre.

« Au début, les perspectives semblaient sombres, l'issue lointaine, le résultat incertain. Mais nous avons continué à croire que la cause était juste et cette conviction (...) nous a portés. Ne baissez jamais les bras, ne perdez jamais espoir, tel était le message du jour de la Victoire en Europe ... » a solennellement déclaré Elizabeth II toujours confinée à Windsor avec son mari, le prince Philip.

Beau message que l'on pourrait appliquer à notre situation actuelle.

Samedi 9 Mai 2020.

54ème jour de confinement.

Le préfet a annoncé hier matin que plusieurs cas de Covid-19 avaient été détectés en Dordogne. Le point de départ serait un enterrement à Église-Neuve-de-Vergt, rassemblant la communauté portugaise pour les obsèques d'un homme de 51 ans qui aurait eu lieu le 24 avril. Une vingtaine des membres de sa famille auraient été présents dans l'édifice. Mais ils auraient été plus nombreux au funérarium, au cimetière et lors de la réunion de famille, certains étant venus du Portugal et de Suisse.
Suite, à cette manifestation, la femme du défunt présentant des symptômes de fièvre a consulté son médecin et a été testée positive au Covid-19. Alertée par le médecin de famille l'agence sanitaire a mené une enquête pour rechercher toutes les personnes qui avaient assisté ou participé aux obsèques comme par exemple le personnel du funérarium. Sur les cent personnes testées, cinq ont été repérées et dépistées positives le mardi 5 mai.

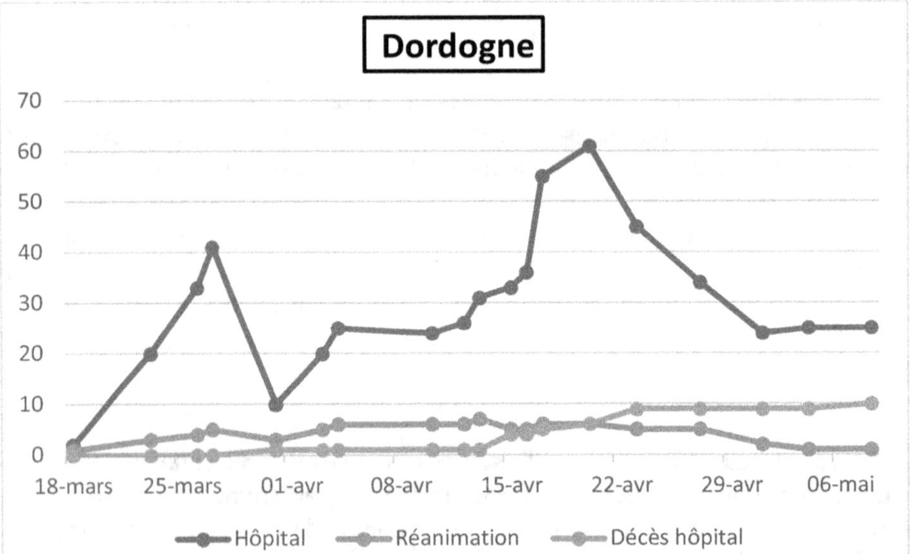

Sur la base de ces informations j'ai voulu reconstituer l'évolution de l'épidémie en Dordogne. Or, comme le montre le graphique ci-dessus, il n'y a pas de cas de coronavirus dans le département jusqu'au 17 mars. Le lendemain deux personnes sont hospitalisées et une placée en réanimation. Le premier mort à l'hôpital apparaît le 1er avril. Le pic des hospitalisations se situe au 20 avril avec 61 personnes hospitalisées dont 6 en réanimation. On constate que cette courbe ne cesse de décroître depuis le 22 avril et les jours suivants, ce qui montre que la détection très tôt de ce cluster et l'isolement des personnes contaminées a permis d'éviter que l'épidémie reparte. Nous avons là un bel exemple de l'efficacité de la politique sanitaire suivie par Taïwan et la Corée du Sud. Une question demeure, pourquoi l'épidémie a-t-elle démarré le 18 mars ? Peut-être que des agriculteurs et autres personnes du département sont allés au salon de l'agriculture qui s'est tenu à Paris du 22 au 29 février à Paris ? Mais à cette époque la politique de recherche des clusters n'était pas à l'ordre du jour.

16 heures : je sors poster une lettre et acheter du pain. Décidemment la ville est de plus en plus hostile. Les gens font la queue le long des magasins un masque sur la bouche, sans se regarder. Aucune parole aucun regard ne sont échangés. C'est l'indifférence totale. Mon dieu comment une épidémie peut changer le comportement des gens au sein d'une société !

20 heures : les chiffres de la journée sont tombés. Le nombre de cas a légèrement progressé avec 433 cas supplémentaires. Pas de morts supplémentaires aujourd'hui. Le nombre de personnes hospitalisées a légèrement diminué passant de 22.724 à 22.614 soit 110 personnes en moins. Il en est de même pour les personnes en réanimation qui passent de 2.868 à 2.812 ce qui libère 56 lits.

Dans la soirée, le Parlement vient d'adopter le texte de prolongation de l'état sanitaire d'urgence[20] jusqu'au 10 juillet en France, face à l'épidémie de coronavirus. Ce texte aborde quatre points importants.

<u>1 - La responsabilité pénale des maires et des employeurs.</u>

Le texte précise les conditions dans lesquelles peut être engagée la responsabilité pénale des maires et employeurs pendant l'état d'urgence sanitaire. Il doit être tenu compte, non seulement des compétences, du pouvoir et des moyens dont disposait l'auteur des faits qu'il soit acteur public ou privé, mais aussi de la nature de ses missions ou de ses fonctions. Ce texte vise en particulier à protéger les maires chargés de la mise en œuvre de décisions qui leur sont imposées par le gouvernement.

---

20 - Ce texte voté et entré en vigueur le 24 mars pour deux mois, donnait au gouvernement des moyens exceptionnels pour combattre l'épidémie.

2 - Le traçage et les cas contacts.

Le texte permet la création par décret en Conseil d'État d'un système d'information, en lien avec l'Assurance maladie, destiné à identifier des personnes infectées et à collecter des informations sur les personnes ayant été en contact avec elles, afin de casser la chaîne de contamination, comme nous l'avons vu pour la Dordogne et la Vienne. Ce système permet le traitement et le partage de données personnelles concernant la santé, y compris sans le consentement de la personne intéressée. Des brigades, notamment agents de la Sécurité Sociale, seront chargées de faire remonter la liste des cas contacts. Une instance de contrôle est prévue à cet effet afin que le secret médical soit limité aux données concernant l'infection par le virus. La sauvegarde de ces données est limitée à trois mois.

3 - Les quarantaines et l'isolement des malades.

Des mesures de mise en quarantaine à titre préventif et de placement à l'isolement pour les malades sont prévues pour les personnes qui, ayant séjourné au cours du mois précédent dans une zone de circulation de l'infection, arrivent dans l'hexagone, en Corse et dans les territoires d'Outremer. Ces mesures, dont la durée initiale ne peut excéder 14 jours, peuvent faire l'objet d'un recours devant le juge des libertés et de la détention.

L'Elysée a exclu l'application de ces dispositions aux voyageurs en provenance de l'Union européenne, de l'Espace Schengen ou du Royaume-Uni, quelle que soit leur nationalité.

4 – Les déplacements, fermetures, réquisitions.

Le texte redéfinit certaines mesures que le Premier ministre peut prendre par décret comme :

- réglementer ou interdire la circulation des personnes et des véhicules ;

- réglementer l'accès aux moyens de transport et leurs conditions d'usage ;

- ordonner la fermeture provisoire et réglementer l'ouverture des établissements recevant du public ainsi que des lieux de réunion ;

- ordonner la réquisition de toute personne et de tous biens et services nécessaires à la lutte contre cette catastrophe sanitaire …

Le texte élargit aux agents assermentés de la SNCF et de la RATP le pouvoir de verbaliser les infractions aux mesures prévues par l'état d'urgence, telle que l'obligation du port du masque dans les transports en commun.

La détention provisoire ne pourra plus être prolongée sans jugement.

Dimanche 10 Mai 2020.

55ème jour de confinement.

Dans la Vienne, un cluster est apparu dans un collège à Chauvigny où des professionnels s'étaient réunis pour préparer la rentrée des classes. C'est jeudi dernier que le premier cas de Covid-19 a été confirmé. Il s'agit d'une femme, membre de la direction du collège. Immédiatement, les huit autres personnes présentes cette semaine-là dans l'établissement pour préparer la rentrée ont été testées. Le diagnostic est tombé samedi. Trois autres cas ont été détectés. Les neuf personnes ont été placées en quatorzaine.
Suite à cette contamination le Conseil départemental a demandé la désinfection et la décontamination de tous les locaux scolaires du département ainsi que le report au 27 mai de la reprise des cours initialement prévue le 18 mai.
Voilà deux exemples : la Dordogne et la Vienne qui montrent si besoin était que même dans les départements classés verts, il faut rester vigilant et appliquer le processus suivi par la Corée du sud et Taïwan.

Dans l'après-midi avec Michèle nous avons fait le tour du parc pour marcher un peu, le masque sur la figure.

19 heures, comme chaque dimanche nous avons eu avec nos enfants et petits-enfants notre vidéo conférence. Tous les acteurs de Viroflay, Thomery, Toulouse, Grans, Ville-d'Avray réunis sur un même écran. Moment de convivialité et d'échanges où chacun évoque sa semaine et ses projets d'avenir. Christine va regagner son appartement parisien, Philippe et Claude vont tenter de rejoindre Paris en ramenant une voiture, mais ce n'est pas simple de faire entrer ce parcours dans la contrainte des cent kilomètres.
Geneviève et Pierre ont monté un atelier de confection de masques en tissus. Ils sont très confortables et tiennent bien au visage.

20 heures : les chiffres viennent de tomber. En ce dimanche le nombre de cas s'élève à 139.063. Le nombre de personnes hospitalisées s'élève à 22.569 dont 2.776 placées en réanimation. Le nombre de décès à ce jour s'élève à : 26.380 dont 16.642 en hôpital.

21 heures : je tente d'appeler Noémie à Pao Alto. Miracle de la technologie sur ma plaquette apparaît sa figure qui s'illumine dès qu'elle nous reconnaît. Elle est confinée, elle aussi dans son petit studio. Noémie est la jeune étudiante dont j'ai évoqué le parcours plus haut. Ses parents sont eux aussi confinés en Chine à Canton. Cela fait plus de deux ans qu'elle n'y est pas retournée. Après son doctorat à Macao et son post doctorat à Pao Alto elle vient d'avoir un poste de chercheur en pédagogie dans les langues mineures ! Il est probable que sans le coronavirus cette conversation électronique n'aurait probablement jamais eu lieu.

Lundi 11 Mai 2020.

1er jour de déconfinement.

C'est la Saint Mamet jour de la fête des Rogations qui remonte à l'an 470 et qui avait pour objet de mette fin à une séries de calamités naturelles. Quelle coïncidence !

C'est le déconfinement. Annonce-t-il la fin de l'épidémie de coronavirus ?
Va-t-on pouvoir s'agglutiner autour du cochonnet ?
Aujourd'hui est-t-il un autre jour ?
Affûtons notre regard tout au long des semaines qui vont suivre.
Michèle a toujours très mal au dos aussi j'appelle le docteur Palambo.
8 heures 45 : coup de sonnette c'est le docteur. Il sort de l'ascenseur toujours masqué sa grosse sacoche à la main. Il connaît maintenant le chemin, va directement dans la chambre où Michèle l'attend. Auscultation. Diagnostic : une radio de bas du dos pour mieux comprendre l'origine des douleurs. Ordonnances. Je lui demande si nous pouvons faire revenir notre femme de ménage. Sa réponse est non *« surtout si elle vient par les transports en commun »*. Nous lui précisons que c'est Barka, une de ses clientes. *« Si c'est elle pas de problème, vous pouvez »* puis le voilà parti.

17 heures : un masque sur le visage je sors chercher les médicaments pour Michèle et poster le courrier. Pour la première fois je n'ai pas d'autorisation de sortie à remplir. Dehors le comportement des gens est le même. Pas plus de convivialité. Peu de voitures. A la pharmacie il y a des boites de 50 masques à 0,95 centimes pièce. Ils ne servent qu'une fois et doivent être jetés au retour. J'en prends une.
En rentrant j'apprends à la radio que nombre de Parisiens des 10ème et 11ème arrondissement se sont déplacés sur les rives du canal Saint Matin pour boire l'apéro au bord de l'eau et fêter le déconfinement, oubliant le respect des

mesures sanitaires : comme le port du masque, la distanciation sociale et l'interdiction de rassemblement de plus de dix personnes.
En début de soirée, les forces de police sont intervenues pour disperser la foule. En fin de journée le ministre de l'Intérieur Christophe Castaner a demandé au préfet de Paris d'interdire la consommation d'alcool le long du canal Saint-Martin et des voies sur berges, mesure qui prendra effet demain.
Dans l'après-midi la ministre des Armées était auditionnée par la Commission de la défense de l'Assemblée au sujet de l'épidémie de coronavirus survenue sur le porte avion Charles de Gaule et son escorte qui lors de son retour anticipé dans le port de Toulon comptait 1.081 cas de coronavirus soit 54 % de l'équipage. La ministre a rappelé que le groupe aéronaval était par essence une plate-forme militaire qui gérait de nombreux mouvements d'avions de chasse ce qui sous-entend des échanges nombreux avec la terre lors des renforts, visites et relèves. Ce serait à l'occasion de ces mouvements aériens effectués après l'escale de Chypre (du 21 au 26 février) et avant celle de Brest que l'enquête épidémiologique situe les premières introductions du virus à bord. Finalement l'escale de Brest n'a été qu'un accélérateur de l'épidémie. Etonnant témoignage de transmission du Covid-19.

Ainsi Covid-19 tu adores l'avion !!!

Ce soir Wuhan brille de mille feux, comme avant, ou presque. Mais un quartier du sud de la ville est à nouveau bouclé : 5.000 personnes sont en quarantaine. De nouveaux cas de Covid-19 ont été découverts dans une résidence ce week-end. Résultat : un plan de dépistage massif vient d'être lancé. Les cinq personnes contaminées ont toutes été placées à l'isolement dans un hôtel. Une mesure rassurante pour la population du quartier. Mais pour nous quelle attitude adopter face à cette information. Confiance face à la réaction des autorités chinoises ou crainte d'une deuxième vague en perspective chez nous ?

18 heures : France 3 annonce la détection d'un nouveau cluster à Clamart. L'alerte aurait été donnée, ce dimanche lorsqu'un agent du foyer des jeunes travailleurs à Clamart a été testé positif au Covid-19 par son médecin traitant, information aussitôt transmise à l'Agence Régionale de Santé d'Île-de-France Suite à cette détection, les 47 salariés du foyer, âgés de 18 à 25 ans, ont été testés par le médecin traitant et placés en confinement.

Pour l'heure, huit personnes sont positives, dont sept totalement asymptomatiques. En ce début de déconfinement l'apparition de ce nouveau cluster en Île-de-France s'il fait craindre un début de deuxième vague, montre aussi l'efficacité de la relation médecine civile et santé publique.

20 heures : les chiffres sont tombés. En ce deuxième jour de déconfinement le nombre de cas s'élève pour la France à : 139.519. Le nombre de personnes hospitalisées s'élève à 22.284 dont 2.712 en réanimation. Le total des décès s'élève à : 26.643 dont 16.820 en hôpital.

Mardi 12 Mai 2020 - Saint Pancrace.

2ème jour de déconfinement.

Dans les jours qui viennent plus de 450.000 entreprises devraient rouvrir et 875.000 salariés reprendre le travail. Pour éviter que cette reprise de l'activité entraîne une nouvelle vague de contamination un certain nombre de directives ont été données par le gouvernement aux entreprises afin qu'elles développent la pratique des horaires décalés pour leurs salariés afin de limiter la surcharge dans les transports en commun aux heures de pointe. Pour respecter les règles de distanciation chaque voyageur devra être muni d'une attestation de transport établie par son employeur, précisant les plages horaires de circulation et être muni d'un masque. De leurs côtés les transporteurs devront étiqueter les sièges qui devront rester inoccupés et marquer les emplacements en station debout. Des distributeurs de gel hydroalcooliques devront être mis à disposition des voyageurs. Dispositif satisfaisant sur le papier. Qu'en sera-t-il dans la vraie vie ?

14 heures : Barka arrive un masque sur la figure au moment où nous partons pour le Val d'Or où Michèle a rendez-vous pour sa radio du dos qui lui fait très mal. Une fois installés dans la voiture nous partons pour Saint Cloud. En route pas de circulation. Une fois arrivée Michèle se rend à son rendez-vous. Je reste dans la voiture à lire le journal car les accompagnants sont interdits.

15 heures 30 : Michèle est de retour avec sa radio mais sans le compte- rendu qui sera envoyé en fin d'après-midi par internet. Nous n'y comprenons rien.

Un passage à la librairie de Vaucresson pour prendre des fournitures de bureau, car depuis le début de la pandémie chaque sortie est mûrement réfléchie, le parcours, les arrêts, les magasins, les fournitures et marchandises à prendre. Une longue queue de personnes un masque sur la figure attend devant la pharmacie qui se trouve juste à côté.

Nouveau départ pour la clinique de Parly 2. Nous y arrivons en avance aussi nous en profitons pour passer deux coups de fils à Madeleine la sœur de Michèle qui souffre elle aussi terriblement de son dos et Jacqueline sa cousine une randonneuse acharnée qui est en train de voir comment elle va pouvoir reprendre ses activités.

16 heures 45 : c'est l'heure du rendez-vous. Michèle rejoint la clinique seule car les accompagnants sont interdits, même après le déconfinement.

17 heures 30 : nous sommes rentrés contents d'avoir pu tout faire selon le planning prévu. Ah ! coronavirus tu nous obliges à tout prévoir, séquencer pour éviter de te rencontrer au travers d'un de nos semblables. Quel paradoxe !

Aux informations, j'apprends que ce matin des câbles électriques ont été sectionnés à la disqueuse sur la commune d'Ivry-sur-Seine dans la matinée, puis à Vitry-sur-Seine en milieu d'après-midi. Suite à ces actes de vandalisme le réseau ne pourra pas être rétabli avant deux à trois jours. Plus de 12.000 clients professionnels et 34.000 personnels sont concernés.
Une plainte a été déposée et une enquête est en cours.

20 heures : les chiffres viennent de tomber. Le nombre de cas s'élève à : 140.227. Le total des décès s'élève à 23.991 dont 17.003 en hôpital. Dans les hôpitaux on recense 21.595 personnes atteintes du coronavirus dont 2.542 sont en réanimation, ce qui a permis de libérer 170 lits.

Mercredi 13 Mai 2020 - Saint Gervais dernier saint de glace.

3ème jour de déconfinement.

Matinée passée à remplir ma déclaration d'impôts. Bien que la plupart des rubriques principales soient déjà remplies, il en reste un certain nombre à compléter et ce n'est pas toujours facile. En fin de matinée j'appelle Jean le fils de ma sœur avec lequel l'été nous allons à la pêche en mer, pour lui demander quelques conseils car il travaille aux impôts.

Depuis le début du confinement on assiste de plus en plus à des attaques informatiques des sites privés et publiques. C'est ainsi que l'Agence du numérique en Santé a récemment mis en garde contre différents messages d'information sur le Covid-19, diffusés, via de faux e-mails en provenance des autorités de santé, de fausses notes internes d'entreprise ou encore de fausses alertes de retard de livraison de produits sanitaires indispensables. Tous ces messages informatiques cachent en réalité des virus informatiques élaborés par des cybercriminels qui tentent de s'infiltrer dans les réseaux informatiques des hôpitaux, des entreprises et des particuliers, sans parler des faux sites de ventes de masques chirurgicaux et de gel hydroalcoolique ou encore des faux appels aux dons.

C'est ainsi que le 22 mars une attaque a été lancée contre le système informatique de l'Assistance Publique des Hôpitaux de Paris (A P - H P).

Pendant plusieurs heures ses serveurs informatiques ont été submergés de requêtes inutiles, les rendant inopérants. L'accès à internet de certains services a dû être coupé, ce qui a perturbé les visio-conférences et le télétravail du personnel. Un appel à l'ANSSI a été nécessaire pour contrer cet assaut.
Rappelons que l'AP-HP est en première ligne, depuis le début de l'épidémie du coronavirus, l'Île-de-France étant la région française la plus touchée, avec plus de 8.768 cas, 1.033 personnes placées en réanimation et 6.627 décès en hôpital au 13 mai.
Il est clair que ces infrastructures critiques devaient faire l'objet d'une protection particulière au même titre que les réseaux de distribution d'électricité et d'eau.

Information en provenance de Chine : Après l'apparition de six cas, la ville de Wuhan vient de décider de mener un dépistage systématique de ses 11 millions d'habitants pour éviter la menace d'une nouvelle vague. A l'origine de ce petit foyer, un homme âgé de 89 ans qui aurait fait une rechute, plus d'un mois après avoir apparemment présenté des symptômes bénins de la maladie. Il aurait contaminé sa femme, mais les quatre autres personnes infectées n'auraient pas eu de contact direct avec le couple, ce qui tendrait à prouver qu'elles ont été contaminées par d'autres personnes, ce qui rend plus difficile la localisation du cluster. Par ailleurs de nouveaux foyers ont été identifiés dans le nord du pays à Harbin, capitale de la province du Heilongjiang, ce qui a amené les autorités à confiner ces villes à nouveau. Dans la ville de Shulan, les écoles ont été fermées et les 630 000 habitants confinés chez eux, une seule personne par foyer pouvant sortir pour faire les courses. Ce même jour six cas auraient été découverts à Jilin, deuxième ville de la province du même nom. Face à l'apparition de ces nouveaux clusters la Chine, après avoir réussi à contrôler presque totalement l'épidémie semble prendre très au sérieux le risque de deuxième vague,

20 heures : les chiffes viennent de tomber. Le nombre de cas continue à croître légèrement passant à 140.734. Le nombre de personnes hospitalisées s'élève à 21.071 dont 2.428 placées en réanimation, ce qui laisse des places disponibles pour une éventuelle recrudescence suite au déconfinement. Le nombre des décès continue de croître avec un total de 27.074 dont 17.101 en hôpital.

Jeudi 14 Mai 2020.

4ème jour de déconfinement.

7 heures 30 le masque sur la figure je pars au marché U faire des courses. En passant je dépose mon courrier dans la boite aux lettres. Dans le magasin presque personne. Brahim est toujours là, un masque sur le visage dirigeant ses équipes. Le personnel est très attentif, vous renseignant à la moindre question. Ma liste à la main je passe de rayons en rayons. Ils sont pour la plupart bien remplis. Finalement le virus n'aura pas rompu la chaîne des approvisionnements. Je ne peux m'empêche de penser à tous ces hommes, ces femmes qui tout au long de ces mois, ont jours et nuits, récoltés fruits et légumes, pêchés en mer, fait fonctionner les abattoirs, chargés et transportés ces marchandises sur des milliers de kilomètres, livrés Rungis et les centaines d'autres centres de regroupement, les milliers de revendeurs pour nourrir sans défaillance, ni interruption, plus de quatre-vingt millions de Français.

Mon cadi plein à ras bord je passe au guichet des livraisons. A la sortie, c'est une nouveauté, il y a un bidon de gel hydroalcoolique j'en profite pour me désinfecter les mains. Dans la rue le nombre de voitures qui circulent a nettement augmenté. Avant de rentrer j'entre dans l'église. Elle est vide. Seules traces de vie l'oscillation des flammes des cierges.

Cette après-midi nous traversons le pont du jardin de Monet couvert de glycines qui resplendissent sous la lumière du soleil. Une multitude de grappes violettes et mauves au-dessus de nos têtes filtrent les rayons du soleil. Nous avançons doucement. Dans une trouée de verdure nous apercevons en bas une barque ou debout un jardinier une perche à la main ratisse la surface en quête des mauvaises herbes. Sur les bords les iris ajoutent au tableau une multitude de touches allant des pourpres aux violines. Tout n'est que lumière et beauté à l'image des nymphéas. Réalité ou reportage ? Tel est l'un des paradoxes de ce déconfinement qui en fait n'en est pas un. Nous sommes toujours à Ville-d'Avray.

20 heures : les chiffres de la journée viennent de tomber. Le nombre de cas s'élève à 141.356. Le nombre de personnes hospitalisées pour cause de coronavirus s'élève à 20.463 dont 2.299 placées en réanimation. Le nombre de décès s'élève à 27.425 dont 17.224 en hôpital.

Vendredi 15 Mai 2020.

5ème jour de déconfinement.

10 heures 30 : je pars au marché. En chemin j'aperçois assis sur un banc un vieil homme fumant un gros cigare, le masque au menton. Spectacle peut courant en ces jours. Oh coronavirus que nous obliges - tu pas à faire ! Cela fait 9 semaines que les commerçants ont abandonné la place de l'église au coronavirus sur ordre de la mairie. En arrivant je retrouve tous les étals avec leurs toitures multicolores. Un changement important, les allées sont en sens unique. Impossible de passer d'un commerçant à l'autre juste en se retournant. Il y a l'allée pour le poissonnier, l'allée du marchand de légumes, une autre pour le charcutier … Dans chaque allée des marques tous les mètres pour respecter les mesures de distanciation Tout le long des allées des barrières vous tiennent éloignés des marchandises. Aussi plus question de toucher un fruit ou un légume. Certains commerçants ont tendu entre eux et les clients des films plastiques, les échanges se faisant par de petites fenêtres. Tous portent un masque et la plupart, des gants lorsque leur activité le permet. Agnès la policière municipale est là avec un collègue pour veiller au bon déroulement des échanges. Je fais le tour du marché retrouver Affif, Damien et Fabrice qui ont eu la gentillesse de me livrer mes commandes à domicile pendant toute la durée du confinement. Force est de constater que le Covid nous a rapprochés.

20 heures : les chiffres de la journée viennent de tomber. Le nombre de cas s'élève à 141.919 soit 563 cas de plus dans la journée. Le nombre de personnes hospitalisées pour cause de coronavirus s'élève à 19.861 dont 2.299 placés en réanimation, ce qui signifie que 93 lits ont été libérés. Le nombre de décès s'élève à 27.529 dont 17.342 en hôpital.

Samedi 16 Mai 2020.

6ème jour de déconfinement.

Où allons-nous partir en vacances cet été ? C'est une question que je me pose comme beaucoup actuellement.

Nous devrions être un peu rassurés, car Edouard Philippe a annoncé, le 14 mai, que nous Français pourrions partir aux mois de juillet et d'août, partout en France et en outre-mer. Cela signifie que la règle des 100 kilomètres va être abrogée et donc que nous pourrons descendre à Saint Raphaël et sortir en bateau. Que cela nous ferait du bien !

Mais quid des voyages à l'étranger et en Europe ?

Pour le moment, et depuis le 17 mars, les frontières de la France et de l'espace Schengen sont fermées. La Commission Européenne a d'ailleurs recommandé aux vingt-sept pays de l'Union de garder leurs frontières vers l'extérieur fermées jusqu'au 15 juin tout en souhaitant que leurs réouvertures se fassent de façon coordonnée.

Or que constatons nous.

Les pays Baltes : Estonie, Lituanie et Lettonie ont, depuis le 15 mai, allégé leurs restrictions permettant à leurs ressortissants de voyager librement entre ces trois pays.

De son côté, l'Italie a ouvert ses frontières aux voyageurs de l'Union à compter du 3 juin.

L'Islande qui avait laissé ses frontières ouvertes aux ressortissants de l'Union européenne avec, toutefois, depuis le 24 avril, une mise en quarantaine de 14 jours obligatoire à leur arrivée, va la supprimer à compter du 15 juin. Cependant, pour éviter une seconde vague de contamination, elle soumettra les voyageurs arrivant sur son sol à un test au coronavirus. De plus ces derniers devront télécharger une application de dépistage dès leur arrivée. Rappelons que ce pays de terre et de glace a recensé, depuis le 28 février, 1.802 personnes positives au Covid-19 et 10 morts.

En Espagne une mise en quarantaine de 14 jours est obligatoire pour tous les voyageurs étrangers se rendant dans le pays, depuis le 15 mai. Par principe de réciprocité, la France a annoncé la même mesure pour les touristes souhaitant se rendre dans l'Hexagone.

L'Allemagne qui a décidé d'imposer une mise en quarantaine de 15 jours pour toutes les personnes rentrant dans le pays

De son côté, le Royaume-Uni envisage également une mise en quarantaine pour les personnes arrivant par avion dans le pays, avec toutefois des exemptions en faveur des voyageurs en provenance de la France et d'Irlande.

L'Irlande a annoncé la mise en quarantaine pour les touristes étrangers arrivant sur son sol y compris ceux en provenance de Grande Bretagne.

En Suisse, les frontières terrestres et aériennes sont à ce jour encore fermées, sauf pour les ressortissants suisses et liechtensteinois, ainsi que pour les résidents et les travailleurs.

En Belgique et jusqu'au 15 juin, le passage de la frontière demeure interdit à la population sauf quelques exceptions.

Concernant le Danemark, la Pologne, la République Tchèque et la Finlande, l'accès est à ce jour interdit.

Il en est de même pour la Norvège sans permis de séjour, à l'exception des ressortissants de l'UE/EEE y travaillant ou y résidant, ainsi que leur famille, sous réserve d'observer les consignes de quarantaine.

Comme on le voit nous sommes loin de la réouverture coordonnée des frontières souhaitée par la commission Européenne.

Ah ! Covid-19 tu as l'art de mettre en exergue nos failles et nos dissonances !

A 14 heures pile, le recteur du Sanctuaire, Monseigneur Olivier Robadeau-Dumas a symboliquement ouvert les portes du sanctuaire de Lourdes. Une centaine de fidèles attendaient derrière les grilles. Un moment très fort et surtout inhabituel. En 162 ans d'existence, ce lieu saint n'avait jamais fermé ses portes. Avec près de 600 000 visiteurs par an il est l'un des 50 sites touristiques les plus visités de France. La grotte est interdite au public. *Les pèlerins ne pourront rester dans l'enceinte qu'une trentaine de minutes.*

20 heures : les chiffres de la journée viennent de tomber. Le nombre de cas s'élève à 142.291 soit 372 cas de plus dans la journée, signe que le déconfinement se passe bien pour l'instant. Le nombre de personnes hospitalisées pour cause de coronavirus s'élève à 19.432 dont 2.132 placés en réanimation, ce qui signifie que 71 lits ont été libérés. Le nombre de décès s'élève à 27.625 dont 17.412 en hôpital.

Dimanche 17 Mai 2020.

7ème jour de déconfinement.

L'évêque de Châlons-en-Champagne a donné rendez-vous à ses fidèles ce dimanche sur le parking du Capitole en Champagne. Une messe en voiture. Un protocole sanitaire strict a été mis en place. Une fois sur place les fidèles, qui ne pourront pas être plus de quatre par voiture, ne devront pas en sortir. Le drive sera fermé aux piétons. Prévenus d'avance ils auront pu se munir de leurs feuilles de chants. L'évêque célébrera la messe sur une estrade à la vue de tous et les fidèles pourrons écouter la célébration sur leur autoradio. Une quinzaine de prêtres gantés apporteront le Saint- Sacrement. La communion se fera par les vitres des voitures après que les fidèles se seront lavé les mains au gel hydroalcoolique.

16 heures : nous partons chez Christiane à Viroflay. Coup de sonnette, Catherine vient nous ouvrir. Bisous de loin. Il fait un temps splendide, le soleil met en valeur les fleurs des plates-bandes. Muni de mes cannes, accompagné de Marie, je sors par la porte arrière du jardin. En quelques enjambées nous

sommes dans la forêt de chênes. Pendant une bonne heure nous serpentons au travers des allées. Ici et là nous croisons quelques promeneurs. Après avoir atteint un petit oratoire dédié à la vierge nous rentrons. Christiane nous attend avec des rafraîchissements. Longue après-midi de détente à parler de choses et d'autres.

19 heures : C'est le face-time familial sur la terrasse avec les derniers rayons de soleil. Marie est chez Génie sa grand-mère et a retrouvé le sourire. Christine et Paul ont rejoint leur appartement de Paris. Toute la semaine ils ont été en télétravail. Quelques sorties dans Paris mais à vélo, pas question de prendre le métro. Philippe a toujours pour projet de rejoindre ses parents à Thomery. Avec sa barbe de plus de deux mois Pierre a l'air d'un vieux loup de mer.

Le face-time achevé : dîner libanais. Des mezzés en apéritif, puis un taboulé aux mille parfums et pour finir des baklavas aux pistaches.

20 heures : les chiffres de la journée viennent de tomber. Le nombre de cas s'élève à 142.411 soit 220 cas de plus dans la journée, signe que le déconfinement se passe bien pour l'instant. Le nombre de personnes hospitalisées pour cause de coronavirus s'élève à 19.361 dont 2.087 placés en réanimation, ce qui signifie que 45 lits ont été libérés. Le nombre de décès s'élève à 28.108 dont 17.466 en hôpital.

Lundi 18 Mai 2020.

8ème jour de déconfinement.

10 heures : Clémence notre kinésithérapeute répond à mon appel. Bonne nouvelle, elle va pouvoir nous reprendre en main à partir du 3 juin. Mes articulations en ont bien besoin.

Ce matin j'ai voulu comparer les taux de mortalité liés à l'épidémie et quel n'a pas été mon étonnement de constater qu'il varie très sensiblement d'un pays à l'autre. Mais tout d'abord quelques chiffres. A ce jour 180 pays sont touchés par l'épidémie. 4.713.620 cas ont été répertoriés par ceux-ci. Le nombre de morts s'élève à 315.185.

La courbe ci-dessous donne l'évolution du nombre de morts par rapport au nombre de cas recensés. Comme on le constate ce rapport n'est pas une constante mais tend vers une asymptote ayant pour valeur 0,20 pour la France et 0,06 pour les Etats-Unis. Il est probable que cela est dû à l'imprécision des chiffres quotidiens. Le taux de mortalité due à Covid-19 en France serait donc de l'ordre de 2 morts pour 1.000 personnes contaminées alors que pour les Etats-Unis, il ne serait que de 6 personnes pour 1.000 personnes contaminées.

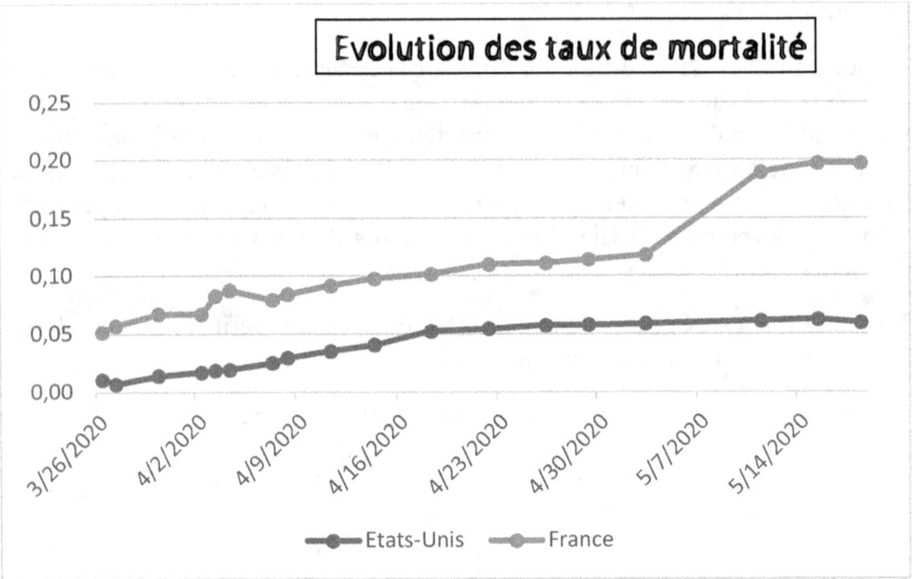

Le tableau ci-dessous montre que l'on peut classer les pays atteints du coronavirus en trois classes. Dans la première on trouve Taïwan, la Corée du sud avec des taux de mortalité inférieurs à 0,02 % et qui sont de loin les deux pays qui ont le mieux maîtrisé l'épidémie en utilisant des systèmes de détection des clusters dès leur apparition. Le second groupe comprend : la Chine, les Etats-Unis et l'Allemagne avec des taux de mortalité de l'ordre de 0,06 %. Dans le troisième on trouve l'Espagne, l'Italie, la France et le Royaume-Unis dont les taux de mortalité varient de 0,12 à 0,20 %. D'où viennent ces disparités ? Probablement aux dires des experts de la vitesse de propagation du virus dans le milieu concerné et de la distanciation des gens. Le nombre d'habitants au kilomètre carré, le nombre de grandes villes, les moyens de communication utilisés : avions, trains, automobiles sont probablement des facteurs significatifs. Comme le montre le tableau ci-dessous il est intéressant de remarquer que le nombre d'habitants au kilomètre carré de la Chine et des Etats-Unis est quatre fois plus petit que celui des pays européens à l'exception de l'Allemagne. Coïncidence ou explication ? Seul le système de défense en profondeur reposant sur la détection des clusters dès leur apparition permet d'expliquer les performances atteintes par la Corée du Sud et Taïwan.

18-mai 2020	Nb Cas	Nb Morts	Taux Mortalité	Nb H/km2
Chine	84054	4638	0,06	46
Etats-Unis	1500000	89562	0,06	34
Espagne	230698	27563	0,12	92
Italie	225435	31908	0,14	200
Allemagne	176369	7962	0,05	232
France	142411	28108	0,20	118
R U	244995	34716	0,14	260
Corée du sud	11065	263	0,02	516
Taïwan	432	6	0,01	651

Le tableau ci-dessous présente les grandes régions de France avec leurs taux de mortalité propres. En rouge celles dont le taux de mortalité se situe au-dessus de 0,18 % à l'exception de la Normandie et de la Corse.

17-mai-20	Cas	Décès	%	
Ile de France	**37021**	**6727**	**0,18**	**Rouge**
Grand Est	**15816**	**3272**	**0,21**	**Rouge**
Hauts de France	**8510**	**1625**	**0,19**	**Rouge**
Bourgogne Franche Conté	**4746**	**959**	**0,20**	**Rouge**
Auvergne Rhône Alpes	9585	1564	0,16	Vert
Provence côte d'azur	6503	840	0,13	Vert
Occitanie	3320	470	0,14	Vert
Aquitaine	2541	373	0,15	Vert
Normandie	2167	394	0,18	Vert
Bretagne	1536	236	0,15	Vert
Pays de Loire	2447	407	0,17	Vert
Centre Val de Loire	2805	473	0,17	Vert
Corse	309	56	0,18	Vert

Au cours de la conférence de presse donnée cette après-midi en même temps à Berlin et à Paris Angela Merkel et Emmanuel Macron ont proposé de créer un fonds de relance européen de 500 milliards d'euros pour sortir de la crise provoquée par l'épidémie de coronavirus. L'annonce d'une mutualisation de dettes acceptée par l'Allemagne *« est un rayon de soleil dans le ciel européen qui a connu récemment des orages entre les pays demandant une aide sans condition et ceux qui ne voulaient pas payer pour les cigales du sud de l'Europe ».* Ce fonds de relance temporaire serait alimenté par des emprunts de la Commission européenne sur les marchés au nom des 27 États membres de l'Union européenne. L'argent obtenu étant ensuite reversé sous forme de dépenses budgétaires aux pays européens, aux secteurs et régions les plus touchées. Reste à obtenir l'accord de tous les pays. Quand on voit les sommes considérables évoquées, on a du mal à imaginer comment l'économie et la vie de nos pays vont repartir.

A l'autre bout de la planète alors que les Etats-Unis viennent de franchir la barre des 90.000 décès et des 1,5 millions de cas de coronavirus, Donald Trump annonce que depuis une semaine et demie il prend de l'hydroxy chloroquine de manière préventive contre le Covid-19. Trump- Raoult même combat !

Comment sans toi Covid-19 imaginer une telle déclaration !!!

20 heures : les chiffres de la journée viennent de tomber. Le nombre de cas en France s'élève à 142.411 soit 492 cas de plus dans la journée. Le nombre de personnes hospitalisées pour cause de coronavirus s'élève à 19.015 dont 1.998 placés en réanimation, ce qui signifie que 89 lits ont été libérés. Le nombre de décès s'élève à 28.239 dont 17.589 en hôpital.

Mardi 19 Mai 2020.

9ème jour de déconfinement.

10 heures 30 : je pars faire le marché. Sur la place de l'église les commerçants sont tous là. Les clients font sagement la queue dans les allées à sens unique et en respectant les règles de distanciation. Le port du masque devient une habitude car rare sont les personnes qui n'en portent pas. Au marché U quasiment personne. Je fais un saut au pressing là encore point de queue. La vie reprend ses droits petit à petit. Un passage à l'église ou j'allume plusieurs cierges. Comme ont dû le faire mes ancêtres lors des épidémies de peste et de choléra à Pernes les Fontaines et à Mazan, je demande à Dieu de bien vouloir mettre fin à cette épidémie.

La Préfecture du Nord vient d'annoncer qu'une campagne de dépistage massive, concernant près d'un millier de fonctionnaires, allait être menée cette semaine au sein du commissariat central de Lille après l'identification de trois cas de Covid-19 positifs Le premier cas d'infection a été détecté chez un membre du personnel dimanche dernier et le *« contact tracing »* mis en place immédiatement dans le cadre de la stratégie sanitaire « tester-tracer-isoler », a permis d'identifier le même jour deux cas positifs supplémentaires». Ces trois personnes ont été immédiatement placées en quatorzaine.

L'Agence Régionale de Santé (ARS) des Hauts-de-France, chargée d'identifier et d'analyser les clusters, va organiser à partir de mercredi, et jusqu'à la fin de la semaine, une campagne de dépistage de l'ensemble des personnels du commissariat central. Près d'un millier de fonctionnaires sont concernés par ce dépistage, qui se déroulera dans les locaux du commissariat et sera assuré par une équipe composée de professionnels de santé du CHU de Lille et d'infirmiers libéraux. Tous les personnels positifs et les contacts proches devront respecter des mesures d'isolement. Ce nouveau cas montre que la politique d'identification et d'analyse des clusters commence à se mettre en place en France. Mais arriverons-nous à tous les identifier, à remonter à leurs origines et à dénombrer toutes les branches ? Car tel est le défi qui s'impose à nous.

Ce matin Michel Cymes à RTL a expliqué rapidement comment le savon lorsque l'on se lave les mains détruit le coronavirus. Aussi j'ai recherché sur internet ce mécanisme qui est fort intéressant[21].

21 Jonathan Corum et Ferris Jabr – New-York Times

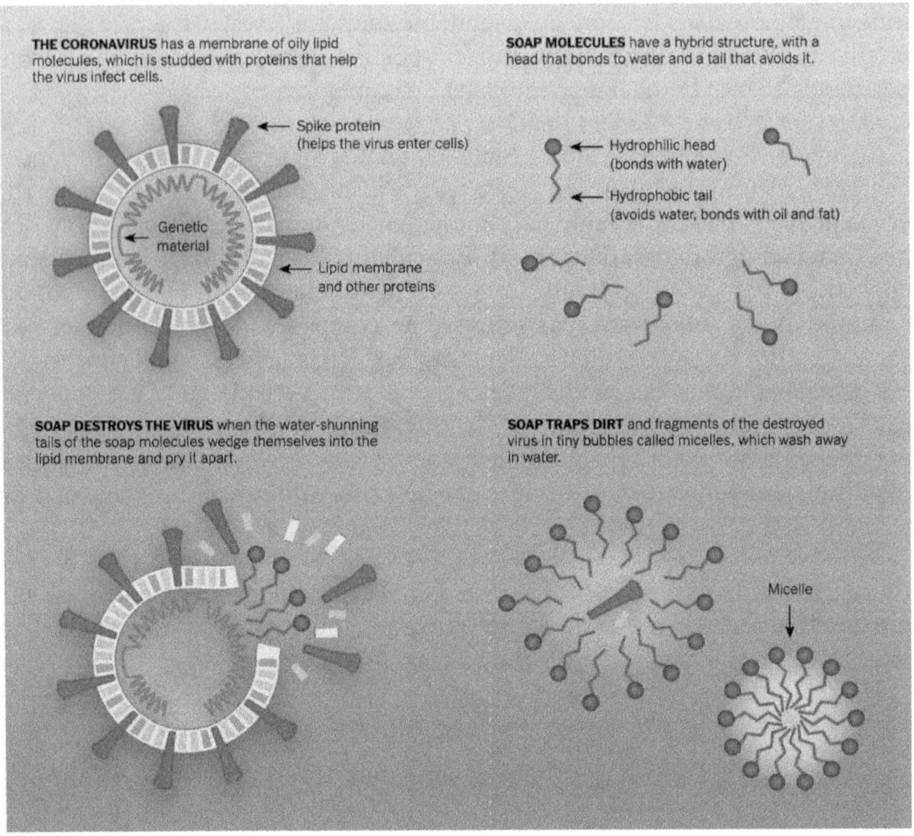

Comme le montre la figure ci-dessus, le virus est entouré d'une membrane lipidique contenant aussi des protéines et des piques (en rouge) qui lui permettent de se fixer sur la membrane de la cellule qu'il veut pénétrer, comme nous l'avons vu plus haut dans ce journal. Les molécules de savon ressemblent à de petites épingles avec une tête hydrophile (qui aime l'eau) et une queue hydrophobe (qui ne l'aime pas). En se fixant sur la membrane lipidique du virus les molécules de savon arrive à la percer puis à pénétrer dans le virus qu'elles décomposent en de nombreux morceaux, qu'elles entourent et évacuent au rinçage.

20 heures : les chiffres de la journée viennent de tomber. Le nombre de cas en France s'élève à 143.427 soit 524 cas de plus dans la journée. Le nombre de personnes hospitalisées pour cause de coronavirus s'élève à 18.468 dont 1.894 placés en réanimation, ce qui signifie que 104 lits ont été libérés. Le nombre de décès s'élève à 28.022 dont 17.714 en hôpital.

<u>Mercredi 20 Mai 2020.</u>

<u>10ème jour de déconfinement.</u>

En pleine guerre d'invective sino-américaine, les pays membres de l'OMS viennent d'adopter après deux jours de discussion une résolution sur l'évaluation de la réponse sanitaire internationale donnée par les différents pays et organisations, y compris l'OMS, pour faire face à la pandémie du Covid-19, qui a fait à ce jour plus de 315.000 morts dans le monde. Mais les termes de ce texte sont si vagues et édulcorés que cette résolution risque à terme de n'avoir aucun effet.
Parmi les différents points abordés, nous en retiendrons deux.
Le lancement d'une enquête en vue d'identifier la source zoonotique du virus et les voies par lesquelles il s'est introduit dans la population humaine, ce qui exclut en grande partie l'hypothèse de la manipulation d'un coronavirus dans un des laboratoires de Wuhan.
L'accès universel aux vaccins qui seront mis au point, le rôle d'une vaccination à grande échelle en tant que bien public mondial et l'accès universel, rapide et équitable de tous les produits et technologies de santé essentiels pour lutter contre cette pandémie.
Quant au retour de Taïwan au sein de l'OMS même comme simple auditeur il n'a pas été abordé afin de ne pas froisser la Chine.

En fin d'après-midi nous sommes allés à la librairie « Mille feuilles » située dans une grande demeure qui domine la place de l'église pour retirer le livre que j'ai commandé au début du confinement et qui vient d'être réimprimé « La grande peur en occident du XIV au XVIIIe siècles » de l'historien Jean Delumeau. Mon but, savoir si des parallèles pourraient être faits, des invariants dégagés entre les grandes épidémies de peste et de choléra qui sévirent du IV au XVIIIème siècle et l'actuelle pandémie de coronavirus bien que nos modes de vie aient profondément changés. Reste à me mettre au travail.

En entrant nous avons fait le tour de la résidence pour nous dégourdir les jambes.

20 heures : les chiffres viennent de tomber. Le nombre de cas en France s'élève à 143.845 soit 418 cas de plus dans la journée confirmant pour l'instant la bonne tenue du déconfinement mais il faut attendre la fin du prochain pont. Le nombre de personnes hospitalisées pour cause de coronavirus s'élève à 17.941dont 1.794 placés en réanimation, ce qui signifie que 100 lits ont été libérés. Le nombre de décès s'élève à 28.132 dont 17.812 en hôpital.

Jeudi 21 Mai 2020.

11ème jour de déconfinement.

Bien que l'Ascension soit jour férié, pourquoi ne pas imaginer les conséquences que le télétravail risque d'induire plus ou moins vite dans nos sociétés.

Hier seule Christiane pratiquait le télétravail, une fois par semaine le vendredi. Lors du confinement mes enfants et petits-enfants sont passés au télétravail. Or force est de constater qu'après le déconfinement le télétravail continue, voir est encouragé par les pouvoirs publics pour éviter la saturation des transports en commun, qu'il devient une orientation stratégique intéressant nombre de PDG comme celui de PSA Peugeot Citroën. Selon lui *« près de 80.000 personnes seraient potentiellement concernées par le télétravail sur les 200.000 collaborateurs que compte le groupe ». « Venez une journée voire une journée et demie par semaine au bureau »* devient le slogan de nombre de DRH car *« cela permet de limiter les temps de déplacements, d'alléger les coûts ... Davantage de télétravail c'est moins de bureaux, de loyers ... »*. Mais c'est aussi peut être une nouvelle revendication sociale. Car si les salariés sont amenés à travailler chez eux pourquoi ne pas imaginer que les sociétés prennent en charge certains frais : l'électricité, une partie du loyer et certains équipements de bureaux ordinateurs, fauteuils ergonomiques ... Le télétravail impose aussi une nouvelle réflexion au niveau des bureaux. Après l'open space, est peut-être venu le temps du flex office avec des lieux d'échanges, de créativité, de bulles pour téléphoner ... Le télétravail risque d'entraîner un nouveau pacte social. Le management par objectifs va prendre le pas sur le temps de travail qui pour ces catégories de salariés va perdre une grande partie de son sens. Qui aurait imaginé qu'un virus modifie si profondément notre société ?

20 heures : les chiffres viennent de tomber. Le nombre de cas en France s'élève à 144.163 soit 736 cas de plus dans la journée. Le nombre de personnes hospitalisées pour cause de coronavirus s'élève à 17.583dont 1.745 placés en réanimation, ce qui signifie que 49 lits ont été libérés. Le nombre de décès s'élève à 28.215 dont 17.870 en hôpital.

Vendredi 22 Mai 2020.

12ème jour de déconfinement.

7 heures 30 : je pars faire mes courses au marché U, le masque sur la figure. En traversant la place de l'église j'aperçois les commerçants s'installer et mettre en place les barrières des couloirs de circulation. Les employés

municipaux les aident. Pas de queue devant le marché U, j'entre. Peu de monde dans le magasin. Les employés emplissent les rayons vides. Brahim est là comme à l'accoutumée, lui aussi le masque sur le visage. Nous échangeons quelques mots en arabe. Cela me rappelle un épisode de mon enfance marocaine au Aït Mohamed, le premier poste où mon père a été muté après la campagne de France. Ce soir-là mon père était rentré à la villa la figure fermée. Il s'était enfermé longuement avec ma mère. Ce n'est que le lendemain en demandant à Lassen notre cuisinier pourquoi il mettait sous les pieds des lits des coupelles remplies de pétrole que j'appris qu'une épidémie de peste était en train de ravager les douars des environs. L'épidémie dura quelque mois puis disparut. A six ans j'avais vécu ma première épidémie.

Ce matin le Figaro titre Covid-19 : après la crise sanitaire la menace judiciaire. Plus de 70 plaintes ont été déposées devant la Cour de Justice de la République. Créée en 1993, cette instance composée de six élus de l'Assemblée Nationale, de six élus du Sénat et de trois magistrats du siège de la Cour de Cassation, a pour compétence de juger pénalement les membres du Gouvernement : Premier ministre, Ministres et Secrétaires d'Etat, des crimes et délits accomplis dans l'exercice de leurs mandats. Bien que décriée au fil des rares affaires traitées, (sept ministres jugés en 27 ans), cette instance reprend plus que jamais du service dans le cadre de l'épidémie du Covid-19. Depuis le début du confinement 71 plaintes ont été déposées auprès de cette Cour. Pas un ministre n'échappe à la colère des citoyens qui portent plainte seuls ou groupés. Cible privilégiée le Premier ministre. Quatre infractions reviennent en boucle. L'homicide pour coups et blessures involontaires, la mise en danger de la vie d'autrui, la non-assistance à personne en péril, et l'abstention volontaire de porter à une personne en péril l'assistance que sans risque pour lui ou pour des tiers il pouvait porter.
De son côté le Parquet de Paris a enregistré à ce jour plus de 45 plaintes en tant de personnes dénommées que contre X, de particuliers, d'associations, de syndicats pouvant réunir parfois des milliers de personnes comme c'est le cas de la FNEVAC[22].
Les principaux motifs sont : le traitement trop tardif des premiers clusters apparus, l'absence de masques et de tests, la tenue du premier tour des élections municipales, la gestion des décès dans les EHPADs ...
En contrepartie des instances judiciaires deux commissions d'enquêtes parlementaires la première à l'Assemblée Nationale, la seconde au Sénat auront à charge, dans les six mois, de comprendre de façon précise comment les décisions du Gouvernement ont été prises. Il s'agira d'en tirer un retour d'expérience utile pour d'autres épidémies.

22 - Fédération Nationale des Victimes d'Accidents et Accidents collectifs.

En fin de journée le Premier ministre accompagné du ministre de l'Intérieur a annoncé que le second tour des élections municipales se tiendrait le dimanche 28 juin et que les résultats du premier tour étaient maintenus. Bien entendu toutes les mesures de sécurité sanitaires seraient prises. Quinze jours avant, le Conseil scientifique donnera son avis. Si celui-ci est négatif l'élection sera reportée. Une innovation : chacun devra être muni de son propre stylo.

Ah ! coronavirus jusqu'où vas- tu t'immiscer ?

20 heures : les chiffres viennent de tomber. Le nombre de cas en France s'élève à 144.556 soit 393 cas de plus dans la journée. Le nombre de personnes hospitalisées pour cause de coronavirus s'élève à 17.383 dont 1.701 placés en réanimation, ce qui signifie que 44 lits ont été libérés. Pour la première fois le nombre total de décès ne figure pas dans les statistiques. Pourquoi je ne sais pas. Par contre celui en hôpital est donné il s'élève à 17.383.

Samedi 23 Mai 2020.

13ème jour de déconfinement.

Les sociétés d'assurances qui jusqu'ici avaient été en dehors de l'épidémie, mieux, qui avaient vu leurs bénéfices croître du fait de la baisse des accidents liée au confinement, ceux-ci ne donnant pas lieu au remboursement des dégâts et préjudices, commencent à apparaître sur la scène. Témoin, le jugement rendu par le Tribunal de Commerce Paris ordonnant hier à AXA d'indemniser un restaurateur parisien à hauteur de deux mois de perte de son chiffre d'affaires estimée à plus de 70.000 € du fait du confinement car son contrat comportait une extension de garantie en cas de fermeture administrative *« imposée par les services de police ou d'hygiène ou de sécurité »*. Suite à cette décision nombre de restaurants dont les contrats comportaient la même clause se sont saisis du Tribunal de Commerce de Paris ou de province. Bien entendu AXA qui assure plus de 13 % des commerçants et artisans français compte faire appel de cette décision.

La menace judiciaire prend un autre visage. Comme nous l'avons vu les établissements d'hébergement des personnes âgées dépendantes ont été frappés de plein fouet par l'épidémie de coronavirus. Rappelez-vous au début de l'épidémie, les décès en EHPAD n'étaient pas comptabilisés. Une fois ceux-ci recensés la barre des 10.000 a été franchie à la mi-mai. Suite aux très nombreuses plaintes formulées par les familles des personnes décédées, au moins trois Parquets : Grasse, Nanterre et Paris ont ouvert depuis fin mars des enquêtes « pour mise en danger d'autrui » concernant la gestion des EHPAD où des résidents sont décédés des suites de l'épidémie. Face à ces demandes croissantes adressées aux différents Parquets plusieurs avocats ont demandé à la ministre de la Justice de réunir toutes ces plaintes pénales dans un même pôle d'Instruction comme par exemple Marseille qui a fait ses preuves notamment dans le dossier du Levothyrox, afin d'obtenir des jugements rapides et cohérents.

Comme on le voit après la crise sanitaire se renforce la menace judiciaire.

Le dimanche de la Pentecôte va pouvoir être célébré. En effet, cette nuit le gouvernement vient de publier un décret au journal officiel permettant la célébration des cultes sous certaines conditions, suite à la pression de l'épiscopat français et à la demande lundi dernier du conseil d'Etat de lever dans un délai de huit jours l'interdiction totale des réunions de cultes. Bien entendu les conditions de sécurité sanitaires devront être respectées par toutes les personnes de plus de 11 ans : distanciation sociale, port du masque, lavage des mains. Un filtrage devra être mis en place à l'entrée de chaque lieu de culte.

16 heures : nous sortons pour faire des courses et aussi nous dégourdir les jambes. En chemin nous croisons nombre de personnes. Presque toutes portent un masque. De nombreuses voitures à l'arrêt aux feux. La vie reprend ses droits. Au bazar bleu la porte est ouverte mais ne peut entrer qu'une seule personne à la fois. Nous attendons, puis c'est au tour de Michèle. Je reste dans la rue. Derrière moi la queue se constitue peu à peu. Munie de ses achats Michèle sort et nous repartons. A la teinturerie même scénario. De retour, nous nous arrêtons sur le parvis de l'église. Aucune messe affichée pour Dimanche. Nous entrons. L'église a son caractère habituel. Aucune marque de distanciation ni sur le sol ni au niveau des chaises, ce qui confirme qu'aucun office ne sera célébré ce Dimanche.

19 heures : à la télévision une rediffusion de la conférence faite par Bill Gates en 2015 sur les leçons à tirer de l'épidémie d'Ebola qui venait d'avoir lieu.

Discours étrangement prophétique s'agissant de ce que nous sommes en train de vivre avec le coronavirus. Je ne résiste pas à citer une grande partie de son intervention.

« Quand j'étais gamin, la catastrophe dont on avait le plus peur était une guerre nucléaire. Mais aujourd'hui, le plus grand risque de catastrophe mondiale ne ressemble pas à ça. Il ressemble à ça". Et Bill Gates montre la maquette d'un virus tel qu'il est vu au microscope[23]. *"Si quelque chose tue plus de 10 millions de gens dans les prochaines décennies, ça sera probablement un virus hautement contagieux plutôt qu'une guerre. Nous*

23 - Voir plus haut les schémas présentés

avons énormément investi dans la dissuasion nucléaire, mais très peu dans un système pour arrêter les épidémies. Nous ne sommes pas prêts pour la prochaine épidémie ... Regardez Ebola : le problème n'était pas que le système n'a pas assez bien marché. C'était qu'il n'y avait pas de système tout court. La prochaine épidémie pourrait être bien plus dramatique. Il pourrait y avoir un virus avec lequel les gens infectés se sentiraient suffisamment bien pour prendre l'avion, aller au marché... ». N'est-ce pas ce que nous sommes en train de vivre avec le Covid-19 ?
Bien qu'alarmiste, il voyait déjà des pistes pour combattre l'épidémie à venir « *On a des portables pour recevoir et diffuser l'information au public. On a des cartes satellites où l'on peut voir les gens et où ils vont. On a les avancées en biologie qui pourraient changer notre manière de voir un agent pathogène et nous permettre de fabriquer des médicaments et des vaccins adaptés. On a les outils, mais ces outils doivent être employés par un système de santé mondial ».* Toujours réaliste, efficace, concret il poursuit : « *Le seul modèle efficace connu est celui d'une rigoureuse distanciation sociale. Si vous ne faîtes pas ça, alors le virus touchera une large partie de la population et les hôpitaux se retrouveront en état de saturation en raison de l'afflux de personnes malades. La Chine voit le nombre de cas diminuer désormais parce que la mise en place des tests et du confinement a été très efficace. Si un pays réussit à mettre en place des tests et à faire respecter le confinement, alors entre 6 à 10 semaines, il devrait voir le nombre de cas baisser et commencer à pouvoir envisager un retour à la normal ».*

Visionnaire il décrit en 2015 ce que vient de faire Taïwan !

20 heures : les chiffres viennent de tomber. Le nombre de cas en France s'élève à 144.806 soit 250 cas de plus dans la journée. Le nombre de personnes hospitalisées pour cause de coronavirus s'élève à 17.178 dont 1.665 placés en réanimation, ce qui signifie que 80 lits ont été libérés. Le nombre total de décès s'élève à 28.332 dont 17.987 en hôpital.

Aux informations du soir nous apprenons qu'une rencontre inter-quartiers vient de réunir entre 300 et 400 spectateurs au stade Paco-Mateo de Strasbourg. Elle opposait deux quartiers de la capitale alsacienne, Hautepierre et Neuhof et avait été annoncée sur les réseaux sociaux alors même que les rassemblements de plus de dix personnes sont interdits, dans le cadre de l'état d'urgence sanitaire liée à la Covid-19. Il est probable que nous allons en entendre parler dans les jours qui viennent.

Dimanche 24 Mai 2020.

14ème jour de déconfinement.

15 heures : nous partons faire le tour des étangs. Voilà plus de deux mois que nous n'y sommes plus retournés. Sur le chemin beaucoup de monde à pied et à vélo. Passée la maison Corot nous prenons le chemin de terre qui longe les étangs. Les arbres sont magnifiques dans leur parure de printemps. Sur l'eau deux petits voiliers font la course, téléguidés par leurs capitaines. A droite et à gauche assis par terre des familles finissent leurs repas, sans trop se préoccuper des règles de distanciation. Le port du masque est aléatoire. Les nénuphars ont fait leurs réapparitions recouvrant la surface de l'eau. Nous restons assis sur un banc laissé vide, à regarder le printemps qui bourgeonne partout. Impossible d'atteindre le deuxième étang à cause des travaux engagés pour restaurer la digue qui paraît-il s'effondre. Aussi nous rentrons par le même chemin de terre.

20 heures : les chiffres viennent de tomber. Le nombre de cas en France s'élève à 144.921 soit 115 cas de plus dans la journée. Le nombre de personnes hospitalisées pour cause de coronavirus s'élève à 17.185 dont 1.655 placés en réanimation, ce qui signifie que 10 lits ont été libérés. Le nombre de décès s'élève à 28.367 dont 18.022 en hôpital.

Lundi 25 Mai 2020.

15ème jour de déconfinement.

Cette après-midi le ciseau volant est arrivé à la maison. C'est le surnom du coiffeur à domicile. La cuisine s'est transformée en salon de coiffure durant une heure. Je dois dire que nous en avions besoin. C'est drôle de se faire couper les cheveux un masque sur la figure et le risque est grand de le perdre lorsque l'on vous fait le tour des oreilles. C'est d'ailleurs ce qui est arrivé l'élastique a cédé sur un coup de ciseau.

Mais revenons sur le match qui s'est tenu samedi à Strasbourg.

« Incompréhensible, irresponsable, gravissime... » la Préfète du Bas-Rhin et de la région Grand-Est n'a pas mâché ses mots lors de son intervention concernant le match de foot sauvage qui s'est tenu samedi à Strasbourg.

« J'adresse un carton rouge aux organisateurs et aux participants », a poursuivi la représentante de l'Etat qui craint désormais *« un nouveau cluster ».* Souvenons-nous du rassemblement des Evangélistes à Mulhouse du

17 au 22 février dernier. Une chaîne de transmission du virus s'est peut-être créée lors de ce match. Il faut absolument la casser pour éviter de voir partir une seconde vague dans le Grand Est qui a déjà beaucoup souffert. Comment ? Par des tests massifs chez toutes les personnes qui ont participé à cette rencontre sportive.

Aussi les autorités ont pris des mesures et invitent tous les participants à se faire dépister. Par la voie classique via son médecin ou en se présentant anonymement et sans ordonnance au Parlement européen à partir de jeudi. C'est ainsi que la responsable de l'Agence Régionale de Santé (A R S) a précisé que les personnes ayant pris part ou assisté au match *« pourront venir se faire tester sans ordonnance, sans rendez-vous et dans le plus grand anonymat à partir de ce jeudi et jusqu'en début de semaine prochaine, ils auront juste à prendre leur carte vitale et à se présenter là-bas. Cette démarche ne leur portera pas préjudice sur le plan judiciaire. »*

A ce jour les responsables de ce rassemblement n'ont pas été identifiés. Une enquête a été ouverte. Ils risquent au moins six mois d'emprisonnement et 7.500 euros d'amende.

La ville de son côté a réagi en démontant les buts du stade Paco-Mateo et d'autres terrains pour éviter tout match de retour.

20 heures : les chiffres viennent de tomber. Le nombre de cas en France s'élève à 144.279 soit 358 cas de plus dans la journée. Le nombre de personnes hospitalisées pour cause de coronavirus s'élève à 16.798 dont 1.609 placés en réanimation, ce qui signifie que 46 lits ont été libérés. Le nombre de décès s'élève à 28.457 dont 18.112 en hôpital.

Mardi 26 Mai 2020.

16ème jour de déconfinement.

Jour après jour nous voyons s'accumuler les conséquences dues à la crise sanitaire et aux mesures de confinement prises par le gouvernement. C'est notamment le cas du marché automobile. En avril, les immatriculations de véhicules neufs ont chuté de -88,8% en France et de -76,3% pour l'Europe en raison de la pandémie de Covid-19. Actuellement plus de 400.000 véhicules sont stationnés sur des parkings, attendant d'être vendus. Ce qui représente le nombre d'emplois directs générés en France par le secteur de l'automobile. De quoi ajouter à la crise économique une sérieuse menace de crise sociale.

Les mesures annoncées par le chef de l'Etat étaient donc très attendues par ce secteur qui emploie environ 200.000 personnes.

Emmanuel Macron a choisi l'usine de l'équipementier Valeo à Etaples (Pas-de-Calais), près du Touquet, pour présenter les mesures destinées à soutenir le secteur automobile, site, qui emploie plus de 1.800 personnes et qui est spécialisé dans la fabrication d'alternateurs et de technologies du futur. Cette entreprise est en relation avec les constructeurs du monde entier.

Ce plan de soutien historique face à une situation historique est orienté selon deux axes : les innovations vertes et le retour de la production haut de gamme en France.

Plusieurs aspects principaux ont été abordés par le Président.

L'heure est au déstockage, souvenez-vous nous avons 400.000 voitures stockées en attente d'être vendues ! Aussi le plan prévoit des primes d'aide à la conversion, élargies pour les ménages modestes et très modestes. Les trois quarts des Français seront éligibles. Elles pourront atteindre les 7.000 euros pour un véhicule électrique et 2.000 € pour une hybride rechargeable.

Pour faire face à ce développement de la voiture électrique le plan prévoit le déploiement de 100.000 bornes de recharge d'ici 2023 sur l'ensemble du réseau autoroutier

8 milliards d'euros d'aide seront investis par l'Etat dans le secteur automobile dont 200 millions d'euros pour soutenir les équipementiers et 150 millions d'euros pour la recherche concernant l'auto du futur qui devra être française.

PSA va augmenter sa production hybride électrique en France soit 130.000 véhicules. Il investira pour cela 360 millions d'euros. La 3.008 sera entièrement produite en France. Renault de son côté a pris plusieurs engagements. D'ici 2022, 240.000 véhicules électriques devront être produits en France en ramenant la fabrication des moteurs électriques d'Asie vers la France.

Ce virage au tout électrique est surprenant sachant que nous ne maîtrisons pas la technologie des batteries. Passer au tout électrique alors qu'on ferme des centrales nucléaires sans en construire d'autres. Vouloir que chaque citoyen ait une voiture alors que les villes en sont saturées !

Trois jours après nous apprendrons que Renault va supprimer 15.000 emplois dans le monde dont 4.600 en France.

Vraiment Covid-19 tu adores nous pousser dans nos contradictions !

Dans la journée, les députés ont voté à l'unanimité, du Rassemblement national à la France insoumise, une loi pour que les enfants des soignants morts du Covid-19 obtiennent le statut de pupille de la Nation qui garantit, pour les enfants âgés de moins de 21 ans un soutien de l'État.

Cette mesure vise à la fois à honorer la mémoire des soignants morts dans le combat contre la Covid-19 et à soutenir les familles endeuillées. Ce statut qui reste à préciser pourrait prendre modèle sur celui des enfants dont un parent soldat est mort au combat et qui a déjà été étendu, aux enfants des victimes du terrorisme.

19 heures 30 : nous arrivons chez Christiane à Viroflay. Ce soir nous fêtons les 23 ans de Marie. Elle est superbe dans sa robe rouge et ses sandales noires à grands lacets. Christine est là avec Paul que nous revoyons pour la première fois depuis qu'il a contracté le coronavirus. Assis dans le jardin nous prenons l'apéritif. Brusquement au-dessus de nos têtes le bruit d'un avion. Nous sursautons tous, cela fait deux mois que nous n'en avions plus entendu. Brusquement, je prends conscience que depuis le confinement nous ne voyons plus dans le ciel ces traînées blanches laissées par tous ces gros porteurs qui au fil des heures se transformaient en volutes avant de se dissoudre. Elisa, la copine de Marie évoque la situation catastrophique de l'aérien. Sa mère hôtesse de l'air s'attend à des mises à la retraite anticipées. Même les pilotes seraient concernés surtout avec l'abandon de l'A 380 et autres types. Je ne peux m'empêcher de penser à l'impact probablement très important que va avoir cette épidémie sur l'emploi, sur la vie de mes enfants et petits-enfants. Dîner italien très convivial et pour finir une tarte aux citron meringuée avec 23 bougies. Il est déjà 23 heures aussi nous prenons le chemin du retour.

Les chiffres de la journée viennent de tomber. Le nombre de cas en France s'élève à 145.555 soit 276 cas de plus qu'hier. Le nombre de personnes hospitalisées pour cause de coronavirus s'élève à 16.264 dont 1.555 placés en réanimation, ce qui signifie que 54 lits ont été libérés. Le nombre de décès s'élève à 28.530 dont 18.195 en hôpital.

Mercredi 27 Mai 2020.

17ème jour de déconfinement.

Michèle a passé une bonne partie de la journée à résoudre une équation complexe. Avant le confinement Décofort avait entrepris des travaux dans les appartements en vue de remettre en état les tuyauteries amenant dans les appartements l'eau chaude et l'eau froide, cassant ici et là les murs derrière lesquelles elles circulaient. Tout se passait normalement. Puis vint le confinement. Tout fut arrêté pour raison de risque de transmission du virus. Les trous avaient été masqués avec des plastiques dans l'attente d'une prochaine reprise. Avec le déconfinement la vie reprend ses droits petit à petit et les travaux devraient reprendre incessamment. Mais voilà Covid-19 est passé par là. La fédération française du bâtiment, comme toutes les administrations s'est mise au travail et vient de sortir les directives à suivre par ses mandants. Voici le document qu'on vient de lui remettre.

« Fiche N°1 Intervention chez un particulier. Cas d'un intervenant unique chez un client non malade et n'étant pas à risque de santé élevé »[24]

Trois pages recto verso donnent les consignes à suivre pour l'intervenant et pour le client. Tout est prévu concernant le comportement que doit adopter l'agent qui va intervenir. Avant son intervention, durant son déplacement pour se rendre sur le chantier, pendant l'intervention et durant les repas.

La page N°1 donne toutes les consignes que l'intervenant doit suivre comme par exemple :

« - si l'agent intervient à mains nues il doit se laver les mains toutes les deux heures au minimum »,

« - si le port des gants est adapté à l'activité il doit se laver les mains avant de les mettre et après les avoir enlevés »,

«il doit réaliser les travaux sans porter les mains au visage (le cas échéant, se laver les mains avant et après) »,

« il doit désinfecter à l'aide de lingettes désinfectantes les zones qui ont été en contact avec l'intervenant ».

La page N°2 est un questionnaire établissant la relation entre l'intervenant et le client.

En premier lieu l'état sanitaire chez le client.

« Le client confirme qu'aucun occupant n'est infecté ou porteur avéré ou suspecté par le corps médical du Covid-19 (toux, fièvre, difficulté respiratoire ...) ou à risque de santé élevé.[25]

---

24 - Voir liste établie par le haut conseil de la santé publique (https://declare.ameli.fr/assure/conditions).

25 - Voir liste établie par le haut conseil de la santé publique (https://declare.ameli.fr/assure/conditions).

Si tous les occupants sont sains alors la fiche s'applique dans le cas contraire on doit appliquer une autre fiche de travail N°3.

Suit ensuite une série de questions pour organiser le chantier par exemple : *« L'accès au chantier depuis la voie publique peut-il se faire dans des conditions compatibles avec les recommandations sanitaires (accès parking, parties communes, ascenseurs, parties privatives ...) ?*

Pour finir les travaux interrompus depuis le confinement, les ouvriers devront se servir de l'ascenseur pour accéder aux différents étages. Or tous les travaux côté gauche sont finis, seuls restent à achever ceux situés dans les appartements situés à droite. Pour pouvoir commencer les travaux il faut donc que tous les propriétaires utilisant l'ascenseur donnent leur accord pour que les ouvriers l'utilisent. Il suffit du refus par peur du coronavirus d'un propriétaire dont les travaux sont achevés pour arrêter tous les travaux. Voilà le dilemme auquel Michèle est confrontée.

Ah ! Covid-19 vers quel monde absurde vas-tu nous conduire ?

20 heures : les chiffres viennent de tomber. Le nombre de cas en France s'élève à 144.746 soit 191 cas de plus dans la journée. Le nombre de personnes hospitalisées pour cause de coronavirus s'élève à 15.680 dont 1.501 placés en réanimation, ce qui signifie que 54 lits ont été libérés. Le nombre de décès s'élève à 28.596 dont 18.260 en hôpital.

Jeudi 28 Mai 2020.

18ème jour de déconfinement.

10 heures 30 : je sors faire des courses. A la pharmacie deux personnes font la queue en respectant bien les distances de sécurité je les rejoins et attends de pouvoir entrer. Une deux trois personnes sortent. C'est mon tour j'entre. A l'intérieur trois personnes devant les banques en train de se faire servir. J'attends assis sur une chaise quelques minutes. Le poste de la pharmacienne se libère. Des changements sont intervenus depuis ma dernière visite. Chaque banque est protégée par une plaque en plexis-glass ne laissant qu'une toute petite fente pour passer cartes vitales et bancaires. Après m'avoir servi, comme la boutique est vide nous évoquons la crise. Depuis le début du confinement le chiffre d'affaire de la pharmacie a chuté de plus de 30 % car le nombre de clients a beaucoup diminué. Savez-vous me dit-elle qu'il y a des personnes que *« je voyais régulièrement au moins une ou deux fois par semaine qui ne sont plus revenues à la pharmacie et dont je n'ai plus aucune*

nouvelle. Beaucoup ne sont plus allées chez leurs médecins. Je trouve que les gens ont peur, peur de sortir, peur de l'autre ». Je lui demande des nouvelles de sa fille qui est au Costa Rica. « *Ah là-bas l'épidémie fait rage comme aux Etats-Unis. Elle vient de perdre le job qu'elle avait et cherche à vendre le bar dont elle est propriétaire mais qui est complètement désert depuis la pandémie. Vous imaginez sa situation ! »*. Je ne peux m'empêcher de lui dire heureusement que vous êtes là pour l'aider. Son hochement de tête vaut réponse.

Une fois dehors je repense à la description de Jean De Lumeau concernant les mesures de protection mises en place la nuit pour contrôler les entrées dans la ville d'Augsbourg. « *Quatre grosses portes successives, un pont sur un fossé, un pont-levis et une barrière de fer n'apparaissaient pas de trop pour protéger contre toute surprise une ville de 60.000 habitants qui est à l'époque la plus peuplée et la plus riche d'Allemagne dans un pays en proie aux querelles religieuses tandis que le Turc rode aux frontières »*[26].

A cette époque, les hommes pris individuellement, mais aussi leurs collectivités, sont engagés dans un dialogue permanent avec la peur. Peur de l'autre, peu de la misère, peur de la faim, peur de la maladie, peur de la mort, peur des puissants, peur des puissances maléfiques, peur de Dieu. Il faudra plusieurs siècles pour réduire et maîtriser ces peurs, grâce à la créativité de certains grands hommes qui ont découvert : la machine à vapeur, les vaccins, la chimie, les engrais, l'électricité, l'avion, l'informatique … Et voilà alors que la faim a régressé de façon drastique dans le monde, que la mortalité à la naissance a pratiquement disparue, que la liberté a conquis la plupart des Etats, que les guerres sont devenues des joutes oratoires, il a suffi d'un tout petit virus naturel ou un peu travaillé dans un laboratoire pour que cette peur ancestrale renaisse et se voit même derrière nos masques.

En passant devant l'église comme à chaque sortie j'entre. Elle est déserte. Mais dans la pénombre je note un changement. Des rubans colorés sur les chaises. Sur un banc comportant quatre chaises, seules les deux situées à son extrémité sont utilisables. Le banc suivant est condamné. Puis à nouveau deux chaises libres sur quatre. Bilan sur douze chaises quatre sont utilisables. Il est donc probable qu'une ou plusieurs messes soient dites dimanche à Ville-d'Avray.

17 heures : le Premier ministre prend la parole pour annoncer les nouvelles dispositions prises par le Gouvernement suite au déconfinement.

Dès le début de son intervention, il présente une carte sur laquelle seules figurent en orange : l'Ile de France, Mayotte et la Guyane. Tout le reste du

---

[26] Jean Delumeau – La peur en occident.

pays apparaît en vert, signe d'une activité épidémique maîtrisée et fruit du bon travail de tous les soignants et de la rigueur de tous les Français.
Les principales annonces concernent pour toutes les zones vertes :

- La réouverture des restaurants et bars ;
- La reprise des entraînements pour les sportifs professionnels ;
- La réouverture des piscines, des salles de sport, des parcs de loisir, des musées, des monuments, des salles de spectacle et des théâtres à l'exception des cinémas,

Et ce dès le 2 juin.

- Les mariages et les enterrements qui vont pouvoir à nouveau être célébrés, mais en petit comité, ce qui suppose que dans les églises, les temples, les synagogues, les mosquées, les mairies, les officiants soient extrêmement attentifs au respect de la distanciation physique et aux règles de densité ;
- L'oral du bac français est annulé ;
- Les lycées et collèges rouvriront dans tous les départements en vert ;
- La limite de déplacement de 100 km disparaît ;
- En dehors de l'UE les frontières extérieures restent fermées.

Un nouveau point d'étape sera fait avant le 22 juin pour tenir compte de l'évolution de la situation dans un sens ou dans l'autre.
Il est clair que la suppression de la limite des déplacements va nous permettre de rejoindre Saint Raphaël et Boulouris reste à savoir si nous pourrons de nouveau aller nous baigner sur les rochers.

20 heures : les chiffres viennent de tomber. Le nombre de cas en France s'élève à 149.071 soit 3.325 cas de plus dans la journée ce qui est inquiétant. Va-t-on assister à la reprise de l'épidémie ? Le nombre de personnes hospitalisées pour cause de coronavirus s'élève à 15.208 dont 1.409 placés en réanimation, ce qui signifie que 92 lits ont été libérés. Le nombre de décès s'élève à 28.662 dont 18.326 en hôpital.

Vendredi 29 Mai 2020.

19ème jour de déconfinement.

Ce matin je suis allé au marché. La vie reprend son cours. Longue queue à la boulangerie. Une innovation. A la sortie du marché une table avec un bidon contenant une solution hydroalcoolique pour se laver les mains après avoir fait ses achats.

A ce jour on compte dans le monde 5.808.946 cas de coronavirus. L'épidémie a causée 360.308 décès.

20 heures : les chiffres viennent de tomber. Le nombre de cas en France s'élève à 149.668 soit 597 cas de plus dans la journée, ce qui est plus rassurant. Le nombre de personnes hospitalisées pour cause de coronavirus s'élève à 15.695 dont 1.361 placés en réanimation, ce qui signifie que 68 lits ont été libérés. Le nombre de décès s'élève à 28.714 dont 18.387 en hôpital.

Samedi 30 Mai 2020.

20ème jour de déconfinement.

De nombreux articles publiés aujourd'hui font état de la division du monde scientifique concernant la publication de l'étude du Lancet menée sur l'hydroxy chloroquine. La discorde ne porte pas sur l'efficacité du traitement, mais sur la façon dont a été conduite l'étude. Dans une lettre ouverte publiée jeudi soir, des dizaines de scientifiques expriment leurs doutes sur les méthodes utilisées lors de la vaste étude parue dans le *Lancet.*

Parue le 22 mai, l'étude se base sur les données recueillies auprès de 96 000 patients hospitalisés entre décembre et avril dans 671 hôpitaux. Comme toute étude de ce genre elle compare l'état des patients qui ont reçu de l'hydroxy chloroquine avec celui de ceux qui n'en ont pas reçu et conclut que la très controversée hydroxy chloroquine ne semble pas être bénéfique aux malades du Covid-19 voire pourrait même être néfaste. Les inquiétudes formulées portent sur la méthodologie utilisée et l'intégrité des données concernant les patients. Si certains parlent d'erreurs d'autres évoquent même des fraudes. Mais alors dans quel but ? A ce jour les auteurs refusent de donner accès aux données brutes.

18 heures : Michèle arrive sur le parvis de l'église. Une barrière barre l'entrée. Et quelle n'est pas sa stupéfaction au moment de pénétrer dans l'église d'entendre la personne qui surveillait les entrées lui *demander « avez-vous retenue votre place ? »* Ayant répondu non, cette dernière lui dit : *« vous pouvez entrer car il reste encore dix-sept places ».* Dialogue qui en dit long sur le respect des consignes de distanciation. Pour la communion trois prêtres, un dans chaque allée, un masque sur le visage est venu apporter à chaque fidèle à sa place le Saint Sacrement le déposant dans ses mains. Une fois la messe dite, les fidèles ont été invités à quitter l'église un à un en commençant par les sièges situés près de la porte de sortie et d'éviter de se ressembler sur le parvis.

De l'église à la politique.

Depuis plusieurs jours la presse, la radio font état de taux de mortalité record en Suède témoins ces titres :

« Coronavirus en Suède : un taux de mortalité record dû au non-confinement ? ».[27]

« Je viens de rentrer de Suède et suis horrifié par sa gestion du Covid-19 ».[28]

Selon ces auteurs depuis le début de la pandémie de coronavirus, la Suède a fait le choix d'appliquer un modèle unique en termes de gestion de la crise, à l'opposé des autres pays européens. Pas de confinement. Les bars, coiffeurs, restaurants, sont toujours ouverts et le port du masque n'est pas conseillé.

Et pourtant lorsque l'on compare les chiffres de la Suède avec les dix pays les plus touchés par la pandémie (voir le tableau ci-dessous) on constate qu'elle a moins de morts par million d'habitants que la Belgique, l'Espagne, le Royaume Unis et l'Italie et très légèrement plus que la France. Autre curiosité elle fait partie des pays où le nombre de cas recensés est le plus faible 37.113 avec l'Irlande 24.209. Pourquoi ? Je n'en sais rien.

Nous sommes face à quatre stratégies de lutte contre le Covid-19. La première, déjà longuement évoquée mise en œuvre par Taïwan et la Corée du Sud consiste à détecter au plus tôt l'apparition des clusters, à remonter à leurs origines et à isoler le plus tôt possible les personnes infectées. La seconde suivie par l'ensemble des pays européens : Belgique, Espagne, Italie, France, Pays Bas consistant à pratiquer au plus vite un confinement total de la population, puis une fois la circulation du virus ralentie et les capacités hospitalière devenues normales, procéder au déconfinement par étapes successives. La troisième stratégie est celle suivie par la Suède consistant à laisser l'épidémie se développer en soignant et isolant les personnes atteintes afin d'obtenir une immunisation progressive de la population. La quatrième stratégie si l'on peut parler de stratégie et suivie par le Royaume-Unis et les Etats-Unis consiste dans un premier temps à nier l'épidémie puis à la vue de son développement décider d'adopter la procédure du confinement. Mais à la vue de ce tableau il est bien difficile de juger de l'efficacité propre des trois dernières stratégies évoquées ci-dessus.

---

27 - R T L.
28 - Slate Monde.

Pays	Nb Cas	Nb morts	M/million
Belgique	58186	9453	827
Espagne	239228	27125	580
R - U	274219	38458	578
Italie	232664	33340	551
Suède	**37113**	**4395**	**431**
France	151496	28771	429
Pays Bas	46460	5970	346
Irlande	24229	1651	340
Etats Unis	1800000	103776	317
Brésil	498440	28834	137
Corée du sud	11065	263	4,7
Taïwan	432	6	0,2

20 heures : les chiffres viennent de tomber. Le nombre de cas en France s'élève à 151.496 soit 1.828 cas de plus dans la journée, attention que l'épidémie ne reparte pas. Le nombre de personnes hospitalisées pour cause de coronavirus s'élève à 14.380 dont 1.325 placés en réanimation, ce qui signifie que 36 lits ont été libérés. Le nombre de décès s'élève à 28.771dont 18.444 en hôpital.

Dimanche 31 Mai 2020.

21ème jour de déconfinement.

16 heures : nous sortons marcher, direction les étangs en empruntant le chemin qui mène à la maison Corot. Sur la route peu de monde, mais comme toujours quelques bicyclettes bien qu'elles soient interdites. Au débouché une surprise, des barrières interdisant le chantier établi sur la digue laissent un étroit et long passage pour aller aux étangs. Sur les berges, des couples, des familles sont couchés bavardant, lisant ou tout simplement admirant l'étang. Le déconfinement est bien une réalité. Un banc de libre : nous nous y installons et admirons les arbres qui se reflètent dans les eaux, les nénuphars qui de semaine en semaine envahissent les surfaces libres et pointent leurs petites fleurs blanches et rouges. Ici et là quelques poules d'eau. Tout est calme et lumière.

Brusquement je repense aux articles que j'ai lus ce matin concernant l'épidémie de coronavirus qui fait rage au Brésil qui est devenu samedi le quatrième pays au monde ayant enregistré le plus de morts liés au Covid-19 avec ses 28 834 victimes officielles. Selon ces articles au cœur des favelas, toutes plus misérables les unes que les autres, le Covid-19 a trouvé l'un de ses terreaux préférés pour essaimer et détruire la vie. Les noirs, qui peuplent en majorité ces bidonvilles seraient de loin les plus nombreux à subir les affres de la maladie. A Maré, un vaste ensemble de favelas qui ont poussé comme des champignons au nord de la cité de Rio de Janeiro ce taux serait de 30 %, alors qu'à Leblon, quartier très huppé du sud de Rio, en bordure de mer, il stagne à 2,4%.

20 heures : les chiffres viennent de tomber. Le nombre de cas en France s'élève à 151.753 soit 257 cas de plus dans la journée, ce qui est plus rassurant. Le nombre de personnes hospitalisées pour cause de coronavirus s'élève à 14.322 dont 1.319 placés en réanimation, ce qui signifie que 6 lits ont été libérés. Le nombre de décès s'élève à 28.802 dont 18.475 en hôpital.

Lundi 1er juin 2020.

22ème jour de déconfinement.

9 heures à la radio : annonce de la mise sous protection de Donald Trump cette nuit dans un bunker de la Maison Blanche. Une semaine après la mort de George Floyd un noir américain mort sous la pression du genou d'un policier alors qu'il le suppliait : *« je ne peux plus respirer »,* l'embrasement de la population a gagné la capitale. Malgré le couvre-feu décrété, des centaines de personnes se sont rassemblées devant les grilles de la Maison Blanche. Cette dernière d'ordinaire éclairée, a été volontairement plongée dans le noir à des fins sécuritaires pour éviter que les manifestants ne franchissent les grilles, car tout autour du palais présidentiel ces derniers avaient allumé des incendies.

Gaz lacrymogène contre pétards, des centaines de protestataires et de casseurs ont été éloignés par les forces de l'ordre. Très vite ils se sont dispersés dans d'autres quartiers où des devantures ont été saccagées et incendiées.

Pendant plusieurs heures, les protestataires ont occupé le Lafayette Square, situé devant la Maison blanche. De très nombreux feux ont été allumées, des drapeaux américains brûlés, d'autres arrachés. Dans les alentours, des manifestants ont mis le feu au sous-sol de la petite Église Saint-John, surnommée l'église des présidents car elle est le lieu où ces derniers vont prier le matin de leur investiture. L'incendie a pu être assez vite éteint. De New York à Miami, en passant par Orlando et Santa Cruz, des policiers américains affichent de plus en plus leur soutien aux manifestants réunis après la mort de George Floyd, avec des paroles et gestes forts comme mettre un genou à terre. Ajouter à la haine raciale qui est en train de renaître, 40 millions de chômeurs, les files d'attentes interminables devant les bureaux d'aides, la radicalisation des jeunes et plus de 100.000 morts dus au coronavirus et vous avez un mélange qui pourrait s'avérer explosif. C'est ce qui a fait dire à l'ex-Président Obama appelant les jeunes à voter « transformez votre colère en en débat politique ».

En Europe les conséquences du confinement commencent à se faire sentir et nous n'en sommes qu'au début. Après Renault la compagnie aérienne irlandaise Ryanair envisage de réduire les salaires de ses personnels basés en France. Cette réduction serait de 20% pour les pilotes, co-pilotes et de 10% pour les hôtesses et stewards. Ceux-ci pourraient également être amenés à travailler moins. En cas de refus, la compagnie menace de licencier les personnes concernées. Les syndicats dénoncent un "chantage au licenciement" et envisagent de lancer des procédures judiciaires.

Fragilisée par la crise sanitaire, la compagnie aérienne menace en cas de refus de tailler dans ses effectifs basés en France en licenciant 29% des pilotes 27% des co-pilotes et 17 % des hôtesses et stewards.

La perte de revenus serait en moyenne de 12% dès le 1er juillet pour les pilotes, et ce durant cinq ans. La compagnie estime que d'ici cinq ans pilotes et stewards pourraient retrouver l'intégralité de leur salaire si une deuxième vague de coronavirus ne venait pas freiner voire anéantir la reprise. La rémunération des nouveaux entrants serait de 10% inférieure à celle des personnels déjà en poste. Selon la compagnie irlandaise il s'agit de mesures raisonnables et limitées dans le temps visant à préserver le plus grand nombre d'emplois possible à un moment où toutes les compagnies aériennes d'Europe suppriment des emplois pour survivre à cette crise sans précédent.

Dans les mois qui viennent nous allons constater l'augmentation de la fracture entre le monde des fonctionnaires dont l'emploi est garanti à vie et dont le salaire ne peut qu'augmenter et le monde des entreprises privées qui devront faire face aux conséquences multiples et inattendues de la crise : augmentation des coûts de protection des salariés, réduction des rendements, chute de la consommation, perte de clientèle, modifications des marchés, licenciements, dépôt de bilan ... Déjà une tendance se dessine l'augmentation du télétravail et un clivage entre travailleurs intellectuels et manuels. Sans parler des restructurations financières qui déjà se dessinent, les grosses sociétés disposant de liquidités rachetant leurs propres actions réduisant de ce fait le poids de leurs actionnaires et donc des dividendes à verser ou à l'affût des premiers signes d'agonie de sociétés concurrentes.

20 heures : les chiffres viennent de tomber. Le nombre de cas en France s'élève à 152.091 soit 338 cas de plus dans la journée, ce qui est plus rassurant. Le nombre de personnes hospitalisées pour cause de coronavirus s'élève à 14.288 dont 1.302 placés en réanimation, ce qui signifie que 17 lits ont été libérés. Le nombre de décès s'élève à 28.833 dont 18.506 en hôpital.

Mardi 2 juin 2020.

23ème jour de déconfinement.

Ça y est aujourd'hui deuxième phase du déconfinement. L'interdiction des 100 kilomètres est abolie. Le résultat a été immédiat, les entrées de Paris sont déjà saturées. Autre secteur libéré, les restaurants. Plus de 300.000 viennent de rouvrir. Les images de la place du Capitole où toutes les terrasses étaient pleines m'ont rappelé mon année d'étude à Toulouse. J'imagine cette après-midi et ce soir les guinguettes au bord de l'eau chères aux impressionnistes recevant le flot de parisiens dans la stricte application des règles de désinfection et de distanciation ?

A toi Covid-19 de prendre tes pinceaux et de leur montrer l'art nouveau !

A la matinale de RTL le ministre de l'Economie. Le sujet : Après l'urgence la relance. Si les prêts garantis par l'Etat visaient à aider les entreprises à survivre pendant la période de confinement, il s'agit maintenant de mettre en œuvre un deuxième dispositif pour permettre leurs relances d'autant que leurs marges risquent selon le MEDEF de chuter de plus de 30 % dans l'année à venir.

Suite à une question posée par un restaurateur qui s'insurge sur la non prise en compte par les assurances des dommages qu'il a subis suite à la pandémie le ministre lui annonce que ses services sont en négociation avec les grands groupes d'assurances pour qu'à l'avenir une clause soit prévue dans les contrats pour que les risques liés à une pandémie à venir soient couverts moyennant certaines conditions. Selon lui une solution serait trouvée dans un avenir proche.

A la question : comment voyez-vous l'avenir ? Le ministre a répondu qu'il fallait poursuivre les réformes commencées et que la relance devrait passer par une très forte digitalisation des entreprises et à une robotisation poussée des PME.

20 heures : les chiffres viennent de tomber. Le nombre de cas en France s'élève à 151.325. On note une baisse des cas confirmés due à un changement de méthode de calcul. Selon l'organisme en charge de ses statistiques depuis le 2 juin les patients testés positifs ne sont plus comptés deux fois. Le nombre de personnes hospitalisées pour cause de coronavirus s'élève à 14.028 dont 1.253 placées en réanimation, ce qui signifie que 49 lits ont été libérés. Le nombre de décès s'élève à 28.940 dont 18.590 en hôpital.

Mercredi 3 juin 2020.

24ème jour de déconfinement

Les séances de kinésithérapie reprennent. Voilà plus de deux mois qu'elles sont arrêtées. Je pars à pied jusqu'au cabinet, monte les marches et entre. Clémence finit de faire travailler une petite fille le masque sur la figure pendant que le père attend assis dans un coin de la grande salle. A 11 heures c'est mon tour. Je m'allonge sur la table de massage déjà préparée et désinfectée. Je sens à nouveau les mains de Clémence qui prennent possession de mon dos et s'efforcent d'en diminuer les tensions. Pendant la séance nous échangeons longuement sur la façon dont nous avons vécu la période de confinement. Je lui demande si je peux avoir deux séances par semaine pour rattraper le temps perdu. Impossible son planning de travail est complet. Au moins voilà une activité qui reprend.

14 heures : j'emmène Michèle chez Audika où elle a un rendez-vous pour un audiogramme de contrôle. Car depuis le début de l'épidémie le cabinet ne reçoit qu'une personne à la fois pour des raisons de sécurité, une barrière en plexiglass séparant l'opérateur et son client.

En rentrant j'ai repris et achevé l'étude que j'avais commencée concernant les douze pays les plus touchés par la pandémie. Le tableau ci-dessous donne pour chacun d'eux : le nombre de cas de coronavirus et le nombre de morts enregistrés, le nombre de morts par 10.000 habitants, le nombre de cas de coronavirus par millier d'habitants et le nombre de morts pas cas, d'où les enseignements suivants.

Pays	Nb Cas	Nb morts	M/10⁴h	C/10³ h	Morts/Cas
Belgique	58186	9453	8,2	5,1	0,16
Espagne	239228	27125	5,9	5,2	0,11
Royaume Unis	274219	38458	5,9	4,2	0,14
Italie	232664	33340	5,5	3,8	0,14
Suède	37113	4395	4,3	3,6	0,12
France	**151496**	**28771**	**4,3**	**2,3**	**0,19**
Pays Bas	46460	5970	3,5	2,7	0,13
Irlande	24229	1651	3,3	4,8	0,07
Etats Unis	1800000	103776	3,1	5,5	0,06
Brésil	498440	28834	1,4	2,5	0,06
Allemagne	176369	7962	1	2,1	0,05
Corée du Sud	11065	263	0,1	0,2	0,02
Chine	84054	4638	0	0,1	0,06
Taïwan	432	6	0	0	0

Concernant le nombre de morts par rapport au nombre de cas recensés c'est la France qui arrive en tête avec une mortalité de 19 % alors que l'Allemagne arrive en 13ème position avec 5 %, la Chine avec 6 %, la Corée du Sud avec 2 % et Taïwan avec 1 % occupent les trois dernières places.

Si l'on regarde maintenant le nombre de cas de coronavirus recensés par rapport à la population ce sont les Etats-Unis qui arrivent en tête avec 5,5 cas par millier d'habitants. La France arrive en 11ème position avec 2,3 cas pour 1.000 habitants devant l'Allemagne en 12ème position avec 2,1 cas pour 1.000 habitants. Bien entendu la Corée du Sud, la Chine et Taïwan sont de loin les plus performants

Troisième point de comparaison les nombre de morts par rapport à la population du pays. C'est la Belgique qui arrive en tête avec 8,2 morts pour 10.000 habitants. La France arrive en 6ème position avec 4,3 morts pour 10.000 habitants. L'Allemagne se place en 12ème position avec 1 mort pour 10.000 habitants. La Corée du Sud, la Chine et Taïwan étant toujours de ce point de vue les plus performants.

Comme le montrent ces comparaisons l'Allemagne est toujours en 12ème position juste devant la Corée du Sud, la Chine et Taïwan. C'est dire que son système hospitalier et ses techniques de détection des clusters et de protection de sa population se sont avérés presque aussi efficaces que ceux mis en œuvre par la Corée du Sud la Chine et Taïwan.

Autre constat surprenant, la Suède qui n'a pas pratiqué le confinement a des performances relativement comparables à celles de la France. C'est ainsi que les deux pays ont le même pourcentage de morts par rapport à leur population soit 4,3 morts pour 10.000 habitants. Le nombre de morts par cas détectés en Suède 0,12 est inférieur à celui de la France 0,19. Quant au nombre de cas détectés par rapport à la population il est de 2,3 pour 1.000 habitants pour la Suède conte 3,6 pour 1.000 pour la France. Il est probable qu'il faudra attendre la fin de l'épidémie et comparer tous ces résultats pour juger de l'efficacité de chacune des stratégies suivies.

20 heures : les chiffres viennent de tomber. Le nombre de cas en France s'élève à 151.677 soit une augmentation de 352 cas pour la journée ce qui confirme le ralentissement de l'épidémie. Le nombre de personnes hospitalisées pour cause de coronavirus s'élève à 13.514 dont 1.210 placées en réanimation, ce qui signifie que 43 lits ont été libérés. Le nombre de décès s'élève à 29.021 dont 18.671 en hôpital.

Jeudi 4 juin 2020.

25ème jour de déconfinement.

Ce matin je suis allé sur le site de la paroisse Saint Nicolas de Ville-d'Avray pour voir comment réserver une place pour Michèle pour la messe de 11 heures dimanche. Aussitôt un écran de saisie vous demande nom, prénom adresse, et la messe à laquelle vous souhaitez assister.

Quelques instants et vous êtes informés qu'il reste 71 places. Vous validez et vous recevez une confirmation.

« Bonjour Michèle NICOLET, nous vous confirmons votre participation pour 1 personne à la messe du dimanche 7 juin 2020 à 11 heures en l'église : places individuelles.

*Vous pouvez noter votre numéro d'inscription **40102**.*

N'oubliez pas de respecter les gestes barrières et les distances de sécurité en vigueur. Le masque est obligatoire pour les personnes de plus de 11 ans.

Ce mail vous sera peut-être demandé à l'entrée de l'église.

En cas de difficultés, contactez votre paroisse !

Pour libérer votre place, rendez-vous à l'adresse ci-après ....

Toute l'équipe de LaMesse.app vous souhaite une bonne messe ! ».

Etonnante procédure conforme aux directives gouvernementales qui permet de comptabiliser le nombre de personnes qui se sont rendues aux différents offices et leurs identités. Qu'en est-il avec les mosquées ? Que devient l'anonymat religieux ? Un nouvel exemple du passage du contrat social au contrat vital en d'autres termes j'abandonne ma liberté, mon anonymat au profit de ma santé.

Covid-19 te rends-tu compte vers quels paradoxes tu nous conduis ?

Passons de l'église de Ville-d'Avray à Bercy.

Pour relancer l'économie suite au confinement et lutter contre le chômage avec l'arrivée prochaine sur le marché des jeunes diplômés le gouvernement lance un nouveau plan de soutien à l'apprentissage de plus d'un milliard d'euros. Il concerne 700.000 jeunes qui sortent du système scolaire. Ce plan est articulé selon quatre axes principaux.

Une aide aux entreprises pour qu'elles soient incitées à embaucher des apprentis qui s'élèvera à 5.000 € pour les mineurs et à 8.000 € pour les majeurs. Elles concerneront les titulaires de CAP et de licences professionnelles. Ces aides seront accordées sans condition pour les PME de moins de 250 salariés et pour les autres à condition qu'elles en embauchent au moins 5 % de leurs effectifs.

Le délai accordé aux jeunes pour trouver un emploi passe de 3 à 6 mois.

Tous les apprentis de France seront dotés par l'Etat d'un ordinateur portable.

Enfin tout jeune qui désire aller en apprentissage recevra au moins une offre.

Après la restauration, l'automobile, l'Etat vole au secours de la filière aéronautique en danger de mort.

Nous commençons à mesurer les conséquences économiques de la pandémie et surtout de la période de confinement. Bercy prévoit près de cent milliards de recettes en moins pour cette année. La dette française devrait friser les 121 % du PIB alors qu'avant la crise elle était de 100 %.

Grace à toi covid-19, le milliard est devenu la nouvelle unité de mesure financière du gouvernement avec laquelle les ministres jonglent tels des prestidigitateurs !

20 heures : les chiffres viennent de tomber. Le nombre de cas en France s'élève à 152.444 soit une augmentation de 767 cas pour la journée. Attention

à suivre. Le nombre de personnes hospitalisées pour cause de coronavirus s'élève à 13.101 dont 1.163 placés en réanimation, ce qui signifie que 47 lits ont été libérés. Le nombre de décès s'élève à 29.065 dont 18.715 en hôpital.

Vendredi 5 juin 2020.

26ème jour de déconfinement.

10 heures : mon masque sur le visage je pars au marché. La plupart des commerçants sont là. La vie reprend petit à petit. Le marchand de tapis est revenu. Ses tapis ont repris leurs droits sur la chaussée. Les allées sont toujours en sens unique mais les conversations reprennent derrière les masques. Agnès notre gardienne municipale est toujours là un œil partout. Mon caddie plein je rentre à la maison.

Dans l'après-midi, je reçois un texte d'une de mes petites filles à qui j'avais demandé de me dire comment elle avait vécu cette épidémie. Il est très beau, d'une extrême sensibilité et prémonitoire, qu'on en juge, mais il faut le replacer au « ***Vendredi 13 mars 2020****, quelle étrange journée. On nous a annoncé que les bureaux fermaient et que tout le monde serait en télétravail à partir de lundi et ce pour une durée indéfinie. Autant dire que l'humeur n'était pas très studieuse dans nos bureaux en flex office. Les machines à café (et à thé) ont bien tourné ce jour-là. Pour nous, collègues de bureaux, difficile de dire quand nous nous reverrions. Je me souviens que l'on en plaisantait encore quelques jours avant « c'est une grosse grippe » disait-on.*

En fin de journée, ce fut le pot de départ d'une collègue qui devait partir en tour du monde. Mauvais timing, malheureusement.

C'est le cœur un peu fébrile que je suis finalement partie du bureau pour rentrer dans mon appartement parisien.

Le lendemain, samedi 14 mars, dernière « soirée ». Et à minuit pile, les bars de notre rue, si pleins de vie, ont fermé laissant sur le trottoir tous les groupes d'amis voulant profiter de cette belle soirée.

Dimanche, je suis allée voter avec mon stylo.

Lundi 15 mars, premier jour de télétravail. Un jour angoissant. Je n'ai pas été efficace dans mon travail. Difficile de se concentrer avec toutes les rumeurs qui traînaient, le confinement n'était pas encore déclaré. Avec mon copain, nous avons pris la décision d'aller dès le soir même chez nos parents respectifs en prévision de l'annonce très probable d'un confinement. C'est ainsi que je suis partie avec ma valise et les restes de mon frigo, dans le métro, direction chez ma maman, en écoutant l'allocution du Président. Ça y est, la guerre est déclarée.

Les jours ont passé. Je suis en activité partielle à 90%. Les jours défilent et je ne m'ennuie pas, j'ai l'impression de revenir au lycée, pendant les grandes vacances entre deux destinations de voyage. Rester chez soi et ne pas faire grand-chose de productif.

De longues discussions commencent le soir sur notre belle planète : les dauphins reviennent dans la baie de Venise, les oiseaux dans notre jardin s'en donnent à cœur joie et j'en passe. La Terre se porte à merveille sans les humains pour la polluer et la détruire. C'est bien beau toute cette mobilisation sur les réseaux mais le capitalisme à l'extrême ne sera pas vaincu par deux petits mois de confinement.

J'ai envie d'espérer, de croire à une accélération des actions pour la planète mais quand on voit les embouteillages qu'a causé la réouverture des MacDo, je n'y crois pas vraiment. De mon côté, je me dis qu'il y aura un avant et après confinement, pour la planète, je vais intensifier mes efforts au quotidien, manger plus végétal, faire mes produits « maison », acheter des vêtements plus responsables... Une petite goutte dans l'océan, mais c'est la somme de ces gouttes qui forme l'océan.

Aujourd'hui j'ai lu que le jour du dépassement (correspond à la date de l'année à partir de laquelle l'humanité est supposée avoir consommé l'ensemble des ressources que la planète est capable de régénérer en un an) sera reculé de 3 semaines en 2020, pour être mi-août. Une bonne nouvelle certes, mais quand on voit qu'en 50 ans, on a avancé ce jour d'environ 150 jours, et que le quasi-arrêt de l'humanité pendant 2 mois aura eu comme effet de récupérer 20 petits jours, on est loin du compte pour la sauvegarde de notre chère Terre. D'ailleurs, en parlant de ce jour de dépassement, les seules fois où une amélioration a été enregistrée, ce sont lors de crises économiques. On est loin d'une société où peuvent cohabiter la croissance, si importante aux yeux de tous, et la sobriété carbone, si médiatisée mais si peu appliquée.

J'ai toujours cet espoir que les grandes entreprises accéléreront cette démarche, quand on voit la rapidité avec laquelle elles se sont adaptées pendant ce confinement.

***Lundi 11 mai,** déconfinement et retour dans mon appartement parisien. Les rues sont pleines de monde. Enfermés pendant deux mois, la plupart des gens* *se précipitent pour acheter tout et n'importe quoi. Comme avant mais avec un masque et du gel.*

En fait, rien n'a changé ».

20 heures : les chiffres viennent de tomber. Le nombre de cas en France s'élève à 153.055 soit une augmentation de 611 cas pour la journée. Le nombre de personnes hospitalisées pour cause de coronavirus s'élève à 12.696 dont 1.094 placées en réanimation, ce qui signifie que 69 lits ont été libérés. Le nombre de décès s'élève à 29.111 dont 18.761 en hôpital.

Samedi 6 juin 2020.

27ème jour de déconfinement.

Il y a soixante-seize ans jour pour jour les troupes alliés débarquaient en Normandie. Depuis 75 ans les chefs d'État du monde entier, les vétérans de ces nations et des dizaines de milliers de personnes se rassemblaient dans le Calvados et la Manche pour commémorer la plus grande opération de débarquement militaire de l'histoire.

Mais en raison des mesures sanitaires prises suite à l'épidémie du Covid-19, les commémorations et la plupart des grands rassemblements populaires ont été annulés. Seules quelques cérémonies en petit comité ont eu lieu et notamment au monument de la garde Nationale de Vierville sur Mer l'une des cinq plages du débarquement que la patrouille de France a survolé avant de se rendre au-dessus de Omaha Beach.
Non content de mettre en jeu la santé de milliards d'hommes, de briser l'économie de la majorité des pays, aujourd'hui tu t'amuses à regarder la patrouille de France survoler les plages de Normandie vide de monde. Marquer de ton empreinte, la mémoire de notre histoire telle est ta dernière œuvre. Vraiment Covid-19 tu ne respectes plus rien !

Le gouvernement vient d'affecter 200 millions d'euros pour permettre à un million d'enfants défavorisés de partir en « vacances apprenantes » où cours et jeux alterneront. Par ailleurs des chèques vacances de 300 € vont être distribués aux personnes qui se sont beaucoup engagées durant la pandémie : soignants, caissières, éboueurs ...

18 heures : nous partons chez Brahim à l'étoile de Tiznit chercher le repas marocain que nous avons commandé. Il est en cuisine en train de finir de préparer notre commande. Celle-ci prête, son serveur la charge dans le coffre

de la voiture. En prenant une petite anisette avec Brahim j'apprends que son père qui était en France au moment du confinement est resté avec lui alors que sa femme restée au Maroc y est seule et confinée. Arrivée rue du Louvre chez Christiane, de nombreux bras sont venus décharger le repas prévu pour treize. Dans l'entrée une grande surprise : Emmanuelle est là. Elle est arrivée de Grans par avion. De grandes effusions mais de loin. Coup de sonnette c'est mon fils et toute sa famille. Philippe et Claude sont arrivés de Toulouse où ils ont passé la période de confinement. Retour original, ils ont ramené, à la demande d'Avis, une voiture à l'aéroport Charles de Gaules. Quant à Marie elle a pu prendre un avion d'Air France affrété par cinq compagnies. Plus d'un tiers des places étaient disponibles. C'est dire le marasme dans lequel se trouvent les compagnies aériennes ! Se mettre à cinq pour remplir un avion aux deux tiers.
Dans la cuisine Christiane, Catherine et Christine s'affairaient à réchauffer pastillas, couscous et méchouis. Lorsque tout le monde fut rassemblé Paul et Marie servirent le champagne. Pierre et Christiane arrivèrent avec deux gros bouquets pour souhaiter à Michèle la fête des Mères. Très vite la conversation prit son élan et battit son plein. L'heure du dîner arrivée, nous passâmes à table dans la véranda sur laquelle tombait les derniers rayons de soleil. Repas très animé et délicieux où le covid-19 eu largement sa place. C'est ainsi que Pierre évoqua la situation catastrophique dans laquelle se trouvait l'aéronautique, avec tous les avions cloués au sol et les sous-traitants à l'arrêt. Le secteur de l'énergie où travaille Christiane ne semblait pas trop touché. Nous avons parlé vacances et de tout et de rien, mais aussi du Covid-19. Puis ce fut le moment des adieux sans pouvoir s'étreindre et le retour.

20 heures : les chiffres viennent de tomber. Le nombre de cas en France s'élève à 153.634 soit une augmentation de 579 cas pour la journée, ce qui est bon signe. Le nombre de personnes hospitalisées pour cause de coronavirus s'élève à 12.479 dont 1.059 sont placés en réanimation, ce qui signifie que 35 lits ont été libérés. Le nombre de décès s'élève à 29.111 dont 18.761 en hôpital.

Dimanche 7 juin 2020.

28ème jour de déconfinement.

11 heures : Michèle arrive sur le parvis de l'église. Une personne est là. *« Bonjour Madame votre nom ? Un instant »*. Elle se plonge dans sa liste alphabétique *« Vous pouvez entrer »*.

Tu vois Covid-19, la procédure est en place, on peut aller assister à la messe.

Dans l'après-midi un tour aux étangs. Le temps est doux. La grande foule de dimanche dernier a disparu. Ici et là un pécheur, mais les poissons ne sont pas au rendez-vous.

20 heures : les chiffres viennent de tomber. Le nombre de cas en France s'élève à 153.977 soit une augmentation de 343 cas pour la journée, ce qui est bon signe. Le nombre de personnes hospitalisées pour cause de coronavirus s'élève à 12.461 dont 1.053 sont placées en réanimation, ce qui signifie que 6 lits ont été libérés. Le nombre de décès s'élève à 29.155 dont 18.805 en hôpital.

Lundi 8 juin 2020.

29ème jour de déconfinement.

Aux informations : 40 millions de masques made in France n'auraient pas trouvé preneurs. Après la pénurie, le surplus !

Alors que la pandémie de Covid-19 semble faiblir dans le pays, plusieurs PME, qui, en mars, à l'appel du gouvernement, se sont ruées à bride abattue dans la production de masques de protection pour remédier à la pénurie de modèles chirurgicaux, se trouvent confrontées, trois mois après, à une chute des commandes. A tel point que la plupart ont des stocks sur les bras que l'Union des Industries Textiles en France (UIT), chiffre à 40 millions de masques.

Rappelons les faits. En mars à la demande de l'Etat près de 250 confectionneurs et 150 fabricants de tissus se sont mobilisés au sein d'une plate-forme montée par le Comité Stratégique de Filière (CSF) des industries de la mode et du luxe pour produire les masques dont la France avait tant besoin. A l'époque le mot d'ordre était : *« Il faut produire, il faut produire »*.

En quelques semaines, la production made in France est passée de 50 000 unités par jour à 3 voire 4 millions de masques. Il faut rappeler qu'à l'époque les commandes passées étaient très au-dessus des capacités de production des sociétés de la plateforme ce qui les a obligés à faire des investissements importants et rapides.

Mais aujourd'hui, quatre mois après, les commandes se sont taries car, les Français se sont équipés, en masques jetables fournis par leurs entreprises, ou achetés en pharmacie et hypermarchés rejetant les masques en tissus lavables fabriqués par la plateforme crée à l'époque à la demande du gouvernement et certifiés par l'Association Française de Normalisation (Afnor).

Bel exemple d'absence de réflexion stratégique et de coordination. Pris à la gorge face à la pénurie des masques, l'Etat demande à des industriels français de fabriquer en toute urgence les masques dont il a tant besoin sans en fixer les caractéristiques, tout en continuant à commander à l'étranger des masques jetables. On comprend dès lors la colère des dirigeants des PME ayant répondu à la demande de l'Etat et qui se trouvent aujourd'hui avec 4 millions de masques sur les bras dont personne ne veut.

Face à cette situation ubuesque on comprend que l'Union des industries textile demande à l'Etat de racheter le surplus pour reconstituer son « stock de précaution ».

20 heures : les chiffres viennent de tomber. Le nombre de cas en France s'élève à 154.188 soit une augmentation de 211 cas pour la journée, ce qui est bon signe. Le nombre de personnes hospitalisées pour cause de coronavirus s'élève à 12.315 dont 1.024 sont placées en réanimation, ce qui signifie que 29 lits ont été libérés. Le nombre de décès s'élève à 29.209 dont 18.859 en hôpital.

Mardi 9 juin 2020.

30ème jour de déconfinement.

10 heures : Mon caddie à la main et mon masque sur le visage je pars au marché. Arrivé sur la place de l'église je me dirige vers l'étal de Fabrice. Camille, sa fille est seule à tenir le stand. Cela fait plus de trois mois que je ne l'ai pas revue. Elle porte un masque comme tous les commerçants du marché. Toujours enjouée malgré ces deux mois de confinement. Je lui prends deux belles tranches de bavette, des blancs de poulet et des côtelettes de mouton. Un passage chez mon fromager, des œufs coque et des yaourts puis chez mon marchand de légumes. Trois melons pour six euros, des fraises, des abricots, trois artichauts de Bretagne et des asperges blanches. Mon caddie plein, je rentre.

Bruno Le Maire, le ministre des Finances vient d'annoncer le plan de soutien à la filière aéronautique, frappée de plein fouet par la crise du coronavirus.

« Ce plan représente un effort total de 15 milliards d'euros de la nation ... Nous décrétons l'état d'urgence pour sauver notre industrie aéronautique et pour lui permettre d'être plus compétitive et plus décarbonée en produisant l'avion vert de demain », a affirmé le ministre.

Ce plan intègre l'aide financière de sept milliards d'euros déjà accordée à Air France-KLM. Il comprend notamment deux outils dédiés au soutien des PME et ETI[29] de la filière. Un fonds d'investissement avec une dotation d'un milliard d'euros à terme, pour favoriser leur développement et un fonds de 300 millions d'euros pour leur robotisation et leur numérisation.

Selon le ministre, *« sans ce plan c'est 100.000, soit un tiers des emplois directs et indirects de la filière qui auraient été supprimés »*, a indiqué Bruno Le Maire, estimant avoir évité *« un drame social et territorial »*, tout en demandant *« aux industriels de tout faire pour éviter les départs contraints »*. Ces mots viennent renforcer les pressentiments évoqués par Pierre samedi soir.

Le plan prévoit également 1,5 milliard d'euros d'aides publiques sur les trois prochaines années pour soutenir la recherche sur la *« décarbonation des avions »*. L'objectif étant de parvenir à un avion neutre en carbone en 2035. Cela devrait permettre de sauver près d'un tiers des 35 000 emplois consacrés à la R & D de la filière aéronautique remis en question par les difficultés du secteur.
« C'est une accélération de 10 ans par rapport aux objectifs initiaux de la filière qui nous permettra de fixer les nouveaux standards mondiaux de l'avion bas carbone », a estimé la ministre de la Transition Ecologique.

Ainsi, Covid-19, suite à ton impact dans le domaine aéronautique comme dans le secteur automobile ce ne sont plus les industriels qui définissent la stratégie de leurs entreprises mais l'Etat ! Tu nous fais vraiment marcher sur la tête.

20 heures : les chiffres viennent de tomber. Le nombre de cas en France s'élève à 154.591 soit une augmentation de 403 cas pour la journée. Attention. Le nombre de personnes hospitalisées pour cause de coronavirus s'élève à 11.961 dont 955 sont placés en réanimation, ce qui signifie que 69 lits ont été libérés. Le nombre de décès s'élève à 29.319 dont 18.935 en hôpital.

---

29 - Entreprises de Taille Intermédiaire.

Mercredi 10 juin 2020.

31ème jour de déconfinement.

10 heures : nous partons chez le Docteur Lombard, notre cardiologue et pour la première fois depuis le début de l'épidémie nous avons décidé de prendre les transports en commun et nous attendons à l'arrêt de l'église le bus 426 qui dessert Sèvres. Voilà plus de deux mois que nous ne l'avons pas pris. La porte de devant par où l'on rentre d'habitude reste fermée. Tout le monde se dirige vers celle du milieu qui vient de s'ouvrir. Personne n'en descendant aussi nous montons les uns derrière les autres. Une fois dans le bus je me dirige vers l'avant où se trouvent les dispositifs de pointage, mais surprise l'avant du bus est condamné avec des bandes blanches et rouges, pour isoler le chauffeur des passagers, ce qui explique la non- ouverture de la porte avant. En regardant autour de moi je constate que personne ne pointe. Conséquence le transport est devenu gratuit. Voulant m'asseoir, je constate qu'un siège sur deux est condamné et de plus en quinconce pour respecter les règles de distanciation. Autre constat deux tiers des places sont occupées. Tous les passagers portent le masque, mais restent distants les uns des autres. Je sens un sentiment de peur.

Il me revient à l'esprit l'intervention de Valérie Pécresse présidente de la Région Île-de-France et d'Île-de-France Mobilités sur R T L ce matin.

« Aujourd'hui, les pertes sont abyssales pour tous les transports publics. Nous avons quatre milliards de pertes sur toute la France et 2,6 milliards rien que pour l'Ile de France. Ce trou est occasionné par la pandémie, période durant laquelle les recettes voyageuses ont fondu d'1,6 milliards dans la région car ni les voyageurs du quotidien ni les touristes n'étaient au rendez-vous. À cela, il faut ajouter un manque à gagner d'un milliard sur le versement mobilité acquitté par les employeurs franciliens calculé sur la masse salariale des entreprises ».

Et pour conclure Valérie Pécresse de préciser *« sans le soutien de l'État, il faudrait augmenter de 20 euros la carte Navigo pour éponger ces 2,6 milliards ».*

Après l'industrie automobile, l'aéronautique, c'est au tour des transports publics (bus, métros, SNCF) qui devront être assistés par l'Etat.

Ah Covid-19 tu t'immisces vraiment partout !

10 heures 30 : nous sommes à l'heure pour notre rendez-vous et entrons dans la salle d'attente. Une personne est devant nous. Etonné je lui demande si elle a un rendez-vous avec le Docteur Lombard. Non me dit-elle j'accompagne ma mère qui est en consultation. Quelques minutes plus tard cette dernière sort. C'est notre tour. Michèle se lève mais le docteur lui dit *« Désolé Madame je ne vais prendre que votre mari à cause des règles de distanciation. Je ne comprends pas que les filles qui prennent les rendez-vous ne vous aient pas prévenue ».* Je laisse Michèle seule pendant une heure. Examen et verdict il va falloir intervenir dans le mois car la valve calcifiée fait travailler trop fortement mon cœur.

20 heures : les chiffres viennent de tomber. Le nombre de cas en France s'élève à 155.136 soit une augmentation de 545 cas pour la journée. Attention. Le nombre de personnes hospitalisées pour cause de coronavirus s'élève à 11.678 dont 933 sont placés en réanimation, ce qui signifie que 22 lits ont été libérés. Le nombre de décès s'élève à 29.319 dont 18.935 en hôpital.

Jeudi 11 juin 2020.

32ème jour de déconfinement.

9 heures 40 : je dépose Michèle devant le cabinet du Docteur Marduel pour l'examen périodique de ses yeux, mais reste dans la voiture à l'attendre car du fait de l'épidémie de coronavirus les accompagnateurs sont interdits. J'en profite pour lire les dernières nouvelles. Le temps passe très vite. Trois quarts d'heure après Michèle est de retour. L'examen s'est bien passé. Elle m'explique que là encore le covid-19 a frappé. Lors de chaque examen on lui a demandé de ne pas s'appuyer ou poser les mains sur la table et encore moins sur les appareils. La consigne : garder ses mains sur ses genoux ou dans le dos. Bien entendu tout a été désinfecté avant et après son arrivée. Dernier changement, elle n'a pas eu de compte-rendu pour éviter tout contact. Ils sont enregistrés sur l'ordinateur et une copie peut être envoyée par e-mail pour les personnes qui le demande. Inutile de dire que tout le personnel soignant porte le masque.

Le journal officiel vient de publier un décret concernant les nouvelles conditions d'utilisation des tickets restaurants. Dorénavant il va être possible de les utiliser même le dimanche et les jours fériés, pour un montant journalier doublé, qui passe à 38 euros et ce jusqu'au 31 décembre. Le but : répondre aux difficultés des restaurants, self-services, brasseries ou hôtels-restaurants, résultant de leur fermeture durant l'état d'urgence sanitaire lié à l'épidémie de Covid-19. Cela devrait inciter les 4,4 millions de salariés à « désépargner » l'équivalent de 1,5 milliard d'euros de titres de paiement inutilisés pendant le confinement.

Tiens covid-19 tu ne t'attendais pas à faire ainsi plaisir aux salariés que tu as malicieusement confinés.

20 heures : les chiffres viennent de tomber. Le nombre de cas en France s'élève à 155.561 soit une augmentation de 425 cas pour la journée, attention. Le nombre de personnes hospitalisées pour cause de coronavirus s'élève à 11.465 dont 903 sont placées en réanimation, ce qui signifie que 52 lits ont été libérés. Le nombre de décès s'élève à 29.346 dont 18.962 en hôpital.

Vendredi 12 juin 2020.

33ème jour de déconfinement.

Covid-19 tu es partout. Tu veux tout marquer de ton empreinte même le football et le Conseil d'Etat.

Rappelons les faits. La Ligue de football professionnel, en raison de l'épidémie que tu as lancée à travers le monde, a décidé, le 30 avril, de mettre fin à la saison 2019-2020. Aussi a-t-elle enregistré le classement des championnats disputés en Ligue 1 et 2 en tenant compte du nombre de points obtenus par chaque club au cours des rencontres disputées par chaque équipe à cette date, ce qui défavorisait trois clubs : l'Olympique Lyonnais, Amiens Sporting Club et Toulouse Football Club.

Fin mai ces trois clubs saisissent le juge des référés du Conseil d'État afin d'obtenir la suspension des décisions prisent à leur égard d'autant qu'à cette date, l'UEFA avait fait connaître aux fédérations nationales son souhait que les compétitions prennent fin au plus tard le 3 août 2020.
Deux décisions deux dates, d'où le différent.

Face à cette situation le juge valide les décisions de la Ligue, concernant le classement du championnat de Ligue 1, compte tenu notamment de ce que tous les matchs de la 28ème journée n'ont pu être joués.

Par contre il estime que le conseil d'administration de la Ligue ne pouvait pas légalement se fonder, pour décider de reléguer les deux derniers du classement de la Ligue 1, sur le fait que l'actuelle convention conclue avec la Fédération française de football (FFF) prévoyait une limite de vingt clubs, alors que cette convention prenait fin le 30 juin et qu'une nouvelle convention devrait être signée.

D'où sa demande à la Ligue de football professionnel, de réexaminer la question du format de la Ligue 1 pour la saison 2020-2021, en liaison avec les instances compétentes de la FFF quant au principe des relégations prononcées avant le 30 juin concernant les trois clubs, car il restait à cette date encore une dizaine de journées de championnat à disputer ce qui mathématiquement laissait à chaque équipe une chance de se retrouver dans l'élite.

20 heures : les chiffres viennent de tomber. Le nombre de cas en France s'élève à 156.287 soit une augmentation de 726 cas pour la journée, attention, attention le nombre de cas a tendance à croître. Le nombre de personnes hospitalisées pour cause de coronavirus s'élève à 11.124 dont 879 sont placées en réanimation, ce qui signifie que 24 lits ont été libérés. Le nombre de décès s'élève à 29.374 dont 18.990 en hôpital.

Samedi 13 juin 2020.

34ème jour de déconfinement.

A la radio ce matin on annonce une deuxième vague de coronavirus en Chine à Pékin. Onze quartiers résidentiels du sud de la ville viennent d'être confinés en raison de l'apparition d'un nouveau foyer de coronavirus dans le marché Xinfadi.

Sept cas de contamination au Covid-19 auraient été recensés dans les environs de ce marché, Neuf écoles et jardins d'enfants des environs auraient été fermés. Les habitants de ces quartiers auraient reçu l'ordre de rester chez eux. Parmi les sept nouveaux cas annoncés figurent trois employés du marché de Xinfadi, une personne qui s'y est rendue et trois employés d'un centre de recherche sur la viande située à sept kilomètres du marché. L'un d'entre eux se serait rendu sur ce marché la semaine dernière.
Les autorités ont fermé ce marché, de même qu'un marché aux fruits de mer où s'était rendue une des personnes contaminées, pour que des opérations de désinfection soient entreprises et pour collecter des échantillons complémentaires sachant que le virus aurait été détecté sur des planches servant à découper du saumon importé.

20 heures : les chiffres viennent de tomber. Le nombre de cas en France s'élève à 156.813 soit une augmentation de 526 cas pour la journée, attention, attention le nombre de cas est toujours élevé. Le nombre de personnes hospitalisées pour cause de coronavirus s'élève à 10.909 dont 871sont placées en réanimation, ce qui signifie que 8 lits ont été libérés. Le nombre de décès s'élève à 29.398 dont 19.014 en hôpital.

Dimanche 14 juin 2020.

35ème jour de déconfinement.

Ce matin aux informations à RTL une interview du Président du laboratoire anglais AstraZeneca concernant l'accord passé samedi soir entre la France, l'Allemagne, les Pays-Bas et l'Italie pour garantir la fourniture de 400 millions de doses d'un vaccin-candidat contre le Covid et ce : à prix coûtant. Les études seraient assez avancées pour laisser espérer des résultats positifs. Son nom pour l'instant AZD 1222.

Après des premiers essais sur l'homme fin avril, une nouvelle phase vient de commencer portant sur près de 30.000 patients venant principalement d'Angleterre, des Etats-Unis et du Brésil, pays où le virus circule encore largement.

Les chercheurs l'auraient formulé à partir d'une version affaiblie d'un autre virus, affectant le chimpanzé. Dans un premier temps ils ont inactivé le virus, puis l'ont modifié pour produire une protéine du nom de *Spike* ou *S* qui serait typique du nouveau coronavirus. Son rôle, une fois injecté, serait de déclencher une réponse immunitaire. C'est cette protéine Spike qui permet au SARS-CoV-2 de pénétrer dans nos cellules, mais elle est aussi l'une des cibles de notre système immunitaire face à l'infection, d'où l'idée de sa présence dans le vaccin actuellement en développement. Le risque selon le Président serait que l'épidémie s'arrête brutalement empêchant de valider les essais en cours.

Attention à toi Covid-19 peut-être que tes jours sont mis en danger !

Mais changeons de registres. Et retrouvons-nous à l'Opéra de Paris. Sur scènes des danseurs qui pour respecter entre eux les règles de distanciation ne peuvent plus effectuer de portées, ni se pendre par la main et sont obligés d'inventer de nouvelles figures tant pour « Le lac des Cygnes » ou « Le Sacre du Printemps ».

Vraiment tu es insatiable, te voilà Covid-19 devenu Maître de ballets.

Dans l'après-midi nous avons fait le tour du parc qui a pris sa parure d'été.

20 heures : le Président prend la parole pendant vingt minutes au cours desquelles il énonce dix décisions ou axes de travail.
Ecoles. Retour obligatoire dès le 22 juin partout en France pour les écoliers et les collégiens.
Ile-de-France. Passage en zone verte, mais La Guyane et Mayotte restent en orange.
Restaurants. Réouverture totale des restaurants en Île-de-France, avec respect des règles de distanciation.
Frontières. Réouverture des frontières des pays de l'U E dès lundi 15 juin. Pour les pays hors de l'UE celle-ci est reportée au 1er juillet 2020.
Municipales. Le second tour des élections aura lieu le dimanche 28 juin.
Maisons de retraite. Les visites en EHPAD seront désormais autorisées.
Bilan de la crise. Le Président a reconnu que cette épreuve avait révélé des failles, des fragilités dans le pays et qu'il fallait en tirer toutes les leçons notamment concernant notre dépendance vis-à-vis d'autres continents, ce qui a été le cas pour les masques, les blouses et le gel. Concernant l'économie et l'emploi, le Président a
rappelé que la France avait mobilisé près de 500 milliards d'euros pour faire face à l'épidémie et éviter au maximum les dépôts de bilan et les licenciements.
Le monde d'après. Le Président a promis *"un nouveau chemin"* pour les deux dernières années de son quinquennat. *"Chacun d'entre nous doit se réinventer, dans le cadre d'une économie forte, écologique, souveraine et solidaire, travailler et produire davantage pour ne pas dépendre des autres"*.

Mon dieu que la formule est belle, mais j'ai très peur que ce ne soit que des : ***paroles, paroles,*** comme disait Dalida.

Les chiffres viennent de tomber. Le nombre de cas en France s'élève à 157.220 soit une augmentation de 407 cas pour la journée. Le nombre de personnes hospitalisées pour cause de coronavirus s'élève à 10.881 dont 869 sont placées en réanimation, ce qui signifie que 2 lits ont été libérés. Le nombre de décès s'élève à 29.407 dont 19.023 en hôpital.

Lundi 15 juin 2020.

36ème jour de déconfinement.

9 heures. : Les ouvriers sonnent car les travaux interrompus depuis le début du confinement reprennent. Il faut dire que sans l'intervention de Michèle ils étaient reportés sine die du fait de l'image exécrable de l'immeuble, donnée depuis des mois par le comportement odieux de certains propriétaires. Comme

annoncé, les ouvriers portent des masques et observent les règles de désinfection et de distanciation prévues dans la brochure qui nous a été remise au préalable par l'entreprise.

11 heures : je pars pour ma séance de kinésithérapie, le masque sur la figure. Je croise de plus en plus de personnes qui n'en portent pas. En chemin sur le trottoir j'évite de marcher sur des masques, car les gens s'en débarrassent en les jetant à terre. Le relâchement s'étend.

Cette après-midi à mon bureau je lis l'éditorial de Pierre-Antoine Delhommais dans le Point_dont le titre résume parfaitement la situation dans laquelle nous sommes. *« La crise sanitaire s'achève, la récession s'installe. Même impact ravageur, mêmes incertitudes sur sa durée. Et mêmes divisions sur la cure à apporter ».*

En quelques phrases tout est dit.

« Aux Etats-Unis et en Europe, la crise économique prend le relais d'une crise sanitaire qui s'éloigne au fur et à mesure que l'été approche. Après les chiffres quotidiens d'hospitalisations, de guérisons et de décès, c'est au tour des statistiques de PIB, de chômage et de dette de donner le vertige. Beaucoup paraissent irréelles, comme les 220 milliards d'euros de déficit budgétaire de la France en 2020 ou celle qui signale que 40 % des ménages américains gagnant moins de 40 000 dollars par an ont perdu leur emploi en deux mois ... Signe qui ne trompe pas, on voit désormais sur les plateaux de télévision défiler plus d'économistes que d'épidémiologistes. Les premiers ne sont d'ailleurs pas plus d'accord entre eux que les seconds sur les traitements à administrer. Le recours à la dette divise au moins autant que l'usage de l'hydro chloroquine et tandis que certains militent en faveur d'une hausse du temps de travail, d'autres plaident pour sa diminution »[30].

Une question se pose.

En confinant on a voulu éviter des morts visibles sans peut être se rendre compte que l'on va en faire probablement beaucoup plus mais invisibles du fait de la crise économique qui va déferler et de la réduction des aides aux pays les plus pauvres que l'on ne pourra plus aider. C'est probablement un tournant important pris par les pays riches dont fait partie aujourd'hui la Chine.

20 heures : les chiffres viennent de tomber. Le nombre de cas en France s'élève à 156.287 soit une augmentation de 1.085 cas pour la journée, attention, attention le nombre de cas a tendance à repartir probablement du fait

---

30 - Pierre-Antoine Delhommais article paru dans le Point du 15 juin 2020

du relâchement des pratiques de protections sanitaires. Le nombre de personnes hospitalisées pour cause de coronavirus s'élève à 10.752 dont 846 sont placées en réanimation, ce qui signifie que 33 lits ont été libérés. Le nombre de décès s'élève à 29.436 dont 19.052 en hôpital.

Mardi 16 juin 2020.

37ème jour de déconfinement.

10 heures : je laisse les ouvriers dans l'appartement et vais au marché. Peu de monde. Certains ont même abandonné leur étal pour aller bavarder avec le voisin. De retour j'apprends que Pékin a fait état de 27 nouvelles contaminations lors des dernières 24 heures, portant à 106 le total des cas enregistrés depuis cinq jours.

Après ces nouvelles contaminations du coronavirus, plus d'une centaine en cinq jours, la mairie de la capitale chinoise parle désormais d'une situation épidémique extrêmement grave et a porté sa capacité quotidienne de dépistage à plus de 90 000 personnes. Depuis, quatre autres marchés de la capitale ont été fermés et une trentaine de zones résidentielles environnantes placées en quarantaine. Les élèves de primaire et de collège sont désormais autorisés à reprendre les cours depuis la maison. Ce regain de contagion serait parti du gigantesque marché de gros de Xinfadi, l'un des plus grands d'Asie où le virus a été repéré la semaine dernière, comme nous l'avons déjà évoqué. La Chine, craint l'arrivée d'une seconde vague. Face à cette situation l'Organisation Mondiale de la Santé (OMS) a indiqué suivre de très près la situation à Pékin et a évoqué l'envoi possible d'experts dans les prochains jours.

Cette après-midi démarre à l'Assemblée nationale une commission d'enquête composée de 32 députés. L'objectif : analyser après deux mois de confinement général de la population et près de 30.000 morts dans les hôpitaux et les EHPAD la gestion de la crise sanitaire déclenchée par la pandémie du Covid-19. Le but : identifier les fautes, les failles et les dysfonctionnements majeurs afin de faire en sorte que ça ne se reproduise pas lors d'une prochaine épidémie.
La commission d'enquête devait s'intéresser à plusieurs aspects cruciaux mis en évidence lors de la crise comme : la gestion des stocks de masques, la stratégie en matière de tests, la prise en charge des résidents des EPHAD, la question des frontières, la liberté de prescription médicale ... C'est Jérôme Salomon, directeur général de la Santé, qui ouvre le bal à 17 heures.

20 heures : les chiffres viennent de tomber. Le nombre de cas en France s'élève à 157.716 soit une augmentation de 1.429 cas pour la journée, attention, attention le nombre de cas continue de croître. Le nombre de personnes hospitalisées pour cause de coronavirus s'élève à 11.124 dont 820 sont placées en réanimation, ce qui signifie que 59 lits ont été libérés. Le nombre de décès s'élève à 29.547 dont 19.090 en hôpital.

Mercredi 17 juin 2020.

38ème jour de déconfinement.

Ce matin j'ai reçu de mon neveu Jean un exemplaire du livret édité par le secrétariat général des Ministères économiques et financiers concernant les mesures à prendre par son personnel pour prévenir les risques Covid-19 lorsqu'il travaille dans leurs bureaux et ce dans le cadre du Plan de Reprise d'Activité (P R A). Le manuel comprend onze pages définissant le comportement que chaque agent devra avoir pour faire face à toutes les situations qu'il pourrait rencontrer depuis son départ de chez lui à son bureau et bien entendu, également à son bureau. Voici les thèmes abordés :

- J'arrive au bureau ;
- La circulation dans les services ;
- Recommandations générales à mon poste de travail ;
- Organisation générale des postes de travail ;
  - Je suis en bureau individuel ;
  - Je suis en bureau collectif ;
- Les autres situations ;
  - Je suis amené à manipuler du papier, du courrier, des colis, de l'argent ;
  - Je suis amené à utiliser un ordinateur commun, une photo copieuse, une imprimante partagée ;
- Restauration sur le lieu de travail, espace coin de repas, détente ;
- Une personne de mon service présente des signes qui font penser à un début d'infection Covid-19. La personne tousse, a de la fièvre, frisonne ;
- Je quitte le bureau.

Voici quelques exemples des consignes données concernant :

« LE TRANSPORT JUSQU'AU LIEU DE TRAVAIL.

Véhicule personnel. De préférence, voyager seul. En cas de co-voiturage, un seul passager à l'arrière en diagonale (avec le cas échéant un masque alternatif grand public pour les deux passagers si la distance de 1m n'est pas respectée). J'évite les heures de pointe. J'aménage mes horaires ...

LE COMPORTEMENT AU BUREAU

1. Dès que j'arrive dans l'immeuble avant de toucher aux points de contact (boutons d'ascenseur, poignées de porte du service...), je me lave les mains et arrivé(e) à mon bureau je me relave les mains. Ce qui signifie que l'on a sur soi du gel alcoolique.

2. Je nettoie mon clavier, ma souris, mon téléphone et équipements assimilés avec une lingette pré-imprégnée ou un essuie-main à usage unique imbibé d'alcool ménager ou tout produit désinfectant ménager courant (de type Ajax sans javel, sanytol, briochin, Mr Propre désinfectant...) mis à la disposition des agents ;

3. Je pense à nettoyer mon téléphone portable personnel et professionnel ;

4. J'évite de mettre sur le sol mes affaires personnelles, mon sac ou mon cartable sont mis dans mon vestiaire ou dans un tiroir.

LE COMPORTEMENT VIS A VIS D'UN CLIENT

1 - A LA PRISE DE RENDEZ VOUS : Je vérifie la pertinence de ce rendez-vous. Je fixe l'heure du rdv et j'invite la personne à amener son propre stylo et l'informe qu'elle doit venir de préférence seule.

2 - AVANT L'ACCUEIL DE L'USAGER : J'installe la chaise visiteur afin qu'elle soit à bonne distance. Préférer une chaise sans accoudoir et facilement nettoyable (assise plastifiée). Je me lave les mains en arrivant au bureau à l'aide d'une solution hydro- alcoolique. Je nettoie avec des lingettes pré-imprégnées ou d'un essuie-main à usage unique imbibé d'un produit désinfectant les surfaces qui vont obligatoirement être touchées : écran, clavier, souris, imprimante/photocopieur, téléphone, lampe de bureau, plan de travail, accoudoirs de fauteuil, poignées et boutons de portes, commandes d'éclairage.

3. PENDANT L'ACCUEIL DE L'USAGER : Je limite la réception à une seule personne. Je laisse la (les) porte(s) de la box ouverte, surtout s'il ne possède pas d'ouvrant vers l'extérieur. Je maintiens la distance de sécurité d'au moins 1 m la chaise visiteur (sans accoudoir) aura été positionnée pour maintenir cette distance. Je mets à disposition de la personne accueillie du gel hydroalcoolique fourni par l'administration et je l'invite à l'utiliser. Si l'usager dispose d'un masque grand public, je l'invite à le porter. J'évite le contact de la main à la main lorsque des papiers sont échangés. Je limite le temps de réception au strict nécessaire. J'utilise mon propre stylo ; si nécessaire, je mets à disposition de l'usager un stylo dédié qui fera l'objet systématiquement d'une désinfection à l'issue de l'entretien.

4 - APRES LA RECEPTION DE L'USAGER : Je me lave les mains à l'aide d'une solution hydroalcoolique à l'issue de la réception de l'usager. J'aère régulièrement des boxes d'accueil qui possèdent un ouvrant selon une fréquence adaptée à l'affluence. Je désinfecte tous les éléments qui ont pu être en contact direct avec l'usager (en particulier le plan de travail) ».

Tu vois Covid-19 à quelles extrémités tu nous pousses. Déjà que nous avions le goût des procédures en tout genre, mais là tu nous fais atteindre des sommets qui risquent de nous être mortels. Déjà que dans l'administration les cadences étaient loin d'être infernales, maintenant elles vont tendre vers le zéro absolu. Comme disait un de mes professeurs de physique au zéro absolu les molécules sont toutes rassemblées au fond du bécher, seules quelques-unes tresaillent encore !

20 heures : les chiffres viennent de tomber. Le nombre de cas en France s'élève à 158.174 soit une augmentation de 458 cas pour la journée, attention. Le nombre de personnes hospitalisées pour cause de coronavirus s'élève à 10.267 dont 772 sont placées en réanimation, ce qui signifie que 107 lits ont été libérés. Le nombre de décès s'élève à 29.575 dont 19.118 en hôpital.

En France on a encore détecté 239 clusters ce qui signifie que l'on commence à suivre la politique sanitaire de la Corée du Sud et de Taïwan. Détecter c'est bien mais il faut aller plus loin

Jeudi 18 juin 2020.

39ème jour de déconfinement.

9 heures : coup de sonnette, ce sont les ouvriers qui arrivent. Très vite comme chaque matin ils commencent par désinfecter la partie de l'appartement dans laquelle ils vont opérer avec leur pulvérisateur.

Aujourd'hui 700.000 lycéens devaient passer le bac en commençant comme c'est la tradition par l'épreuve de philo, mais celui-ci a été annulé en mai comme l'avait annoncé le Premier ministre. Pour la première fois une génération d'adolescents n'aura pas la joie de voir à l'issue des épreuves les noms des lauréats figurer sur la liste des résultats ou pour certains la tristesse de ne pas y être.

Ah, vraiment Covid-19 il faut que tu marques tout de ton empreinte. J'aimerais qu'un jour tu puisses rater ton bac !
Voilà 80 ans à la veille de la signature de l'armistice après la défaite de la France face à l'Allemagne un général alors inconnu prononçait à la BBC de Londres cet appel : *« Les chefs qui, depuis de nombreuses années, sont à la tête des armées françaises, ont formé un gouvernement. Ce gouvernement, alléguant la défaite de nos armées, s'est mis en rapport avec l'ennemi pour cesser le combat. Certes, nous avons été, nous sommes submergés par la force mécanique, terrestre et aérienne de l'ennemi. Infiniment plus que leur nombre, ce sont les chars, les avions, la tactique des Allemands qui nous font reculer. Ce sont les chars, les avions, la tactique des Allemands qui ont surpris nos chefs au point de les amener là où ils en sont aujourd'hui. Mais le dernier mot est-il dit ? L'espérance doit-elle disparaître ? La défaite est-elle définitive ? Non ! Croyez-moi, moi qui vous parle en connaissance de cause et vous dis que rien n'est perdu pour la France. Les mêmes moyens qui nous ont vaincus peuvent faire venir un jour la victoire. Car la France n'est pas seule ! Elle n'est pas seule ! Elle n'est pas seule ! Elle a un vaste Empire derrière elle. Elle peut faire bloc avec l'Empire britannique qui tient la mer et continue la lutte. Elle peut, comme l'Angleterre, utiliser sans limites l'immense industrie des Etats-Unis. Cette guerre n'est pas limitée au territoire de notre malheureux pays. Cette guerre n'est pas tranchée par la bataille de France. Cette guerre est une guerre mondiale. Toutes les fautes, tous les retards, toutes les souffrances n'empêchent pas qu'il y a, dans l'univers, tous les moyens pour écraser un jour nos ennemis. Foudroyés aujourd'hui par la force mécanique, nous pourrons vaincre dans l'avenir par une force mécanique supérieure. Le destin du monde est là. Moi, général de Gaulle, actuellement à Londres, j'invite les officiers et les soldats français qui se trouvent en territoire britannique ou qui viendraient à s'y trouver, avec leurs armes ou sans leurs armes, j'invite les ingénieurs et les ouvriers spécialisés des industries d'armement qui se trouvent en territoire britannique ou qui viendraient à s'y trouver, à se mettre en rapport avec moi. Quoi qu'il arrive, la Flamme de la résistance française ne doit pas s'éteindre et ne s'éteindra pas. Demain, comme aujourd'hui, je parlerai à la radio de Londres ».*

Très beau texte devenu aujourd'hui fameux qui devrait nous redonner courage face à ce nouvel ennemi Covid-19 qui n'emploie pas *la force mécanique, terrestre et aérienne* mais nous- même pour nous anéantir. Attention à toi Covid-19 car de partout dans le monde, en France en Angleterre aux Etats-Unis, en Chine, tous les laboratoires se mobilisent pour trouver et mettre en œuvre des systèmes de défense, des vaccins qui dans un avenir prochain, je l'espère te mettront à genoux.

20 heures : les chiffres viennent de tomber. Le nombre de cas en France s'élève à 158.641 soit une augmentation de 467 cas pour la journée. Le

nombre de personnes hospitalisées pour cause de coronavirus s'élève à 10.125 dont 752 sont placées en réanimation, ce qui signifie que 20 lits ont été libérés. Le nombre de décès s'élève à 29.603 dont 19.146 en hôpital.

Vendredi 19 juin 2020.

40ème jour de déconfinement.

10 heures : je pars au marché. La vie reprend petit à petit. Les clients sont plus nombreux et recommencent à marchander, mais avec un masque sur la figure. A la pharmacie un changement, en plus des trois personnes qui se font servir au guichets, trois autres attendent à l'intérieur mais en respectant la distanciation d'un mètre. Les langues se délient. La peur de l'autre commence à se dissiper.

Aux actualités des images de Pékin impressionnantes. Sur les places, en bordure des rues, des agents publics dressent des tentes au toit carré au-dessous desquelles des tables sont installées. Des hommes et des femmes en blouses blanches, debout entièrement enveloppés protégés par des masques, font des prélèvements dans la bouche ou le nez des habitants qui font la queue pendant que d'autres assis aux tables emballent les prélèvements en notant l'identité et le domicile de leurs titulaires. Tout à l'air de se faire dans le calme chacun attendant son tour, puis repartant rassuré. Peut-on imaginer une telle situation dans Paris ?

Sur R T L, le procureur général François Molins a indiqué qu'à ce jour 84 plaintes avaient été déposées contre les membres du gouvernement auprès de la Cour de justice de la République, seule instance habilitée à les juger dans le cadre de leurs fonctions. Les qualifications pénales tourneraient autour des infractions d'homicide et de blessures involontaires, des infractions de mise en danger de la vie d'autrui ou du fait de ne pas avoir pris de mesures adéquates. Ce n'est qu'à la fin du mois de juin, quand la justice commencera à les instruire, que l'on saura si celles-ci seront recevables ou non. Car selon le Procureur Général "*La justice va devoir déterminer si des infractions ont été commises, s'intéresser au processus décisionnel pour identifier les éventuelles responsabilités et puis surtout, s'attacher à essayer d'aller au cœur de la crise et au plus profond des données scientifiques connues pour savoir si, en fonction des éléments que l'on connaissait, nos responsables politiques ont pris des décisions adéquates et s'ils ont commis ou pas des infractions involontaires*".

Ah Covid-19 cela t'amuserait de voir tomber des membres du Gouvernement en Cour de Justice pour n'avoir pas su te combattre efficacement. Vraiment tu es cynique.

20 heures : les chiffres viennent de tomber. Le nombre de cas en France s'élève à 159.452 soit une augmentation de 811 cas pour la journée, attention il est important de surveiller l'apparition des nouveaux clusters. Le nombre de personnes hospitalisées pour cause de coronavirus s'élève à 9.970 dont 727 sont placées en réanimation, ce qui signifie que 25 lits ont été libérés. Le nombre de décès s'élève à 29.617 dont 19.160 en hôpital.

Samedi 20 juin 2020.

41ème jour de déconfinement.

C'est le jour le plus long de l'année. Mais cela n'empêche pas l'épidémie de continuer à se développer, notamment dans les plus importants abattoirs d'Allemagne qui se révèlent être de redoutables foyers de contamination. Cette fois-ci, c'est Tönnies, le plus grand abattoir d'Europe, qui est massivement touché. Sur les 1.106 employés qui ont déjà été testés, 730 sont porteurs du virus et ont immédiatement été placés en quarantaine. Dans les prochains jours, l'ensemble des salariés de l'entreprise, soient 5 350 personnes supplémentaires, seront testés.

L'irruption du virus au sein de ces abattoirs pose toute une série de questions d'ordre hygiénique et éthique. Si les basses températures, l'humidité et le confinement de plusieurs personnes ne respectant pas toujours les mesures de distanciation sont des facteurs favorisant la propagation du virus il semblerait que les conditions de travail et l'hébergement extrêmement rudimentaire de la main-d'œuvre à bas prix employée par cette entreprise soient des facteurs déterminants supplémentaires[31].

Non content d'avoir infecté quelques marchés de Wuhan, te voilà en train de remonter les chaînes de production en attaquant les abattoirs et ainsi infecter progressivement les réseaux de distribution ! Mais où donc t'arrêteras-tu ?

20 heures : les chiffres viennent de tomber. Le nombre de cas en France s'élève à 160.093 soit une augmentation de 640 cas pour la journée. Le nombre de personnes hospitalisées pour cause de coronavirus s'élève à 9.837

---

31 Information donnée *par* Pascale Hugues à Berlin dans le Point du 20 /06/2020.

dont 715 sont placées en réanimation, ce qui signifie que 12 lits ont été libérés. Le nombre de décès s'élève à 29.633 dont 19.176 en hôpital.

Dimanche 21 juin 2020.

42ème jour de déconfinement.

10 heures : nous partons pour Thomery, chez Geneviève et Pierre pour la fête des pères. Un premier constat, la circulation est très fluide, pas de ralentissements, pas d'arrêts, probablement un effet du Covid-19. Une heure 10 de trajet. Surprise à l'arrivée Pierre nous accueille avec des béquilles. Hier en allant faire des courses, dans un magasin n'ayant pas vu une marche, il est tombé et c'est la cheville qui a pris. Geneviève, Claude et Philippe sont là mais ce sont des embrassades de loin.

Ah Covid-19 tu es toujours là à te manifester

Apéritif dehors sur la terrasse. Une pissaladière délicieuse faite par Philippe accompagnée d'une coupe de champagne. Conversation animée. Puis on passe à table un carré d'agneau cuit à point et savoureux et pour finir une coupe de glace accompagnée de fruits du jardin.

18 heures : on n'a pas vu passer l'après-midi tant la conversation a été nourrie.

Nous repartons en voiture. Circulation fluide jusqu'à l'autoroute. Mais là brusquement tout se bloque. Probablement un accident. Nous roulons à 30 à l'heure quelques minutes puis arrêt. Et cela va durer jusqu'à l'entrée de Paris. Il nous faudra deux heures trente pour arriver à Ville-d'Avray. Du jamais vu.

Ah j'oubliai aujourd'hui c'est la fête de la musique. Aussi des milliers de Français en ont profité, pour se rassembler et danser dans les rues, malgré les restrictions sanitaires.

Sur les quais du canal Saint-Martin à Paris, le coronavirus semblait être un lointain souvenir. Malgré une pluie intermittente, les abords du canal étaient bondés sans parler du Jardin Villemin tout proche où les DJs enchaînaient les morceaux devant une foule compacte de danseurs. Oubliés distanciation et gestes barrière.

J'espère Covid-19 que ce n'est pas ta dernière trouvaille de profiter de cette fête de la musique pour initier un grand nombre de clusters et reprendre la main sur l'épidémie.

Plus prudent à 21 heures 30, Jean-Michel Jarre a expérimenté une nouvelle forme de concert « virtuel live » dans le monde virtuel où il a joué via son avatar.

Tu vois Covid-19 certains arrivent à trouver le moyen d'effacer les frontières entre monde physique et virtuel.

20 heures : les chiffres viennent de tomber. Le nombre de cas en France s'élève à 160.377 soit une augmentation de 284 cas pour la journée, c'est une amélioration. Le nombre de personnes hospitalisées pour cause de coronavirus s'élève à 9.823 dont 715 sont placées en réanimation, ce qui signifie qu'aucun lit n'a été libéré. Le nombre de décès s'élève à 29.640 dont 19.183 en hôpital.

Lundi 22 juin 2020.

43ème jour de déconfinement.

En consultant mes mails quelle n'est pas ma surprise d'en trouver un en provenance de Noémie qui aujourd'hui enseigne à Palo Alto.

« Comment ça va ? J'ai trouvé un article publié par le "Washington Post" qui décrit bien la situation récente de COVID-19 aux Etats Unis aussi je vous l'envoie[32] *».*

Voici quelques-uns des points évoqués.

« Au milieu des flambées d'infections dues au coronavirus dans tout le pays, le président Trump a déclaré lors de son meeting de campagne à Tulsa samedi soir qu'il avait demandé aux autorités d'administrer moins de tests de coronavirus afin de réduire le nombre de cas publiés.
Cette déclaration a attiré un chœur de critiques de la part des démocrates au Congrès, qui ont déclaré valider leurs craintes selon lesquelles le Président était plus concentré sur la sauvegarde de l'image de l'Amérique face à la pandémie que sur la protection de la santé publique des citoyens, ce qui a amené un responsable de la Maison Blanche à déclarer au Washington Post que le Président plaisantait, une défense habituelle des collaborateurs de Trump quand il dit quelque chose de controversé ».

« Samedi, huit États ont signalé que le nombre de cas qu'ils avaient enregistrés sur la journée étaient le plus élevé depuis le début de la pandémie ».

---

32 - https://www.washingtonpost.com/nation/2020/06/21/coronavirus-live-updates-us/.

« Les nouvelles infections dans le pays auraient dépassé les 30 000 vendredi et samedi. Le pays n'aurait pas connu de totaux quotidiens aussi élevés depuis plus de sept semaines ».
« La présidente de la Chambre, Nancy Pelosi (D-Calif.), a condamné les remarques de Trump sur les tests, suggérant que tout effort visant à restreindre les tests signifierait que "davantage d'Américains perdront la vie ».
« Un des plus grands experts de la santé publique du pays a déclaré dimanche qu'il craignait que le rassemblement électoral de Trump à Tulsa ne devienne un événement « super-diffuseur ». Entendez par là qu'il risquait d'être à l'origine d'un très gros cluster.

« Le gouverneur de Floride, Ron De Santis, a reconnu samedi que l'augmentation des cas de coronavirus dans son état n'était pas uniquement le résultat de tests élargis, mais bien le résultat du développement de l'épidémie ».
« Le comédien D.L. Hughley a déclaré qu'il avait été testé positif au coronavirus lors de son hospitalisation suite à son effondrement sur scène lors d'une représentation à Nashville ».
« Les kits de test pour détecter les premiers cas du pays auraient échoué en raison d'une contamination « probable » aux Centers for Disease Control and Prevention, selon un nouvel examen fédéral ».

A ce jour les Etats-Unis ont dénombré plus de 2,8 millions de cas et 119.969 morts ce qui est peut-être à l'origine des déclarations du Président Trump. Juste derrière arrive le Brésil avec 1,1 millions de cas et 50.591 décès.

20 heures : les chiffres viennent de tomber. Le nombre de cas en France s'élève à 160.750 soit une augmentation de 373 cas pour la journée. Attendons les effets des débordements de la fête de la musique. Le nombre de personnes hospitalisées pour cause de coronavirus s'élève à 9.693 dont 701 sont placées en réanimation, ce qui signifie que 14 lits ont été libérés. Le nombre de décès s'élève à 29.663 dont 19.206 en hôpital.

Mardi 23 juin 2020.

44ème jour de déconfinement.

10 Heures : je pars au marché en passant par la Maison Pour Tous, renouveler mon inscription au stage de sculpture. Le marché se vide. Le nombre de commerçant diminue de mois en mois. Est-ce l'approche des vacances ?

La Convention citoyenne pour le climat composée de 150 citoyens tirés au sort vient de publier son rapport comprenant 149 propositions parmi lesquelles deux pourraient être soumises à référendum. Aucune n'a de liens avec l'épidémie que nous vivons. Et pourtant depuis plusieurs semaines pour ne pas dire plusieurs mois de plus en plus d'auteurs établissent un lien direct entre l'écologie et la crise sanitaire que nous vivons suite au développement de Covid-19.

Te voilà réhabilité Covid-19 car de plus en plus d'auteurs considèrent que la crise que nous vivons actuellement est avant tout une crise écologique. Mais ont-ils raison ?

Pour eux ce sont les hommes qui en puisant sans vergogne dans les ressources limitées de la terre pour satisfaire leurs besoins sans limites, en créant leurs villes et mégapoles, en développant leurs technologies de plus en plus sophistiquées, en voulant accroître de façon exponentielle les rendements agricoles … ont déséquilibré l'écosystème mondial, en polluant l'eau, l'air et le sol et en détruisant petit à petit la biodiversité.

Ce seraient tous ces déséquilibres qui t'auraient permis Covid-19 de quitter le chaud abri de la chauve-souris et du pangolin pour aller t'installer dans les cellules de l'homme, te permettant ainsi d'utiliser ses technologies les plus avancées : avions, trains, porte-avions, usines de fabrication, abattoirs … et ses organisations sophistiquées : congrès, matchs de foot pour te répandre à travers le monde.

Mais ils vont plus loin. La crise économique et financière engendrée par les mesures de confinement prises va dans un avenir proche engendrer une crise sociale et probablement politique des Etats.

Il va être très intéressant de suivre le débat ente médecins et économistes.

20 heures : les chiffres viennent de tomber. Le nombre de cas en France s'élève à 161.267 soit une augmentation de 517 cas pour la journée. Le nombre de personnes hospitalisées pour cause de coronavirus s'élève à 9.491 dont 682 sont placées en réanimation, ce qui signifie que 19 lits ont été libérés. Le nombre de décès s'élève à 29.720 dont 19.232 en hôpital.

Mercredi 24 juin 2020.

45ème jour de déconfinement.

10 heures 30 : je pars pour ma séance de kinésithérapie. Mon dos me fait souffrir. Probablement une des conséquences du confinement qui a changé profondément nos activités.

6 milliards pour les soignants, vient d'annoncer le ministre de la Santé.

Un mois après le début de ses travaux, la commission dite le « Ségur de la santé » a apporté sa réponse à la principale revendication des syndicats concernant la hausse des rémunérations des soignants - hors médecins par la voix d'Olivier Véran qui a avancé le chiffre de six milliards d'euros "pour les hôpitaux, les établissements médico-sociaux publics et les établissements privés. Cette augmentation interviendrait au 1er juillet. Elle inclurait une augmentation générale des salaires des agents de la fonction publique hospitalière (hôpitaux, EHPADs...), une refonte des primes, ainsi que des hausses ciblées sur certaines professions, qui pourraient être étendues aux établissements privés.

Ces hausses ciblées concerneraient notamment les catégories soignantes (infirmiers, aides-soignants) et médico-techniques (techniciens de laboratoire, manipulateurs radio). Mais pour certains syndicats, cette hausse de six milliards n'est pas suffisante.

Aussi, après le succès de la journée d'action du 16 juin, qui a réuni plusieurs dizaines de milliers de manifestants dans toute la France, plusieurs syndicats et collectifs de soignants, une nouvelle mobilisation est envisagée pour le 30 juin, afin de maintenir la pression sur le "Ségur de la santé", qui doit concrétiser d'ici mi-juillet le "plan massif" promis par Emmanuel Macron afin d'améliorer le quotidien des soignants et l'accueil des malades.

Tu vois CVovid-19 tu t'avères un formidable négociateur syndical !

L'Allemagne qui nous l'avons vu a très bien géré la pandémie due au coronavirus, a annoncé hier, pour la première fois, un re confinement à l'échelle locale concernant plus de 600 000 personnes suite à l'éruption d'un important foyer de contamination parti du plus grand abattoir d'Europe, Tönnies, situé près de Gütersloh[33]. Les autorités locales ont annoncé que 1 553 personnes étaient contaminées par le Covid-19 dans le canton, plus de 7 000 personnes placées en quarantaine, 21 hospitalisées dont 6 en soin intensifs. Des unités mobiles de dépistage de la Croix-Rouge allemande et de la Bundeswehr sont en train d'effectuer des tests de Covid-19 auprès de tous les habitants.

Ce re confinement va se traduire par la limitation stricte des contacts entre personnes, la fermeture des bars, cinémas, musées, l'interdiction des activités de loisirs dans des espaces fermés. Les restaurants pourront rester ouverts mais en n'accueillant que des clients d'un même foyer. Selon la presse ces mesures ont été accueillies avec soulagement par la population même si, pour certains, les autorités auraient dû agir plus tôt.

Mon dieu quelle différence avec le comportement des Français. Nous sommes vraiment deux peuples très différents.

Une question se pose. Le virus est- il apporté par les bêtes abattues, à l'image des pangolins où se propage-t-il du fait de la proximité des agents lors de leur travail et de l'humidité des lieux ? Pour l'instant c'est la deuxième suggestion qui est défendue.

20 heures : les chiffres viennent de tomber. Le nombre de cas en France s'élève à 161.348 soit une augmentation de 81 cas pour la journée, pour l'instant on ne voit aucun effet du week-end de la musique. Le nombre de personnes hospitalisées pour cause de coronavirus s'élève à 9.491 dont 658 sont placées en réanimation, ce qui signifie que 24 lits ont été libérés. Le nombre de décès s'élève à 29.731 dont 19.243 en hôpital.

---

[33] Information déjà mentionnée ci-dessus.

Jeudi 25 juin 2020.

46ème jour de déconfinement.

Ce matin la température est montée très vite pour atteindre les 35 degrés dans l'appartement. Nous avons tout ouvert pour faire des courants d'air en abaissant les rideaux. Les travaux se terminent.

La Chine, la Russie et l'Espagne connaîtraient un boom des divorces._Pour beaucoup le confinement aurait été une épreuve difficile si l'on en juge par toutes les procédures qui sont actuellement lancées.

Cloîtrées à la maison, sans échappatoire possible, le confinement a visiblement mis à rude épreuve les familles. En vase clos, que l'on soit à deux, ou avec des enfants : il a fallu apprendre à vivre ensemble à temps plein, ce qui visiblement n'a pas toujours été un long fleuve tranquille pour nombre de couples et de familles

Il se pourrait bien que ce phénomène se retrouve en France. Selon un sondage réalisé par l'IFOP un couple sur dix souhaite prendre ses distances après cette épreuve, et 4% envisagent même la rupture. Cela concernerait plutôt les jeunes couples, sans doute les plus fragiles, le confinement ayant été un poison et non un ciment.

Ah Covid-19 te voilà maintenant détruisant les couples et les familles, mais où et quand t'arrêteras-tu ?

Une information de dernière heure : le plus important marathon du monde, celui de New York, prévu le 1er novembre prochain, vient d'être annulé en raison de la pandémie de coronavirus.

C'est la seconde fois que la course de fond est annulée, après la parenthèse de 2012 consécutive au passage de l'ouragan Sandy. Ainsi déjà touchée par l'épidémie de coronavirus qui a fait dans la cité plus de 22.000 décès cette annulation constitue une deuxième blessure profonde pour la ville.

20 heures : les chiffres viennent de tomber. Le nombre de cas en France est le même qu'hier :161.348. Le nombre de personnes hospitalisées pour cause de coronavirus s'élève à 9.141 dont 651 sont placés en réanimation, ce qui signifie que 7 lits ont été libérés. Le nombre de décès s'élève à 29.752 dont 19.264 en hôpital.

<u>Vendredi 26 juin 2020.</u>

<u>47ème jour de déconfinement.</u>

10 heures : je pars au marché U. Il fait déjà très chaud. Malgré le déconfinement les clients sont sérieux. Tous portent le masque et respectent les règles de distanciation. Mon caddie plein je passe au rayon livraison à domicile. A la sortie je me lave les mains avec la solution alcoolique. Puis je regagne la place de l'église où se trouve le marché. Tous les commerçants sont là, le masque sur la figure. Les allées à sens unique ont disparu. Chacun vaque à son gré, portant ou non un masque. Visiblement il y a un certain relâchement au niveau des clients. Damien le poissonnier le couteau à la main débite des filets de lotte, Fabrice de sa voix de ténor propose des poulets fermiers sortant de la broche à 10 euros. L'étal d'Affif regorge de fruits de saison : cerises, abricots, melons, fraises, pastèques … Mon caddie plein je regagne la maison.

Ce matin les riverains d'Orly ont été réveillés par le bruit des avions. Voilà plus de deux mois qu'ils ne les entendaient plus, grâce à toi Covid-19.

L'aéroport a repris une partie de ses vols ce matin. 74 sur les 700 quotidiens. Mais des changements importants sont intervenus comme l'implantation de caméras thermiques afin que l'on puisse prendre la température des passagers à leur arrivée à Paris. De nouvelles modalités de contrôles au départ ont été mises en place par les compagnies aériennes, comme la prise de température à l'embarquement et la déclaration d'absence de symptômes du Covid-19.

Ce même jour on annonce l'arrêt des A 380 pour des raisons de rentabilité. Rendons-lui un dernier hommage car c'est lui qui avait ramené les Français qui séjournaient et travaillaient à Wuhan.

Aujourd'hui il a fait très chaud plus de 30 degrés

17 heures : les ouvriers ont achevé leurs travaux. Ils enlèvent toutes les protections au sol et pulvérisent toutes les pièces dans lesquelles ils ont travaillé avec leur produit anti covid. Le masque sur la figure nous les remercions et les saluons.

20 heures : les chiffres viennent de tomber. Le nombre de cas en France est de 162.936 Le nombre de personnes hospitalisées pour cause de coronavirus s'élève à 8.886 dont 634 sont placées en réanimation, ce qui signifie que 17 lits ont été libérés. Le nombre de décès s'élève à 29.778 dont 19.290 en hôpital.

En se couchant on a laissé les fenêtres grandes ouvertes pour récupérer les moindres filets d'air frais.

Samedi 27 juin 2020.

48ème jour de déconfinement.

Aujourd'hui la température est retombée. On a perdu dix degrés. Matinée de rangement après le départ des ouvriers.

Aux informations : « Coronavirus : l'inquiétante rechute des Etats-Unis ».

En février, alors que la pandémie de Covid-19 s'accélérait en Europe les Etats-Unis ne comptaient que quelques cas. Ce que voyant, Donald Trump avait déclaré que le virus disparaîtrait comme par *« miracle »* avec l'arrivée du printemps. Quatre mois plus tard, non seulement le miracle n'a pas eu lieu, mais son pays connaît une inquiétante reprise des contaminations.

Avec 40.000 nouveaux cas par jour, l'épidémie, qui a déjà causé 127.000 décès et infecté plus de 2,3 millions de personnes, semble même redoubler d'intensité.

Comme nous l'avons vu, la maladie, partie de Chine officiellement en janvier, s'est propagée à l'échelle planétaire d'est en ouest, frappant l'Europe à partir de février ce qui aurait dû permettre aux autorités américaines de mettre ce temps à profit pour tirer de l'expérience des pays confrontés au virus les enseignements nécessaires. Ce qui n'a pas été le cas.

Premier atteint, l'Etat de New York a payé un lourd tribut, avec un taux de mortalité quatre fois supérieur à celui de la France. Au lieu de lancer une mobilisation générale sur le plan sanitaire, le président Donald Trump, obnubilé par sa réélection a privilégié à tout prix la reprise de l'activité économique des Etats-Unis en poussant à l'accélération du déconfinement, politique que la plupart des gouverneurs des Etats républicains ont suivi. Or ce sont ces Etats ayant déconfiné en premier qui sont aujourd'hui les plus touchés.

C'est ainsi que la Floride a signalé 9.585 nouveaux cas de coronavirus au cours des dernières vingt-quatre heures établissant un nouveau record pour la deuxième journée consécutive. Cette explosion serait due selon le gouverneur de l'Etat au fait que les jeunes auraient retrouvé plages et fêtes nocturnes à la faveur du déconfinement. Pendant ce temps l'Arizona enregistrait 3.591 nouveaux cas et le Nevada 1.099 soit le double de son record précédent. Ce qui a amené ces Etats à imposer à nouveau des mesures de distanciation, la fermeture des commerces et des restaurants, au risque de saper la confiance de la population et de casser une reprise économique balbutiante.

Dans le même esprit cette semaine New-York, le New Jersey et le Connecticut ont imposé une quarantaine obligatoire de 14 jours aux voyageurs en provenance d'Etats à taux d'infection élevé comme le Texas et la Floride où 13 % des personnes testées sont déclarées positives.

Confinement - Déconfinement

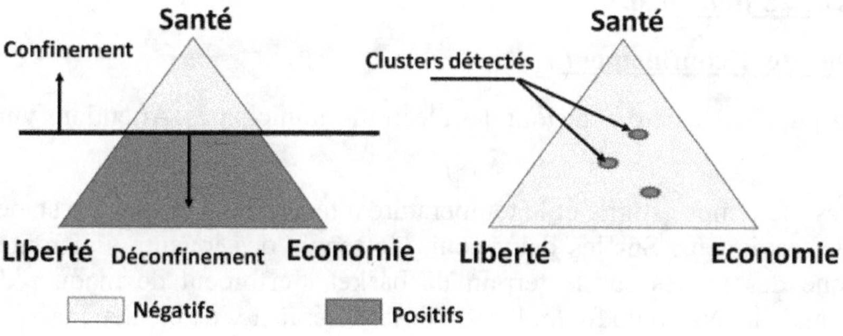

Le schéma ci-dessus permet de comparer ici les différentes stratégies suivies par les différents pays atteints par le coronavirus. Dans nos démocraties trois facteurs sont considérés comme des valeurs essentielles : **la liberté, l'économie et la santé**.

Taïwan et la Corée du Sud par leurs politiques sanitaires consistant à détecter au plutôt l'apparition des clusters et isolant les personnes porteuses du virus a permis de laisser les gens vivre librement de garantir leur santé et de laisser l'économie fonctionner normalement. A l'inverse des pays comme la France, l'Italie, l'Espagne … ayant laissé les premiers clusters se développer ont dû face à la saturation des moyens hospitaliers, confiner leurs populations les privant aussitôt de libertés fondamentales comme celle de circuler, de travailler … entraînant de ce fait une paralysie de leurs pays. Enfin comme nous venons de le voir les Etats-Unis qui dans un premier temps ont voulu donner la priorité aux deux valeurs fondamentales pour eux : la liberté individuelle et l'économie ont vu l'épidémie se répandre et la santé d'un très grand nombre de citoyens affectée, plus de deux millions sans parler des décès. Ce qui explique que face à cette situation catastrophique tous les Etats touchés comme nous venons de le voir viennent d'adopter la stratégie du confinement, la seule actuellement possible en l'absence de vaccin.

20 heures : les chiffres viennent de tomber. Le nombre de cas en France est de 163.454 Le nombre de personnes hospitalisées pour cause de coronavirus s'élève à 8.886 dont 634 sont placées en réanimation, ce qui signifie qu'aucun lit n'a été libéré. Le nombre de décès s'élève à 29.778 dont 19.290 en hôpital, ce qui signifie que les chiffres n'ont pas été modifiés depuis hier.

Dimanche 28 juin 2020.

49ème jour de déconfinement.

Aujourd'hui c'est le deuxième tour des élections municipales. Attendons vingt heures.

10 heures : le temps est gris et la température a légèrement baissé. Le stade a repris de la vigueur. Sur les deux cours de tennis des joueurs s'affrontent tandis que des jeunes sur le terrain de basket s'efforcent de maquer des paniers, mais le terrain de football reste désespérément vide et silencieux.

Arrivé sur la place de l'église j'assiste à la sortie de la messe. Tous sortent le masque sur le visage. Petit à petit des groupes se forment sur le parvis échangeant les dernières nouvelles, mais nombre de masques ont disparu.

Au marché peu de monde. J'en profite. Pour midi se sera un magret de canard au piment d'Espelette. Camille toujours en mouvement me le prépare avec une ratatouille qu'elle a faite. Puis quelques fruits : cerises, melon, abricots chez Affif et retour à la maison.

11 heures GMT : l'AFP publie, à partir de sources officielles un bilan sur la pandémie du Covid-19 qui aurait fait au moins 498.779 morts dans le monde. La barre des 10 millions de cas officiellement diagnostiqués dans le monde serait dorénavant dépassée. A ce jour 4.971.500 seraient considérés comme guéris. Mais où sont passés les 4.529.721 autres personnes ? Attention aux chiffres annoncés.

A midi le taux de participation aux élections municipales est de 15,29 % alors qu'il était de 19,83 % en 2014.

17 heures : le taux est remonté à 34 ,67 % bien en dessous de celui atteint en 2014 qui était de 52,36 %.

20 heures : les écologistes sont les grands vainqueurs de cette élection.

Cette très grande abstention est certes due à la peur que fait courir le Covid-19, mais pas seulement. Elle est aussi le résultat d'une perte du sens civique découlant de la prédominance progressive du moi sur le nous.

20 heures : les chiffres viennent de tomber. Le nombre de cas en France est de 163.980 Le nombre de personnes hospitalisées pour cause de coronavirus s'élève à 8.886 dont 634 sont placées en réanimation, ce qui signifie qu'aucun lit n'a été libéré. Le nombre de décès est inchangé depuis trois jours. Il s'élève donc à 29.778 dont 19.290 en hôpital.

Lundi 29 juin 2020.

50ème jour de déconfinement.

Aujourd'hui nous ne sommes pas sortis.

Actuellement un débat important se déroule entre le monde de l'Assurance et l'ensemble des assurés, car le modèle même de l'assurance est remis en question dans le cadre de cette pandémie

Les assureurs font barrage, car il en va, disent-ils, de leur modèle. Le principe de l'assurance, c'est la mutualisation. C'est-à-dire qu'on indemnise ceux qui sont touchés par un sinistre, grâce aux primes de ceux qui ne sont pas concernés. En d'autres termes ce sont ceux qui n'ont pas d'accidents qui indemnisent ceux qui en ont. Mais dans le cas d'une pandémie ce principe ne marche pas, car tout le monde est touché.

Pour la FFA, indemniser les pertes d'exploitation, qu'elle estime à 60 milliards d'euros, reviendrait à mettre le secteur à terre, avec pour conséquences d'aggraver la crise.

Ce sont surtout les restaurateurs qui ont lancé les attaques les plus vives, accusant les compagnies d'assurance de ne pas couvrir leurs pertes d'exploitation, alors même qu'ils étaient contraints de fermer leurs établissements, face au risque sanitaire.

La bataille se déroule notamment sur le terrain judiciaire où un restaurateur porte plainte contre son assureur devant le tribunal de commerce de Paris, son contrat prévoyant bien une couverture en cas de fermeture administrative, mais la compagnie refuse de l'indemniser, estimant que la garantie ne fonctionne pas en l'espèce, car ne pouvant selon elle s'appliquer à une fermeture de portée générale, comme c'est le cas avec cette pandémie

Pour l'exécutif il faudra à l'avenir construire un nouveau risque couvrant une pandémie. Un projet pour le "monde d'après". Le groupe AXA s'est déjà dit favorable à un système qui pourrait être cogéré avec l'Etat.

Ainsi Covid-19 tu remets tout en cause même notre système assurantiel que nous avons mis plus d'un siècle à construire. Avant sa création chacun devait faire face seul à ses propres risques et même à ceux causés par d'autres. Puis petit à petit est née la notion de solidarité dont nous étions si fiers et voilà que tu introduis une autre dimension celle du risque touchant tout le monde en même temps.

20 heures : les chiffres viennent de tomber. Le nombre de cas en France est de 164.260 Le nombre de personnes hospitalisées pour cause de coronavirus s'élève à 8.688 dont 619 sont placées en réanimation, ce qui signifie que 15 lits ont été libérés. Le nombre de décès s'élève à 29.813 dont 19.325 en hôpital.

Mardi 30 juin 2020.

51ème jour de déconfinement.

C'est la dernière semaine de classe. Mais cette année pas de photo de groupe pour raisons de distanciation.

Une tradition brusquement interrompue à cause de toi Covid-19.

Mais heureusement certains professeurs ont voulu perpétrer cette tradition sans déroger aux règles sanitaires. Aussi ont-ils l'idée de faire construire des boîtes en bois, des cubes, dans lesquelles chaque enfant pouvait prendre la pose qu'il voulait. Puis lorsque la scène était jugée satisfaisante le photographe officiel l'immortalisait. Tous les clichés réalisés, ceux-ci ont été regroupés pour en faire un album immortalisant la classe qui se souviendra que cette année-là le Covid a sévi.

Côté industriel les conséquences se multiplient. Airbus vient d'annoncer la suppression de 15.000 postes en Europe dont 5.000 en France. Ses cadences de production ont chuté de plus de 30 % arrêtant des très nombreux sous-traitants. Dans un tel contexte quel va être l'avenir des ingénieurs diplômés de l'Ecole Supérieure d'Aéronautique ?

20 heures : les chiffres viennent de tomber. Le nombre de cas en France est de 164.801 Le nombre de personnes hospitalisées pour cause de coronavirus s'élève à 8.536 dont 602 sont placées en réanimation, ce qui signifie que 17 lits ont été libérés. Le nombre de décès total est de19.346 en hôpital.

Mercredi 1er juillet 2020.

52ème jour de déconfinement.

Phildar, le fabricant et distributeur de fils à tricoter et de prêt-à-porter en laine marque historique du textile du Nord, vient d'être placé en procédure de sauvegarde par le tribunal de commerce de Lille.

Ainsi Covid-19 tu poursuis ton œuvre destructrice dans le monde économique.

Aujourd'hui le grand musée national d'art contemporain au cœur du Marais, après une fermeture financièrement douloureuse de plus de deux mois, rend hommage au grand plasticien médiatique que fut Christo[34].

Cette exposition parcourt la période parisienne de l'artiste et de son épouse Jeanne-Claude, racontant comment ils avaient préparé l'empaquetage, en 1985, du Pont-Neuf, pour le plus grand bonheur des Parisiens.

L'exposition propose une fascinante visite à travers tous les travaux préparatoires, collages, études, maquettes du projet du Pont-Neuf, et ce qui avait conduit l'artiste à vouloir "empaqueter" les grands monuments symboles, du Reichstag en passant par le Pont neuf à l'Arc de Triomphe, prévu pour 2021.

Rappelons que pour le Pont-Neuf, ce furent 40.000 m2 de tissu beige, des kilomètres de cordes, des plongeurs, des cordistes, toutes sortes de métiers sous l'œil médusé des habitants de la capitale qui furent mis en œuvre.

L'empaquetage à venir de l'Arc de Triomphe conserve toujours l'accord du Centre des monuments nationaux et de l'Elysée malgré la mort de l'artiste : il sera donc bien réalisé à l'automne 2021, avec un an de retard en raison du coronavirus.

---

34 - Mort le 31 mai à New York à 84 ans,

Pour cette exposition les places doivent être réservées à l'avance, le nombre de participants étant limité pour respecter les mesures de distanciation. Conséquence chacun peut profiter pleinement de l'exposition sans avoir à jouer des coudes pour voir les tableaux et photos.

Enfin une bonne action à ton encontre Covid-19.

20 heures : nous arrivons au « bouchon lyonnais » place du marché à Versailles. La voie de circulation qui entoure les halles est fermée à la circulation depuis le déconfinement pour permettre aux restaurants d'y mettre des tables. Beaucoup de tables sont déjà occupées. A notre arrivé le patron nous place après avoir nettoyé soigneusement les trois tables. Lui, comme tout son personnel portent un masque. Nous sommes là pour fêter si l'on peut dire le départ de Marie qui retourne à Grans chez son père ayant terminé ses stages à Paris. Soirée très agréable et vivante. Le repas est délicieux. La nuit tombe, les lumières s'allument. Les conversations vont bon train. Ici et là des familles circulent, peu portent des masques. L'épidémie semble avoir disparue.

Sur le toit en face de nous deux pigeons s'aimaient d'amour tendre et ne pensaient sûrement pas à toi Covid-19.

<u>Jeudi 2 juillet 2020.</u>

<u>53ème jour de déconfinement.</u>

Si l'épidémie est toujours là, la vie au moins en France à l'air de reprendre son cours. Certes différemment. Les conséquences de la pandémie, comme nous l'avons vu commencent à apparaître. Le plus dur est probablement devant nous. Mais pour les suivre et les analyser il va nous falloir prendre du recul et adopter une autre base de temps que la journée. C'est pourquoi j'ai décidé d'arrêter aujourd'hui d'écrire ce journal au jour le jour.

Structures éditoriales du groupe L'Harmattan

L'Harmattan Italie
Via degli Artisti, 15
10124 Torino
harmattan.italia@gmail.com

L'Harmattan Hongrie
Kossuth l. u. 14-16.
1053 Budapest
harmattan@harmattan.hu

L'Harmattan Sénégal
10 VDN en face Mermoz
BP 45034 Dakar-Fann
senharmattan@gmail.com

L'Harmattan Cameroun
TSINGA/FECAFOOT
BP 11486 Yaoundé
inkoukam@gmail.com

L'Harmattan Burkina Faso
Achille Somé – tengnule@hotmail.fr

L'Harmattan Guinée
Almamya, rue KA 028 OKB Agency
BP 3470 Conakry
harmattanguinee@yahoo.fr

L'Harmattan RDC
185, avenue Nyangwe
Commune de Lingwala – Kinshasa
matangilamusadila@yahoo.fr

L'Harmattan Congo
67, boulevard Denis-Sassou-N'Guesso
BP 2874 Brazzaville
harmattan.congo@yahoo.fr

L'Harmattan Mali
ACI 2000 - Immeuble Mgr Jean Marie Cisse
Bureau 10
BP 145 Bamako-Mali
mali@harmattan.fr

L'Harmattan Togo
Djidjole – Lomé
Maison Amela
face EPP BATOME
ddamela@aol.com

L'Harmattan Côte d'Ivoire
Résidence Karl – Cité des Arts
Abidjan-Cocody
03 BP 1588 Abidjan
espace_harmattan.ci@hotmail.fr

Nos librairies en France

Librairie internationale
16, rue des Écoles
75005 Paris
librairie.internationale@harmattan.fr
01 40 46 79 11
www.librairieharmattan.com

Librairie des savoirs
21, rue des Écoles
75005 Paris
librairie.sh@harmattan.fr
01 46 34 13 71
www.librairieharmattansh.com

Librairie Le Lucernaire
53, rue Notre-Dame-des-Champs
75006 Paris
librairie@lucernaire.fr
01 42 22 67 13

www.ingramcontent.com/pod-product-compliance
Lightning Source LLC
LaVergne TN
LVHW010928051026
849532LV00003B/898